Out of Body

DAS BUCH

Seit Jahrhunderten gibt es einige wenige Menschen, die Reisen außerhalb ihres Körpers unternehmen. William Buhlman begann in den Siebzigerjahren aus reiner Neugier damit zu experimentieren: Immer wieder verließ er seinen Körper und erforschte nichtphysische Welten. In seinem Buch erzählt er von seinen erstaunlichen Entdeckungsreisen und unterlegt seine Erfahrungen mit den neuesten Erkenntnissen aus der Wissenschaft. Vor allem aber bietet er ein Schritt-für-Schritt-Programm, mit dem sich jeder auf dieses große Abenteuer und seine unendlichen Möglichkeiten einlassen kann. William Buhlman veröffentlicht damit erstmals umfassende Anleitungen für selbstkontrollierte außerkörperliche Reisen.

DER AUTOR

William Buhlman versuchte über viele Jahre hinweg hinter die Geheimnisse der außerkörperlichen Reisen zu gelangen. Heute vermittelt der erfolgreiche Autor weltweit seine Erfahrungen in Vorträgen und Kursen.

William Buhlman

Out of Body

Astralreisen –
Das letzte Abenteuer der Menschheit

Aus dem Amerikanischen von
THOMAS BERTRAM

Econ Taschenbuch

Meiner Frau Susan und unseren Kindern
Alex und Eric in Liebe

Econ Taschenbücher erscheinen im Ullstein Taschenbuchverlag
einem Unternehmen der
Econ Ullstein List Verlag GmbH & Co. KG, München
2. Auflage 2002

Titel der amerikanischen Originalausgabe:
Adventures Beyond the Body
(Harper San Francisco, USA)
Übersetzung: Thomas Bertram
Redaktion: Martina Klose

Umschlagkonzept: HildenDesign, München – Stefan Hilden
Umschlaggestaltung: HildenDesign, München – Eva Groschke
Titelabbildung: Super Stock Bildagentur
Satz: Schaber Satz- und Datentechnik, Wels
Druck und Bindearbeiten: Ebner Ulm
Printed in Germany
ISBN 3-548-74023-5

Danksagungen

Mein tief empfundener Dank gilt den Menschen, die mitgeholfen haben, dieses Buch zu verwirklichen. Kate Tacie, Ihnen möchte ich für Ihre umsichtige und geübte Texterfassung am Computer danken. Sie haben stets schnell und einwandfrei reagiert. Loretta und John Drury, deren kreative Computergrafik meine Vorstellungen lebendig werden ließ, möchte ich ebenso danken wie William Birchfield, dessen Geduld bei der Arbeit mit den Computerprogrammen wirklich auf die Probe gestellt wurde. Meinem Agenten Nat Sobel danke ich, weil er Vertrauen in das Potenzial dieses Projekts hatte. Sol Lewis, Ihnen sage ich Dank für die Einladung, bei der *Michigan Metaphysical Society* mitzumachen. Ebenso danken möchte ich Jerry Castle für seinen Sachverstand und die Einblicke in die Hypnotherapie, die er mir gewährte. Debbie Aronson, Ihre Kommentare zum Ursprungsmanuskript waren mir stets willkommen.

Besonders danken möchte ich den vielen Teilnehmern meiner Seminare und Vorträge. Dass sie ihre persönlichen außerkörperlichen Erfahrungen mitteilten, war von großem Wert für mich. Außerdem möchte ich Kevin Bentley für seine geschätzten Kommentare und seine Hilfe danken.

Und ein ganz besonderer Dank geht an Michelle Griffith. Deine Freundschaft und dein Enthusiasmus haben dazu beigetragen, dass dieses Buch nicht irgendwann, sondern *jetzt* erschienen ist.

Danksagungen

Inhalt

Vorwort

Vor fünfhundert Jahren überquerten ein paar mutige Forschungsreisende einen Ozean auf der Suche nach einem neuen Land – einem rätselhaften Land, das sich hinter einem unerforschten und unbekannten Ozean verbarg. Viele Menschen hielten diese Reise für eine Vergeudung von Zeit und Ressourcen. Schließlich hatte die moderne Zivilisation jahrhundertelang ohne diese Art von Erkundung geblüht.

Entgegen allen Erwartungen wagte diese Handvoll Forscher sich voran, wobei ihr brennendes Verlangen nach Entdeckungen sie ins Unbekannte trieb. Sie gaben die Annehmlichkeiten der Heimat auf, um sich auf eine Reise jenseits der bekannten Horizonte zu begeben. Sich sowohl ihren eigenen als auch den Ängsten und Zweifeln der Gesellschaft gegenübersehend, behielten sie ihren Kurs bei und erreichten am Ende das, was sie zu entdecken gewünscht hatten.

Heute stehen wir vor derselben Art von Entdeckungsreise – ein unerforschter Ozean aus Energie, der darauf wartet, von Individuen erobert zu werden, die den Weitblick und den Mut besitzen, die Grenzen ihres physischen Horizonts zu überschreiten. Wie in der Vergangenheit muss sich das Vorstellungsvermögen des Forschungsreisenden über die physische Küstenlinie hinaus erstrecken. Wie in der Vergangenheit muss der Reisende den inneren Antrieb und die Entschlossenheit besitzen, sich in Gefilde jenseits der bekannten Grenzen von Gesellschaft und Wissenschaft zu begeben. Er oder sie muss allein reisen, abseits der Massen, die sich an die feste Sicherheit des Landes klammern.

Wie in der Vergangenheit treibt eine einzige Sache die Forschenden an – der Wunsch, selbst zu entdecken, denn irgendetwas Geringeres als Wissen aus erster Hand zu akzeptieren hieße sich mit den Überzeugungen und Mutmaßungen der von Land Umschlossenen zufrieden geben.

Heute hat jeder von uns die Möglichkeit, die physische Küstenlinie zu überschreiten und ein Forschungsreisender zu werden. An diesem großartigen Abenteuer können wir alle teilhaben.

TEIL I

Das Rätselhafte erforschen

KAPITEL 1

Erste Reisen

Das Rätselhafte ist die schönste Erfahrung, die wir haben können. Sie ist die fundamentale Empfindung, die an der Wiege wahrer Kunst und wahrer Wissenschaft steht. Wer auch immer sie nicht kennt und sich nicht mehr wundern, nicht mehr staunen kann, ist so gut wie tot, und seine Augen sind trüb.

ALBERT EINSTEIN

Einstein schrieb diese Worte vor vielen Jahren und sie sind mir für immer im Gedächtnis geblieben. Vor dreißig Jahren war ich noch felsenfest davon überzeugt, dass die physische Welt, die wir sehen und erfahren, die einzige Realität sei. Ich glaubte, was meine Augen mir erzählten: Das Leben besäße keine verborgenen Geheimnisse, nur unzählige Formen lebender und toter Materie. Die Fakten seien klar; es gäbe keinerlei Anzeichen oder keinen Beweis für nichtphysische Welten oder für die Fortdauer unserer Existenz nach dem Tode. Ich zog die Intelligenz jedes Menschen in Zweifel, der dumm genug war, die unlogischen Vorstellungen von Himmel, Gott und Unsterblichkeit zu akzeptieren. Für meinen Verstand waren das Märchen, ersonnen zum Trost für die Schwachen und zur Manipulation der Massen. Ich fand, das Leben sei leicht zu begreifen: Die Welt bestand aus fester Materie und Form, und die Vorstellungen eines Lebens nach dem Tode waren klägliche menschliche Versuche, Hoffnung zu erzeugen, wo keine war.

Ich besaß das arrogante Wissen eines Menschen, der die Welt einzig mit seinen physischen Sinnen beurteilt. Ich stützte meine Schlussfolgerungen durch die erdrückenden Beobachtungen, die Wissenschaft und Technik lieferten. Schließlich, wenn es etwas Rätselhaftes gäbe, wüsste die Wissenschaft sicherlich davon.

Meine festen Überzeugungen von der Wirklichkeit und vom Leben hielten sich bis zum Jahr 1972. Während eines Gesprächs mit einem Nachbarn wandte unsere Diskussion sich den Möglichkeiten eines Lebens nach dem Tode und der Existenz des Himmels zu. Ich verfocht weiterhin vehement meine agnostischen Standpunkte. Zu meiner Überraschung bestritt mein Nachbar meine Schlussfolgerungen nicht; stattdessen erzählte er mir ein Erlebnis, das er einige Wochen zuvor gehabt hatte. Eines Abends habe er unmittelbar nach dem Einschlafen erschrocken festgestellt, dass er über seinem Körper schwebte. Er sei vollkommen aufmerksam gewesen, habe aber Angst bekommen und sei augenblicklich wieder in seinen physischen Körper zurückgefallen. Aufgeregt erzählte er mir, es sei weder ein Traum noch seine Einbildungskraft gewesen, sondern eine hundertprozentig bewusste Erfahrung.

Durch dieses Erlebnis neugierig geworden, beschloss ich, das seltsame Phänomen selbst zu untersuchen. Nach mehrtägigen Nachforschungen entdeckte ich, dass es zahlreiche Hinweise auf außerkörperliche Erfahrungen gab – durch die ganze Geschichte hindurch. Mit einigem Suchen fand ich ein Buch zu dem Thema, das tatsächlich beschrieb, wie außerkörperliche Erfahrungen herbeigeführt werden. Das Ganze erschien mir äußerst sonderbar, und ich hielt das Buch für das Produkt einer überspannten Fantasie.

Aus Neugier wollte ich vor dem Einschlafen eine der Techniken zur Einleitung der Außerkörperlichkeit ausprobieren. Nach wiederholten täglichen Versuchen kam ich mir allmählich ein wenig lächerlich vor. Das einzig Außergewöhnliche, was ich in drei Wochen erlebte, war, dass ich mich stärker an meine Träume erinnerte. In mir wuchs die Überzeugung, dass die ganze Sache nichts weiter war als ein intensiver oder lebhafter

Traum, der von den so genannten »Außerkörperlichkeits-Techniken« angeregt wurde.

Dann schlief ich eines Abends gegen dreiundzwanzig Uhr ein, während ich meine Außerkörperlichkeits-Technik praktizierte, und begann zu träumen, ich säße mit mehreren Leuten an einem runden Tisch. Alle schienen sie mir Fragen hinsichtlich meiner persönlichen Entwicklung und meines Bewusstseinszustandes zu stellen. Da wurde mir im Traum plötzlich extrem schwindelig, und eine seltsame Taubheit, wie von Novocain, begann sich überall in meinem Körper auszubreiten. Unfähig, den Kopf oben zu behalten, wurde ich ohnmächtig, wobei ich mit dem Kopf auf die Tischplatte schlug. Sofort war ich wach und bei vollem Bewusstsein. Ich lag mit dem Gesicht zur Wand im Bett, vernahm ein ungewöhnliches Summen und fühlte mich irgendwie anders. Ich streckte den Arm aus und langte nach der Wand vor mir. Ich blickte erstaunt drein, als meine Hand tatsächlich in die Wand eindrang; ich konnte ihre Schwingungsenergie spüren, so, als berührte ich unmittelbar ihre molekulare Struktur. Erst da wurde mir die überwältigende Realität bewusst: »Mein Gott, ich befinde mich nicht in meinem Körper.«

In der Aufregung war mein einziger Gedanke: »Es ist wahr. Mein Gott, es ist wahr!« Im Bett liegend, starrte ich ungläubig auf meine Hand. Als ich versuchte, eine Faust zu ballen, konnte ich den Druck meines Griffs spüren; meine Hand war vollkommen fest, aber die physische Wand vor mir sah aus und fühlte sich an wie ein dichter, gasförmiger Stoff, der eine Form aufwies.

Ich wollte aufstehen und fing an, mich mühelos zum unteren Ende meines Bettes hin zu bewegen, während sich mir von der Realität all dessen der Kopf drehte. Als ich stand, berührte ich rasch Arme und Beine, um zu nachzusehen, ob ich »fest« war, und zu meiner Überraschung war ich vollkommen fest, vollkommen real. Aber die mir vertrauten physischen Objekte um mich herum, in meinem Zimmer, erschienen mir nicht mehr als vollkommen real oder fest; stattdessen wirkten sie jetzt wie dreidimensionale Trugbilder. Als ich nach unten schaute, bemerkte ich etwas in meinem Bett. Erstaunt konnte ich erkennen, dass es die schlafende Gestalt meines physischen Körpers war, die ruhig der Wand zugekehrt dalag.

Ich konzentrierte den Blick auf die entgegengesetzte Seite des Zimmers und die Wand schien langsam außer Sichtweite zu geraten. Vor mir konnte ich ein weites, grünes Feld erkennen, das sich bis weit über mein Zimmer hinaus erstreckte. Während ich mich umschaute, bemerkte ich eine Gestalt, die mich aus knapp zehn Metern ruhig ansah. Es war ein großer Mann mit dunklem Haar, Bart und einem violetten Gewand. Von seiner Anwesenheit erschreckt, bekam ich Angst und »schlüpfte« auf der Stelle zurück in meinen physischen Körper. Mit einem Ruck war ich in meinem Körper, und als ich die Augen aufschlug, verflüchtigte sich ein sonderbar taubes und prickelndes Gefühl. Aufgeregt setzte ich mich auf, während mir der Kopf zu platzen drohte angesichts der Erkenntnis dessen, was sich soeben zugetragen hatte. Ich wusste, dass es absolut real gewesen war – weder ein Traum noch meine Einbildungskraft. Mein ganzes Ego-Bewusstsein war präsent gewesen.

Plötzlich musste alles, was ich jemals über meine Existenz und die Welt um mich herum erfahren hatte, neu bewertet werden. Ich hatte immer ernsthaft bezweifelt, dass irgendetwas jenseits der physischen Welt existierte. Jetzt änderte sich mein Standpunkt vollkommen und ich war hundertprozentig davon überzeugt, dass tatsächlich andere Welten existierten und dass Menschen wie ich dort leben mussten. Vor allem wusste ich nun, dass mein physischer Körper bloß ein vorübergehender Träger für mein wirkliches inneres Ich war und dass ich mich mit einiger Übung nach Belieben von ihm trennen konnte.

Begeistert von meiner Entdeckung, griff ich zu Füllfederhalter und Papier und schrieb genau auf, was geschehen war. Eine Flut von Fragen ging mir durch den Kopf: Warum kennt die überwiegende Mehrheit der Menschheit dieses Phänomen nicht? Warum untersuchen es die verschiedenen Wissenschaften und Religionen nicht? Ist es möglich, dass diese unsichtbare Welt der »Himmel« ist, von dem in religiösen Texten die Rede ist? Warum erforscht unsere Regierung diese anscheinend parallele Energiewelt nicht? Ist es möglich, dass unsere erdrückende Abhängigkeit von physischen Wahrnehmungen uns dazu gebracht hat, einen ungeheuren Bereich der Erforschung und Entdeckung zu übersehen?

Während der anfängliche Schreck meines ersten Erlebnisses sich allmählich legte, wurde mir klar, dass mein Leben nie mehr dasselbe sein konnte. Je mehr ich die Bedeutung meines Erlebnisses erwog, desto stärker empfand ich, wie tiefgreifend sie war. All meine agnostischen Überzeugungen waren in einer einzigen Nacht hinweggefegt worden. Ich erkannte, dass ich alles, was ich seit meiner Kindheit gelernt hatte, alles, was ich für wahr gehalten hatte, einer Neubewertung unterziehen musste. Meine bequemen Überzeugungen hinsichtlich Wissenschaft, Psychologie, Religion und meiner eigenen Existenz hatten sich offensichtlich auf unvollständige Informationen gegründet. Ich war begeistert, aber auch unsicher – meine vertrauten Vorstellungen über die Wirklichkeit schienen nicht mehr relevant zu sein. Ich empfand eine zunehmende Leere. Als ich bei mehreren Anlässen mit Freunden über mein Erlebnis sprach, fanden sie es zu bizarr, um es ernst zu nehmen. Im Jahr 1972 gab es noch nicht einmal den Ausdruck »außerkörperliche Erfahrung« (AKE); damals lautete die geläufigste Bezeichnung einer willentlich herbeigeführten AKE »Astralprojektion«. Niemand, den ich zu der Zeit kannte, hatte auch nur von Astralprojektion gehört, und wenn man anderen erzählte, man habe seinen Körper verlassen, dachten die sofort, man sei auf Drogen oder verliere den Verstand. Ich stellte rasch fest, dass ich meine Erlebnisse für mich behalten oder mich auf ein gewisses Maß an Unglauben und sogar Spott gefasst machen musste.

Nach meiner ersten außerkörperlichen Erfahrung schwirrte mir der Kopf vor unzähligen Möglichkeiten und Fragen. Da ich unbedingt Informationen und Anleitung brauchte, verbrachte ich mehrere Wochen in Bibliotheken und Buchhandlungen, auf der Suche nach allem Möglichen, was an Wissen zu diesem Thema verfügbar war. Ich stellte rasch fest, dass es nicht viel gab; es war nur eine Handvoll Bücher zu dem Thema geschrieben worden, und manche davon waren Jahrzehnte alt und längst vergriffen. Ende Juli 1972 stellte ich fest, dass ich auf mich allein gestellt war.

Ich beschloss, mich auf die eine Technik zu konzentrieren, die zuvor bei mir funktioniert hatte. Zu dieser Technik gehörte es, dass ich mir beim Einschlafen einen physischen Ort vorstellte, den ich gut kannte. Wie zuvor stellte ich mir so detailgetreu wie möglich das Wohnzimmer meiner Mutter vor. Anfangs schien es schwierig zu sein, aber nach ein paar Wochen erstanden die Einzelheiten des Zimmers mit zunehmender Deutlichkeit vor meinem geistigen Auge: die Möbel, Stoff- und Gewebemuster, selbst kleine Mängel in Holz und Farbe. Mir wurde bewusst: Je besser ich mir vorstellen konnte, in diesem Raum zu sein und mit den physischen Objekten zu interagieren, desto genauer würden meine Visualisationen werden. Durch Übung lernte ich, körperlich in dem Zimmer umherzugehen und mir bestimmte Gegenstände, die es enthielt, einzuprägen. Auch erfuhr ich, wie wichtig es war, die Umgebung geistig zu »spüren«: das Gefühl des Teppichs unter meinen Füßen; das Gefühl, in einem Sessel zu sitzen; herumzulaufen; eine Lampe einzuschalten oder gar die Tür zu öffnen. Je detaillierter meine Visualisationen wurden und je mehr ich darin aufging, desto effektiver waren die Ergebnisse. Obwohl es anfangs schwierig war, machte es nach einer Weile Spaß, die Bilder im Geiste lebendig werden zu lassen. An diesem Punkt beschloss ich, ein Tagebuch zu führen, um meine außerkörperlichen Erfahrungen aufzuzeichnen.

Tagebucheintrag vom 6. August 1972

Ich erwachte nach dreieinhalb Stunden Schlaf um vier Uhr morgens und fing an, ein Buch über außerkörperliche Erfahrungen zu lesen. Nachdem ich ungefähr fünfzehn Minuten gelesen hatte, wurde ich müde und beschloss, mir das Wohnzimmer meiner Mutter vorzustellen. Ich wählte dieses Zimmer aus, weil ich es außerordentlich gut kannte. Im Wohnzimmer befinden sich mehrere Gegenstände, die ich in der Grundschule selbst gemacht hatte: ein Aschenbecher aus Metall, ein hölzerner Türstopper und ein Meeres-Aquarell. Während ich mir den Raum im Geiste vorstellte, richtete ich meine Aufmerksamkeit allmählich auf die von mir hergestellten Dinge. So lebhaft wie möglich stellte ich mir vor, wie ich in dem Wohnzimmer umherging und mir die Möbel und die verschiedenen Dinge, die ich gemacht hatte, ansah. Während ich mich auf die Gegenstände konzentrierte, begann ich das Zimmer überraschend gut zu erkennen. Ich lenkte den Blick von einem Gegenstand zum nächsten und stellte mir vor, wie ich jedes Objekt berührte. Beim geistigen Eintauchen in die Empfindungen und die sehenswerten Dinge des Wohnzimmers schlief ich ein.

Binnen Sekunden werde ich von starken Schwingungen und einem Tosen im ganzen Körper wachgerüttelt. Es ist, als befände ich mich mitten in einer Düsenturbine und mein Körper und Geist würden infolge des Bebens jeden Moment bersten. Ich bin erschüttert und erschrocken von der Intensität der Schwingungen und Geräusche und schnelle zurück zu meinem Körper. Als ich die Augen aufschlage, erkenne ich, dass ich total benommen bin und ein seltsames Kribbeln sich in meinem ganzen Körper ausbreitet. Während der nächsten paar Minuten kehren meine normalen körperlichen Empfindungen langsam zurück. Die Intensität der Schwingungen erscheint mir unglaublich.

Ich liege im Bett und frage mich, was diese Schwingungen und Geräusche sind und woher sie kommen. Ich weiß, dass es keine körperlichen Empfindungen sind. Ich kann nur vermuten, dass sie irgendwie mit meiner nichtphysischen Gestalt verbunden sind, möglicherweise die bewusste Erkenntnis der Verlagerung meines Bewusstseins von meinem physischen zu meinem nichtphysischen Körper. Vielleicht bin ich mir einfach eines Schwingungswechsels oder -übergangs bewusst, der eine notwendige Voraussetzung für außerkörperliche Erfahrungen ist. Was immer es auch ist, es kann einem zweifelsohne große Angst machen. Trotzdem bin ich entschlossen, herauszufinden, was hinter diesen sonderbaren Schwingungen steckt. Es muss eine logische Erklärung geben.

In der nächsten Woche geschah nichts. Ich begann mich und meine Fähigkeit zu einem solchen Erlebnis in Zweifel zu ziehen. Dann nickte ich eines Abends gegen dreiundzwanzig Uhr ein, als ich gerade dabei war, mir das Wohnzimmer meiner Mutter vorzustellen. Binnen Minuten schreckte ich von einem durchdringenden Summen und Schwingungen in meinem ganzen Körper aus dem Schlaf hoch. Als ich die Augen aufschlug, erkannte ich, dass ich mich halb in und halb außerhalb meines Körpers befand. Meine erste Reaktion war Angst. Eine überwältigende Panik ergriff mich, und ich sprang augenblicklich zurück in meinen Körper. Als ich meine Augen aufschlug, stellte ich fest, dass mein physischer Körper taub war und kribbelte; wie früher ließ dieses Gefühl allmählich nach, und meine normalen körperlichen Empfindungen kehrten zurück. Erschreckt durch die Intensität der Schwingungen und Geräusche setzte ich mich im Bett auf. Ich erinnere mich deutlich, dass ich laut sagte: »Was zum Teufel war das?«

Ich überdachte das Erlebnis und erkannte, dass ich vollkommen unvorbereitet gewesen war. Eine instinktive Furcht schien mich bei den ersten Anzeichen einer Trennung zu durchfluten.

Zwei Nächte lang geschah nun nichts Ungewöhnliches. Dann, in der dritten Nacht, merkte ich, wie sich eine unheimliche Taubheit und ein Vibrieren vom Nacken aus über den Rest meines Körpers ausbreiteten. Ich versuchte mein Bestes, ruhig zu bleiben und meine Angst zu bekämpfen, aber ich konnte es nicht. Ich hatte das Gefühl, vollkommen die Kontrolle zu verlieren und total schutzlos zu sein. Ich war entsetzt und dachte an meinen physischen Körper ... die Schwingungen ließen langsam nach. Als meine körperlichen Empfindungen wiederkehrten, war ich enttäuscht, dass ich eine großartige Erkundungsmöglichkeit versäumt hatte. In einem Versuch, den Augenblick zu retten, beruhigte ich mich, richtete meine Gedanken auf etwas von meinem physischen Körper Entferntes und begann die Schwingungen zur Rückkehr anzuregen (und zwar, indem ich mich auf das Gefühl des Vibrierens konzentrierte, das ich soeben im Nacken verspürt hatte).

Nach etwa fünfzehn Minuten, als ich mich allmählich entspannte und wieder zwischen Schlaf und Wachsein hin- und hertrieb, kehrten die Schwingungen zurück. Sie begannen im Nacken und breiteten sich dann über den ganzen Körper aus, bis ich das Gefühl hatte, auf einer Ebene höherer Frequenz oder Energie zu schwingen. Diesmal blieb ich ruhig, und meine Furcht nahm in dem Maße ab, wie ich erkannte, dass die Schwingungsempfindungen ziemlich angenehm waren, wenn ich vorbereitet war. Ein hohes Summen schien in meinem Körper nachzuhallen und ich fühlte mich gekräftigt und leicht wie eine Feder. Als ich ans Schweben dachte, konnte ich spüren, wie ich mich nach oben bewegte. Ich war vollkommen schwerelos und zum ersten Mal waren die Empfindungen absolut wundervoll. Ich schwebte zur Decke empor und berührte sie mit der Hand. Erstaunt erkannte ich, dass ich die Energiesubstanz der Decke berührte. Als ich meine Hand in die verschwommene molekulare Struktur der Decke presste, spürte ich ihre prickelnde Schwingungsenergie. Als ich die Hand zurückzog, fiel mir auf, dass mein Arm glitzerte wie tausend strahlende blaue und weiße Lichtpunkte. Aus Neugier streckte ich die andere Hand aus und packte meinen ausgestreckten Arm, und zu meiner Überraschung fühlte er sich fest an. Während ich mich auf meinen Arm konzentrierte, wurde ich von der Tiefe und Schönheit der Lichter hypnotisiert. Ich erkannte, dass mein Arm wie ein Universum aus Sternen wirkte. Es ist merkwürdig zu beschreiben, aber ich hatte das Gefühl, in ein Universum hineingezogen zu werden, das ich selbst war. In diesem Augenblick schnellte ich zurück in meinen Körper, und die Taubheit und das Kribbeln ließen rasch nach, als ich in ehrfürchtiger Scheu die Augen öffnete.

Tagebucheintrag vom 4. Oktober 1972
Zehn bis fünfzehn Minuten lang wiederhole ich, während ich immer müder werde, leise eine Affirmation: »Jetzt bin ich außerkörperlich.« Ich verstärke diese Affirmation so weit wie möglich, während ich einschlafe.
Beinahe augenblicklich werde ich von starken Schwingungen und einem Summen im ganzen Körper wachgerüttelt. Ich bin erschrocken und eine starke Woge der Angst durchflutet mich. Ich beruhige mich, indem ich wiederhole: »Ich werde vom Licht beschützt.« Meine anfängliche Furcht verflüchtigt sich langsam, während ich mir vorstelle, dass ich von einer schützenden Lichtkugel umgeben bin. Ich denke ans Schweben und fühle mich empor- und aus meinem physischen Körper gehoben. Ich fühle mich leicht wie eine Feder und schwebe langsam aufwärts. Während ich mich von meinem Körper fortbewegte, wird mir bewusst, dass die Schwingungen und das Summen zu einem leichten Brummen abgeebbt sind. Ich fühle mich sicherer, öffne die Augen und stelle fest, dass ich die Zimmerdecke anstarre, die sich etwa sechzig Zentimeter über mir befindet. Ich bin überrascht, so weit nach oben geschwebt zu sein, und denke instinktiv daran, meinen Körper auf dem Bett anzuschauen. Augenblicklich schnelle ich zurück zu meinem physischen Körper und verspüre

ein seltsames Vibrieren, während meine körperlichen Empfindungen rasch wiederkehren.
Ich denke im Bett liegend über dieses Erlebnis nach, und mir wird bewusst, dass die auf meinen physischen Körper gerichteten Gedanken mich zurückbefördert haben müssen. Ich weiß, dass es möglich ist, meinen physischen Körper zu betrachten, denn während meiner ersten außerkörperlichen Erfahrung sah ich ihn klar und deutlich. Ich vermute, der Schlüssel zur Beobachtung unseres physischen Körpers liegt in einer geistigen und emotionalen Distanz, die so groß wie möglich sein sollte; vor allem aber müssen wir erreichen, dass unsere Gedanken ununterbrochen von unserem physischen Körper abgewendet bleiben; der geringste körperbezogene Gedanke befördert uns auf der Stelle in ihn zurück. Ich hätte also daran denken sollen, mich beim Schweben herumzudrehen; dann hätte ich meinen physischen Körper beobachten können, ohne dass irgendein Gedanke sich auf ihn gerichtet hätte.

Tagebucheintrag vom 12. Oktober 1972
Ich wache nach dreieinhalbstündigem Schlaf auf (zwei REM-Phasen); es ist fünfzehn Minuten nach drei und ich gehe zum Sofa im Wohnzimmer. Nachdem ich fünfundvierzig Minuten gelesen habe, werde ich müde und beginne mit einer anderen Visualisation. Ich stelle mir vor, ich sei ein hell orangefarbener, mit Helium gefüllter Ballon. Ich kann spüren, wie ich immer leichter werde, während der Ballon sich aufbläht. Ich verstärke meine Vorstellung und halte so lange wie möglich daran fest. Beim Einschlafen verspüre ich plötzlich heftige Schwingungen und ein starkes Summen im ganzen Körper. Ich erkenne, dass ich zur Ablösung bereit bin, und denke sofort daran, zu schweben. Die Schwingungen und Geräusche nehmen rasch ab, während ich mich ablöse und zur Decke emporschwebe.

Instinktiv strecke ich die Arme aus, um die Decke zu berühren, aber anstatt sie zu berühren, dringen meine Hände langsam in die prickelnde Schwingungssubstanz der Decke ein. Ich verspüre einen leichten Widerstand, als Hände und Arme die Decke durchdringen. In einer langsamen Aufwärtsbewegung durchdringt mein Körper das Isoliermaterial, die Dachsparren und den Speicher. Eine starke Aufregung durchströmt mich, als ich das Dach durchquere und zur Spitze des Hauses emporschwebe.
Ich denke ans Stehen und stehe augenblicklich aufrecht auf dem Dachfirst des Hauses. Als ich mich umschaue, kann ich deutlich die Fernsehantenne und den Schornstein erkennen. Obwohl es mitten in der Nacht ist, werden der Himmel und alles um mich herum teilweise von einem leuchtend silbrigen Schein erhellt.
Oben auf dem Haus stehend, verspüre ich den plötzlichen Drang, zu fliegen. Ich breite die Arme aus, gleite vom Dach herab und fliege über meinen Garten hinter dem Haus. Ich steige langsam herab, bis ich gut einen Meter über dem Boden dahinfliege. Aus irgendeinem Grund habe ich das Gefühl, als würde ich schwerer, und ich steige tiefer herab, bis ich nur noch wenige Zentimeter über dem Gras bin. »Kontrolle« denke ich, aber es ist zu spät. Mit einem Plumps krache ich mit dem Gesicht zuerst auf den Rasen. In diesem Moment bin ich wieder in meinem physischen Körper. Meine körperlichen Empfindungen kehren zurück, und ich frage mich, warum ich die Kontrolle verlor. Warum wurde ich so schwer?

Tagebucheintrag vom 2. November 1972

Stark summende Geräusche und Empfindungen dringen in mein Bewusstsein. Es ist, als würden mein Körper und mein Geist auseinander schwingen. Zuerst bin ich ob der Stärke der Schwingungen erschrocken, aber langsam beruhige ich mich und richte meine ganze Aufmerksamkeit auf die Vorstellung, von meinem physischen Körper fortzuschweben. Binnen Sekunden gleite ich aus meinem Körper heraus nach oben und kreise gut einen Meter über ihm. Ich bemerke, dass das Summen und die Schwingungen nach der vollständigen Trennung augenblicklich nachlassen und durch ein heiteres Gefühl der Ruhe ersetzt werden. Es ist, als sei ich schwerelos und schwebte wie eine Wolke. Ich denke daran, mich zur Tür zu bewegen, und scheine automatisch in diese Richtung zu schweben. Ich verspüre ein überwältigendes Gefühl von Freiheit, wie ich es nie zuvor erlebt habe. Spontan entschließe ich mich, zu fliegen, und denke daran, durch das Dach zu fliegen. Im selben Moment fliege ich schnurstracks durch die Zimmerdecke und schieße durch das Dach wie eine Rakete. Ich bin mitgerissen von der Reaktion und verstehe allmählich, dass meine Gedanken die Energie für meinen persönlichen Antrieb sind. Ich breite die Arme aus und pendle mich in gut einhundert Meter Höhe ein. Unter mir kann ich deutlich die Gebäude und Straßen meines Viertels erkennen. Ich verspüre ein leichtes Ziehen, als ich immer höher über der Stadt Baltimore hinwegfliege. Das Ziehen verstärkt sich und ich denke an meinen Körper. Augenblicklich schnelle ich in ihn zurück. Ich schlage die Augen auf und mein physischer Körper ist empfindungslos und kribbelt leicht.

Je länger meine außerkörperlichen Erfahrungen dauerten, desto mehr begannen mich die nichtphysischen Energiestrukturen, die ich wahrnahm, zu faszinieren. Meine Fragen schienen mit jedem Erlebnis mehr zu werden, bis der Versuch, das Wesen der nichtphysischen Formen, denen ich begegnet war, zu verstehen, zu einer Manie wurde. Im Bemühen, die Beziehung zwischen den physischen und nichtphysischen Umwelten zu begreifen, entwickelte ich eine Reihe einfacher Experimente. Beispielsweise pflegte ich jeden Tag einen Bleistift oder Füllfederhalter direkt auf der Kante meines Nachttisches zu balancieren. Ich wollte sehen, ob ich das physische Objekt irgendwie mit meinem nichtphysischen Körper würde bewegen können. Ich stellte schnell fest, dass dieses einfache Experiment schwieriger war, als es aussah. Am meisten behinderte mich dabei der Versuch, mich darauf zu konzentrieren. Im Moment der Ablösung schwirrte mir der Kopf vor unendlichen Möglichkeiten, und verglichen mit den vielen Wundern, die verfügbar waren, erschien mir mein Experiment als unbedeutend.

Jedes Erlebnis verfestigte bei mir die Erkenntnis, dass mein nichtphysischer Bewusstseinszustand äußerst empfindlich war und auf den leisesten Gedanken reagierte. Meine bewussten und unterbewussten Gedanken pflegten mich unmittelbar in eine bestimmte Richtung zu lenken. Ich lernte rasch, dass mein Unterbewusstsein sehr viel mehr Einfluss und Kontrolle über meine Handlungen ausübt, als ich mir jemals vorgstellt habe. Häufig zog ein vollkommen spontaner Gedanke eine sofortige Reaktion nach sich. Wenn ich zum Beispiel ans Fliegen dachte, was ich oft tat, flog ich jedes Mal sofort durch Decke oder Wand und glitt über meinem Wohnviertel dahin.

Allmählich wurde mir bewusst, dass die Erlangung vollständiger, bewusster Kontrolle während der ersten Sekunden nach der Ablösung absolut zwingend war. Um das zu erreichen, experimentierte ich mit verschiedenen Methoden. Zuerst versuchte ich, direkt nach der Trennung meine ganze Aufmerksamkeit auf meine Hand oder meinen Arm zu konzentrieren. Ich hoffte, das würde meine Gedanken auf eine einzige Vorstellung lenken und mir die unmittelbare Kontrolle verschaffen, die ich anstrebte. Stattdessen verspürte ich ein sonderbares Gefühl des In-mich-selbst-Vertieftseins. Wenngleich aufregend, war das Endergebnis nicht Kontrolle, sondern ein Gefühl, hypnotisiert und anschließend in ein glitzerndes Universum strahlend blauer Sterne gezogen worden zu sein.

Unzufrieden mit den Ergebnissen, beschloss ich, den Versuch zu machen, meinen nichtphysischen Arm zu ergreifen und mich darauf zu konzentrieren, wie mein Griff sich anfühlte. Ein wenig überrascht stellte ich fest, dass der Griff meines nichtphysischen Arms erstaunlich fest war. Mein nichtphysischer Körper verfügte über eine spezifische, ihm innewohnende Schwingung; er fühlte sich vollkommen fest an, aber ich konnte die leichte Schwingungsenergie der Substanz meines Arms spüren. Ich entdeckte rasch, dass mein Energiekörper tatsächlich in jeder Hinsicht »real« und scheinbar ein exaktes Duplikat meines physischen Körpers war. Zudem stellte ich fest, dass ich, wenn meine Gedanken auf meinen nichtphysischen Körper gerichtet waren, das Gefühl hatte, allmählich nach innen gezogen zu werden, so, als würde ich in ein Vakuum tief in meinem Innern gesogen.

Ich wiederholte diese Prozedur der Selbsterforschung über einen Zeitraum von mehreren Monaten, und durch »Versuch und Irrtum« erfuhr ich mehr von meinem nichtphysischen Körper. Vermittels wiederholter Beobachtungen erkannte ich allmählich, dass meine nichtphysische Gestalt wie eine Energieform war – in Wirklichkeit bewusste Energie, die eine provisorische Form angenommen hatte. Der Körper, den ich erlebte, wenn ich mich im Zustand der Außerkörperlichkeit befand, schien das Ergebnis der Erwartungen, die ich im Geiste hegte, und der Vorstellung, die ich von mir im Kopf hatte, zu sein. Außerdem erkannte ich, dass die Konzentration auf meinen nichtphysischen Körper in mir die starke Neigung hervorrief, mich nach Innen locken zu lassen, in Regionen, die ich nicht im geringsten begreifen konnte. Ich wusste, ich brauchte eine andere Methode zur Erlangung bewusster Kontrolle.

Als ich nach fast einem Jahr von den zahlreichen gescheiterten Versuchen, die Kontrolle zu erlangen, zunehmend frustriert war, stellte ich schließlich fest, dass ich den ganzen Prozess komplizierter machte, als er vermutlich war. Während eines nachmittäglichen außerkörperlichen Erlebnisses rief ich spontan: »Kontrolle. Sofort!« Auf der Stelle spürte ich, wie mein analytischer Verstand sich schärfte. Während ich am Fußende meines Bettes stand, besserte sich mein Sehvermögen, blieb aber leicht unscharf, also rief ich nochmals: »Klarheit. Sofort!« Mein Blick stellte sich sofort scharf. Ich spürte, wie mein Körper und mein Geist von Energie und Bewusstsein durchflutet wurden. Ich war hingerissen. Zum ersten Mal fühlte ich mich im Besitz vollständiger Kontrolle: Ich war mir meiner selbst absolut bewusst, und ich hatte tatsächlich das Gefühl, aufmerksamer zu sein als in meinem normalen physischen Bewusstseinszustand. Meine Gedanken waren glasklar und pulsierend lebendig.

Mit einem Mal erkannte ich, dass der Schüssel zur Kontrolle darin bestand, unmittelbar nach dem Austritt die uneingeschränkte Kontrolle einfach zu verlangen. Und allmählich begriff ich auch, wie wichtig es war, gezielt zu denken, und wie notwendig, beim Formulieren von Wünschen äußerst präzise zu sein. Bei einer Gelegenheit sagte ich direkt nach der Ablösung laut: »Ich ersuche um uneingeschränktes, waches Bewusstsein«, und auf der Stelle schnellte ich zurück in meinen physischen Körper. Ich stellte fest, dass der kontrollierende Teil meines Verstandes meine Gedanken wörtlich nahm. Meine ungünstige Wortwahl »wach« wurde sofort im Sinne physischen Wachseins gedeutet. Nachdem ich mehrere Monate lang mit verschiedenen Ausdrücken experimentiert hatte, erkannte ich allmählich, dass ich mich unabsichtlich darauf programmiert hatte, während jeder außerkörperlichen Erfahrung zu denken: »Kontrolle.« Ich entdeckte bald, dass ich es automatisch tat, wenn ich von meinem Körper weg nach oben entschwebte. Nach einem Jahr »Versuch und Irrtum« wusste ich, dass ich endlich auf dem richtigen Wege war.

Während dieser ganzen Zeit setzte ich meine Bleistift-Experimente fort. Bei mehreren außerkörperlichen Erlebnissen versuchte ich, den auf dem Nachttisch ausbalancierten Stift zu bewegen, und war überrascht, festzustellen, dass die Schwingungsfrequenz (Dichte) meines nichtphysischen Körpers zu bestimmen schien, ob der Stift oder sogar das ganze Zimmer für mich sichtbar waren oder nicht. Allmählich kam ich dahinter, dass die Umgebung, die ich wahrnahm, nicht die physische Welt war, so, wie ich vermutet hatte. Ich erkannte, dass die Strukturen, die ich normalerweise wahrnahm, wenn ich mich im Zustand der Außerkörperlichkeit befand, nichtphysische Strukturen waren. Allmählich begann alles zusammenzupassen. Jetzt verstand ich endlich, warum es zwischen den physischen und den nichtphysischen Möbeln und auch bei anderen Gegenständen leichte Unterschiede gab. Beispielsweise hatten die nichtphysischen Wände häufig eine andere Farbe und die Formen und Stile mancher Möbel und Teppiche waren anders. Vieles davon war unerheblich, aber dennoch erkennbar.

Damit ich meine normale physische Umgebung erkennen konnte, musste meine innere Schwingungsrate relativ dicht oder langsam sein. Ich bemerkte zudem, dass sich genau in dem Moment, wo ich um Bewusstsein und Klarheit ersuchte, die innere Frequenz meines nichtphysischen Körpers zu erhöhen schien.

In dem Bemühen, meine Experimente realistischer zu gestalten, balancierte ich an drei verschiedenen Stellen, die ich normalerweise beim Verlassen meines Körpers passierte, Bleistifte. Ich hoffte, dass ich die Stifte neben dem Bett oder am Fußende des Bettes bemerken würde, wenn ich mich an ihnen vorbeibewegte. Rückblickend wird mir bewusst, dass das Ganze sich wahrscheinlich ein wenig sonderbar ausnahm. Ich erinnere mich, dass meine Mutter mich bei einer Gelegenheit fragte: »Was ist mit den Bleistiften?« Stellen Sie sich nur vor, wie Sie versuchen, es Ihrer Mutter zu erklären, ohne wie ein Spinner zu klingen.

Nach ein paar Wochen schließlich richtete ich meine Aufmerksamkeit nach der Ablösung auf einen der Bleistifte: Während ich mich zur Seite des Bettes hin bewegte, konzentrierte ich mich auf den Stift an der Kante meiner Frisierkommode. Zuerst schien mein Blick getrübt, irgendwie nicht synchron*, also sagte ich laut: »Klarheit. Sofort!« Augenblicklich schärfte sich meine Sehkraft. Ich konnte den Stift vor mir deutlich erkennen; doch er wirkte wie eine dreidimensionale, verschwommene stoffliche Form. Ich kam näher, berührte ihn mit der Hand und spürte ein leichtes Vibrieren, als meine Finger sich durch den Stoff des Bleistiftes hindurchbewegten. Ein wenig enttäuscht versuchte ich es erneut, mit demselben Ergebnis. Ich konzentrierte mich und erkannte, dass mein nichtphysischer Körper offenbar eine geringere Dichte besaß als der Bleistift und sagte laut: »Ich muss dichter sein!« Mit einem Ruck schnellte ich zurück in meinen physischen Körper. Als meine körperlichen Empfindungen wiederkehrten, konnte ich nicht umhin zu lachen: Ich hatte bekommen, was ich gewollt hatte. Ich musste daran denken, dass Wünsche im Zustand der Außerkörperlichkeit wörtlich genommen werden. Für Interpretationen oder Grautöne schien wenig Raum zu sein. Ich würde daran denken müssen, bei jedem Wunsch äußerst genau zu sein. Vielleicht wäre so etwas wie »Ich möchte diesen Bleistift bewegen!« wirkungsvoller gewesen.

Bei einer ähnlichen Erfahrung einige Jahre später übte ich mich mit einer einzelnen brennenden Kerze in Selbsthypnose. Nach dem Austritt aus meinem Körper stand ich neben der Kerze und beschloss, sie auszublasen. Zu meiner Überraschung erlosch sie auf der Stelle. Bei der Rückkehr in meinen physischen Körper schlug ich die Augen auf und stellte fest, dass die physische Kerze noch brannte. Nach einigem Nachdenken erkannte ich, dass ich in dem, wovon ich heute weiß, dass es die der physischen nächste parallele Dimension ist, eine Kerze ausgeblasen haben musste. Diese Dimension ist ein relativ dichtes energetisches Abbild der physischen Welt.

Dieses einfache Experiment ist wichtig, weil es den Beweis lie-

---

* Hier ist die Synchronisation von rechter und linker Gehirnhemisphäre gemeint. *(Anm. d. Übers.)*

fert, dass die Umwelten und Objekte, denen man im Zuge außerkörperlicher Erfahrungen begegnet, unabhängig vom physischen Universum existieren. Scheinbar nehmen wir die physische Welt nicht, wie viele glauben, aus einer anderen Perspektive wahr, sondern interagieren in einer gesonderten, jedoch parallelen Energiedimension.

> *Tagebucheintrag vom 21. Juni 1973*
> Ich wache um fünf Uhr morgens auf und gehe hinüber zum Sofa. Nachdem ich etwa fünfzehn Minuten gelesen habe, werde ich müde und beschließe, etwas Neues auszuprobieren. Ich nehme mir ein Blatt Papier und fange an, außerkörperliche Affirmationen aufzuschreiben. »Jetzt bin ich außerkörperlich.« Während ich schreibe, wiederhole ich sie an mich selbst gewandt mündlich. Nachdem ich ungefähr fünfzig aufgeschrieben habe, kann ich kaum noch die Augen offenhalten. Während ich langsam einschlafe, wiederhole ich die Affirmationen im Geiste.
> Eine seltsame Taubheit und Schwingungen im ganzen Körper schrecken mich auf. Ich bleibe so ruhig wie möglich und konzentriere mich auf die Empfindungen des Nach-oben-Schwebens. Nach mehreren Sekunden fühle ich mich empor- und aus meinem Körper herausgehoben. Ich stehe neben meinem Körper und gehe zum Fenster. Ich verspüre eine gewisse Unschärfe und ersuche um Klarheit. Es tritt nur eine leichte Besserung ein, sodass ich meinen Wunsch wiederhole, und diesmal bin ich fordernder: »Ich brauche Klarheit. Sofort!« Augenblicklich wird mein Bewusstsein glasklar. Mein Körper kommt mir leichter und kräftiger vor. Ich bin voll pulsierenden Lebens und aufmerksam und beschließe, einen Flugversuch zu unternehmen. Mit ausgestreckten Armen mache ich einen kleinen Satz und fliege durch Zimmerdecke und Dach, bis ich mich gut hundert Meter über meinem Viertel befinde. Ich

bewege die Arme leicht und pendele mich ein. Es ist absolut berauschend. Ich fühle mich vollkommen frei, als ich über die Stadt Catonsville hinweggleite. Auch wenn es Nacht ist, erleuchtet ein silbriger Schein die Landschaft. Die Häuser und Straßen unter mir wirken wie ein Weihnachtsgarten. Plötzlich verspüre ich ein Ziehen im Rücken und denke spontan an meinen Körper. Dieser Gedanke befördert mich mit einem Satz zurück. Ich erwache leicht benommen und mit einem Kribbeln im ganzen Körper.

Tagebucheintrag vom 3. Juli 1973
Das Geräusch und die Empfindung eines starken Summens dringen in mein Bewusstsein. Es ist, als befänden sich mein Körper und mein Geist im Innern einer Maschine. Zuerst bin ich erschrocken angesichts der Intensität der Schwingungen, aber langsam beruhige ich mich und richte meine ganze Aufmerksamkeit auf die Vorstellung, meinem Körper zu entschweben. Sofort löse ich mich und gleite zur Decke empor. Nach dem Austritt bemerke ich, dass das laute Dröhnen abgeklungen ist. Während ich gut einen Meter über meinem Körper schwebe, tritt ein Gefühl der Ruhe ein. Es ist, als sei ich schwerelos und schwebte wie eine Wolke. Mit dem einzigen Gedanken, mich zur Tür zu bewegen, scheine ich automatisch zu diesem Ziel hingetrieben zu werden.
Konzentriert richte ich meine Gedanken auf das Wohnzimmer und bewege mich direkt dorthin. Ich kann nicht glauben, wie einfach und natürlich es ist. Ich denke ans Stehen, und schon stehe ich im Wohnzimmer und betrachte meine Umgebung. Alles um mich herum sieht vertraut aus, außer dass die Wände jetzt hellgelb statt weiß sind und ein Teil des Mobiliars sich leicht von seinem physischen Pendant unterscheidet. So sieht zum Beispiel ein

antiker Schaukelstuhl mit Löwenkopf genauso aus, aber der Couchtisch anders. Der physische Tisch ist modern, während sein nichtphysisches Gegenstück wie eine Antiquität aus dem 18. Jahrhundert wirkt.
Als ich auf meine Umgebung blicke, wird mir bewusst, dass ich durch den verschwommenen Umriss der physischen Wände hindurchsehen kann. Ich konzentriere mich auf die Wohnzimmerwand, und sie scheint in Form und Substanz zunehmend gasförmig zu werden und verschwindet langsam. Vor mir sehe ich eine vollkommen neue Umgebung, eine wild wuchernde Wiese, die sich erstreckt, so weit mein Auge reicht. Ich mache ein paar Schritte nach vorn und betrete das neue Terrain. Während ich auf die Wiese hinausschaue, bemerke ich die Gestalt eines Mannes, der in etwa zwanzig Meter Entfernung zu sehen ist. Er blickt mich unverwandt an, kommt aber nicht näher. Mehrere Augenblicke lang starre ich in seine Richtung. Er hat dunkles Haar, einen kurz geschorenen Bart und trägt ein violettes Gewand, das ihm bis auf die Knie herabfällt. Er nickt mir zu und ich kann ein Lächeln aufblitzen sehen. Die ganze Situation ist überwältigend. Mir ist unbehaglich zumute, und ich bin unsicher, was ich als Nächstes tun soll. Darf ich zu diesem Fremden hinübergehen und mit ihm Kontakt aufnehmen oder muss ich ihn meiden? Ich werde rasch aus meiner Zwangslage befreit, als ich in meinen physischen Körper zurückschnelle.
Während ich im Bett liege, geht mir auf, dass dieser Mann dieselbe Person sein könnte, die ich bei meinem ersten außerkörperlichen Erlebnis sah. Je mehr ich seine Erscheinung prüfe, desto überzeugter bin ich, dass dieser Mann nicht bloß irgendein nichtphysischer Bewohner ist; er scheint jeden meiner Schritte zu überwachen. Es ist auch offensichtlich, dass er nicht die Absicht hatte, sich mir zu nähern oder mit mir Kontakt aufzunehmen. Ich ver-

> mute, dass er wusste, jede Bewegung seinerseits auf mich zu hätte mir wahrscheinlich Angst gemacht; schon allein sein Anblick war beunruhigend genug gewesen.
>
> Mehrere Tage lang beherrscht Neugier hinsichtlich dieses Mannes mein Denken: Welche Absichten hat er und welches Ziel verfolgt er? Ich frage mich, ob er eine Art Führer ist, der meinen Fortschritt beobachtet. Außerdem frage ich mich, ob jeder, der außerkörperliche Erfahrungen macht, jemanden hat, der seine Fortschritte beobachtet. Augenscheinlich hegte er nicht den Wunsch, sich einzumischen; in Wirklichkeit schien er beinahe überrascht, als ich ihn schließlich erblickte. Ich kann nur vermuten, dass er, um unbeobachtet zu bleiben, meinen außerkörperlichen Erlebnissen möglicherweise von einer etwas anderen Schwingungsebene aus zusah. Als ich mich konzentrierte, erhöhte ich wohl meine Schwingungsfrequenz und war anschließend in der Lage, über meine normale körperartige Umgebung hinauszusehen.
>
> Wenn ich das mit meiner ersten Erfahrung vergleiche, wird mir bewusst, dass beide sich in vielerlei Hinsicht ähnlich waren. Der Hauptunterschied bestand darin, dass meine Kontrolle und mein Sehvermögen dieses Mal besser waren.

Je mehr ich über meine Erfahrungen nachdachte, desto stärker wurde mir bewusst, dass alles, was ich für eine Tatsache oder für die Wahrheit hielt, neu bewertet werden musste. Zum Beispiel war die seit langem bestehende »Tatsache«, dass unser Bewusstsein das Ergebnis elektrochemischer Aktivität im Gehirn sei, jetzt eine lachhafte Überzeugung, die augenscheinlich aus unvollständigen Informationen resultierte. Ich wusste nun, dass das Gehirn irgendeine andere Aufgabe hat, möglicherweise ist es ein biologisches Instrument, das zwischen dem nichtphysischen Verstand und dem physischen Körper Informationen überträgt. Mir wurde klar, dass das physische Gehirn der Festplatte eines Computers ähnelt, indem es Informationen und Erinnerungen speichert, die benötigt werden, um unser vorübergehendes biologisches Vehikel zu unterstützen und zu lenken.

Im Laufe meiner außerkörperlichen Erfahrungen wurde diese Beobachtung immer wieder bestätigt. Eines war sicher: Ich konnte ohne mein physisches Gehirn denken; ich konnte Gedanken erschaffen, analysieren und wieder aufrufen. Ich erkannte außerdem, dass es bestimmte Unterschiede gab. Beispielsweise war ich im Zustand der Außerkörperlichkeit spontaner und zielstrebiger als in meinem physischen Körper. Ich fühlte mich irgendwie motiviert, Dinge zu tun, die ich, während ich in meinem Körper war, nicht einmal in Erwägung gezogen hätte. Zum Beispiel pflegte ich oft ans Fliegen zu denken und dann auf der Stelle aus dem Zimmer zu fliegen und quer durch mein Viertel zu gleiten, oder ich fand mich über fremden Landschaften fliegend wieder, die ich nicht im Entferntesten identifizieren konnte. Manchmal argwöhnte ich, dass ich in so einem Moment von einem umfassenderen, unbekannten Teil von mir gelenkt wurde. Oftmals pflegten meine spontanen Gedanken mich in Situationen und Erlebnisse hineinzuführen, die Einblick in Bereiche oder Ereignisse gewährten, die mit meiner Vergangenheit oder Gegenwart zusammenhingen. Bei zahlreichen Gelegenheiten verstand ich den Grund für diese Erlebnisse erst Wochen oder sogar Jahre später.

Das nächste Erlebnis hatte eine tiefgreifende Wirkung auf mich. Zum ersten Mal erkannte ich das unendliche Potenzial nichtphysischer Erkundungen.

> *Tagebucheintrag vom 9. Juli 1973*
> Gegen Mittag beschließe ich, ein Nickerchen zu machen. Ich schlafe ein und stelle mir das Wohnzimmer meiner Mutter vor. Ein Gefühl von Taubheit und prickelnder Energie breitet sich im ganzen Körper aus. Ich genieße die

Empfindung und steige ohne Schwierigkeiten aus meinem Körper. Ein aufregendes Gefühl durchströmt mich, als ich mich zum Fußende des Bettes hin bewege.
Als ich mich umschaue, verspüre ich den plötzlichen Drang, die junge Frau in der Wohnung über meiner zu sehen. Sofort schwebe ich aufwärts und spüre, wie mein Kopf und meine Schultern in die Decke eindringen. Aus irgendeinem mir unbekannten Grund treffe ich auf heftigen Widerstand und kann die Decke nicht durchqueren. Einen Moment lang stecke ich in der Decke fest und fange an, in Panik zu geraten. Laut sage ich: »Runter«, und sofort bewege ich mich abwärts in Richtung Boden.
Mit einem Gefühl der Erleichterung beruhige und sammle ich mich. Ich gehe zur Tür meines Schlafzimmers und trete ein. In dem Moment, wo ich die Tür durchschreite, verspüre ich ein leichtes Prickeln, ohne auf Probleme zu stoßen; aus der Nähe sieht die Tür diesig, verschwommen aus. Ich laufe ganz normal, betrete das Wohnzimmer und steuere auf die Haustüre zu, als ich plötzlich zu meiner Rechten deutlich die Stimme eines Mannes höre, der meinen Namen ruft: »Willie!«
Erschrocken blicke ich mich um und sehe einen Mann, der auf dem Sofa sitzt. Er scheint Ende zwanzig zu sein und kommt mir irgendwie bekannt vor.
»Willie, es ist schön, dich zu sehen.«
Ich erkenne seine Stimme und weiß sofort, dass das hier vor mir mein Onkel Hilton ist. Bestürzt über seine Anwesenheit, starre ich ihn bloß an, während er spricht.
»Ich wette, du bist überrascht, mich zu sehen.« Er lacht leise, als er fortfährt: »Hatte ein bisschen Ärger mit der Decke.«
Ich trete näher und frage: »Onkel Hilton, bist du das?«
Wieder lächelt er. »Ja, ich bin es.«
Ich schaue ihn mir genau an. Er wirkt zwanzig Jahre jün-

ger und viel dünner, als er zu dem Zeitpunkt gewesen war, als er starb.
Meine Blicke scheinen ihn zu amüsieren und er sagt: »He, ich bin genauso überrascht, dich zu sehen, wie du überrascht bist, mich zu sehen.«
Sein Tonfall wird ernster. »Willie, wie hast du das gelernt?«
Erstaunt über seine Frage, erwidere ich: »Ich habe es einfach versucht und es hat funktioniert.«
»Es gibt nicht viele, die können, was du kannst. Wir alle sind ganz überrascht.« Er blickt mich an und wartet auf eine Antwort.
Ich sehe ihn an und die Realität der Situation ist überwältigend. Aus irgendeinem Grund verspüre ich einen plötzlichen inneren Drang, zu fliegen.
»Onkel Hilton, ich muss gehen.«
Er lächelt und nickt, als ich mich zur Tür bewege.
Problemlos trete ich durch die Wohnungstür und sehe vor mir ein weites, grünes Feld. (Mein physisches Umfeld ist ein Wohnviertel.) Ich trete ins Freie und strecke die Arme über mir aus. Mein Impuls, zu fliegen, scheint mich wie eine Rakete in die Luft zu befördern. Ich breite die Arme aus, pendele mich ein und experimentiere damit, wie ich kontrollieren kann, wohin ich fliege. Als ich mich umschaue, kann ich unter mir deutlich die 40. Straße erkennen. Ich beschließe, ihr zu folgen und gut hundert Meter über dem Boden westwärts zu fliegen. Ein intensives Hochgefühl und ein Gefühl der Freiheit strahlen von jeder Faser meines Wesens aus. Ich schaue nach unten und kann deutlich die Straße, Wohnhäuser und sogar ganze Wohnviertel erkennen. Als ich Ellicott City überfliege, spüre ich ein Ziehen mitten im Rücken und denke an meinen Körper. Blitzartig schnelle ich in meinen physischen Körper zurück und fühle ein leichtes Kribbeln und eine Benommenheit, die sich rasch zerstreuen.

Sobald meine körperlichen Sinne zurückkehren, hole ich mir die Fotoalben meiner Mutter und suche nach einem Bild meines toten Onkels. Beim wilden Umblättern der Seiten finde ich schließlich eine Fotografie von ihm als junger Mann in den Zwanzigern. Ohne Zweifel ist die dreißig Jahre alte Fotografie vor mir das exakte Abbild des Mannes, den ich vorhin getroffen hatte.
Ich überdenke dieses Erlebnis und mir werden ein paar Dinge klar. Erstens bestehen wir nach dem Tod offensichtlich fort. Auch wenn ich das seit meiner ersten außerkörperlichen Erfahrung weiß, wird es noch deutlicher, wenn man tatsächlich einen Verstorbenen, den man gekannt hat, sieht und mit ihm spricht. Ich konnte einfach nicht verwechselt worden sein; der Mann, mit dem ich mich gerade unterhalten hatte, war wirklich mein Onkel.
Zweitens fällt mir auf, dass mein Onkel offensichtlich in der Blüte seiner Jahre stand – ich würde schätzen, er war Ende zwanzig. Tatsächlich war er so jung, dass ich ihn (zumindest vom Sehen her) nicht sofort hatte erkennen können. Es waren seine unverwechselbare Stimme und die Tatsache, dass er mich »Willie!« rief, die wirklich klarstellten, wer er war. Mein verstorbener Onkel ist der einzige Mensch, der mich jemals Willie genannt hat; alle anderen riefen mich William oder Bill.
Als mein Onkel starb, war er vierundfünfzig Jahre alt und hatte beträchtliches Übergewicht; bei unserer Begegnung jedoch wirkte er jung, schlank und strotzend vor Gesundheit. Offensichtlich ist es so, dass wir, nachdem wir im Tod unseren physischen Körper abgeworfen haben, die Energie-Gestalt annehmen, die durch unsere Vorstellung von uns selbst geformt oder beeinflusst worden ist. Da ich gelernt habe, dass nichtphysische Energien von Natur aus empfänglich für Gedanken sind, scheint es einsichtig, dass unsere Gedanken und unser Selbstbild wohl unsere per-

> sönliche Energie beeinflussen. Wahrscheinlich können wir diejenige nichtphysische Gestalt annehmen, die der Vorstellung, die wir von uns selbst haben, am meisten entspricht. Sollte das der Fall sein, kann ich nicht umhin, mich zu fragen, wie ich aussehe, wenn ich meinen Körper verlasse. Sehe ich genauso aus wie mein physischer Körper? Ich frage mich auch, ob meine Gestalt sich wandeln würde, wenn ich mein Selbstbild bewusst veränderte. Es klingt irgendwie bizarr, aber möglicherweise ist unsere nichtphysische Form und Gestalt ebenfalls nur ein vorläufiges Vehikel, genau wie der physische Körper. Ich frage mich ernsthaft, was geschehen würde, wenn ich mich (im Zustand der Außerkörperlichkeit) darauf konzentrierte, Form und Gestalt meines nichtphysischen Körpers zu verändern.

Mehrere Wochen lang beherrschte die Begegnung mit meinen verstorbenen Onkel mein ganzes Denken. Ich war mir sicher, dass er wegen meiner Fähigkeit, meinen Körper zu verlassen, einen überraschten und neugierigen Eindruck gemacht hatte, doch ich wusste auch, dass er offenbar auf mich gewartet hatte – scheinbar hatte er gewusst, dass ich ins Wohnzimmer gehen würde. Vielleicht war das der Grund, warum ich nicht hatte durch die Decke gehen können, als ich es versuchte. Möglicherweise wurde ich irgendwie zum Wohnzimmer hin gelenkt. Außerdem hatte ich das seltsame Gefühl, dass jemand neben ihm gesessen hatte. Es ist schwer zu erklären, aber ich hatte noch jemanden dort gespürt, und ich war mir sicher, dass ich einen kurzen Moment lang die zarte Silhouette einer Frau gesehen hatte.

Ich machte es weiterhin so, wie es in der Vergangenheit bei mir funktioniert hatte. Ich wachte gewöhnlich um sieben Uhr auf und machte mich für ein Seminar um neun Uhr fertig. Danach kehrte ich jedes Mal in die Wohnung meiner Mutter zurück und las, bis ich müde wurde. Im Allgemeinen begann ich gegen Mittag mit meiner Außerkörperlichkeits-Technik. Ich experimentierte mit verschiedenen Methoden, stellte jedoch fest, dass die einfachste am besten funktionierte. Ich ging in mein Zimmer, legte mich ins Bett und stellte mir vor, wie ich durchs Wohnzimmer lief und all die kleinen Details untersuchte, die mit dem Zimmer verbunden waren. Oft pflegte ich mir drei oder vier Objekte in dem Zimmer herauszugreifen und sie mir nach besten Kräften deutlich im Kopf vorzustellen. Nicht dass ich den Mechanismus dessen, was ich da tat, begriff oder gar darüber nachdachte; ich wusste nur, dass er funktionierte.

In etwa dreißig Prozent der Zeit fand ich mich, nachdem ich eingedöst war, aufrecht sitzend, schwebend oder seitwärts aus meinem Körper herausrollend wieder. Die Empfindungen beim Ablösen waren normalerweise immer ähnlich: ein Summen, begleitet von einem inneren energiereichen Gefühl oder einer Schwingungsempfindung, die sich im ganzen Körper ausbreitete. Auf dem Höhepunkt der Schwingungen lenkte ich mich geistig von meinem Körper ab, indem ich mich aufsetzte oder aus meinem Körper seitlich abrollte. Ich bevorzugte das Aufsetzen, weil das Abrollen oft ein Gefühl der Desorientierung hervorrief. Ich stellte fest, dass die leichteste Methode darin bestand, sich einfach aufzusetzen und einen Schritt vom Körper weg zu tun. Auf diese Weise schien ich eine bewusstere Kontrolle über meinen nichtphysischen Energiekörper zu behalten. Möglicherweise waren die mit dem Gehen verbundenen körperähnlichen Bewegungen von grundlegender Wirkung.

> *Tagebucheintrag vom 14. September 1973*
> Ich werde schläfrig und wiederhole im Geiste meine Affirmation: »Jetzt bin ich außerkörperlich.« Gleichzeitig stelle ich mir Gegenstände im Wohnzimmer meiner Mutter vor. Nach etwa fünfzehn Minuten schlafe ich ein.
> Plötzlich schrecke ich vom Krachen eines Pistolenschusses in der Nähe meines Kopfes hoch und bin aufmerksam.

Mein Körper ist vollkommen taub, und eine überwältigende Woge der Energie durchströmt mich. Ich habe Angst und denke instinktiv an meinem physischen Körper. Mit einem Satz bin ich wieder in meinem Körper und schaue mich im Zimmer um, woher das Geräusch wohl kam. Nachdem meine körperlichen Empfindungen zurückgekehrt sind, wird mir bewusst, dass ich dieses Erlebnis schlecht verkraftet habe. Ich vermute, dass der Pistolenschuss ein inneres Geräusch war, verursacht möglicherweise durch den Akt der Trennung von meinem physischen Körper, und dass ich mich vielleicht von einem irgendwo im Kopf sitzenden Verbindungspunkt gelöst habe.

Es gibt eine Theorie, die besagt, dass wir alle an sieben Energiepositionen mit unserem physischen Körper verbunden seien und dass ein lautes Knallen eine Trennung anzeigen könnte, die sich an oder in der Nähe der Zirbeldrüse ereigne. Momentan habe ich keine Beweise zur Untermauerung dieser Theorie, aber ich muss zugeben, dass mein Erlebnis bemerkenswerte Ähnlichkeit mit Geräuschen aufweist, von denen Sylvan Muldoon und Paul Twitchell berichtet haben.

Über die mit außerkörperlichen Erfahrungen verbundenen Empfindungen und Geräusche liegen nur wenige Forschungen vor. Ich hoffe, dass sich dies in naher Zukunft ändern wird. Angesichts des enormen verfügbaren Wissenspotenzials ist die Forderung nach einer Intensivierung der Forschung nur allzu berechtigt. Ich bin fest davon überzeugt, dass weitere Entdeckungsreisen neue Einblicke in das unsichtbare Wesen und den unsichtbaren Ursprung des Bewusstseins gewähren würden.

Tagebucheintrag vom 25. Oktober 1973

Ich werde zusehends entspannter und schläfriger, während ich eine »Außerkörperlichkeits-Affirmation« wiederhole: »Jetzt bin ich außerkörperlich.« Das nächste, was ich weiß, ist, dass ich aufmerksam aufrecht im Bett sitze und mich in meinem Zimmer umsehe. Schwingungen durchströmen mich, und ich erhebe mich und trete aus meinem Körper heraus, gehe durch die Schlafzimmerwand und befinde mich in einer neuen Umgebung. Ich laufe auf einem Bürgersteig oder irgendeinem Weg und um mich herum erstreckt sich eine weite, ebene Fläche, so weit ich sehen kann. In der Ferne reckt sich ein Funkturm. Ich verspüre den starken Drang, hinzugehen, und sage zu mir selbst: »Ich muss es bis zu dem Turm schaffen.« Sofort bin ich näher dran. Direkt vor mir versperrt mir ein Dutzend alter metallener Mülleimer den Weg. Ich beginne sie beiseite zu stoßen und frage laut: »Was symbolisieren diese Dinge?« In diesem Moment erscheint vor meinem geistigen Auge eine Reihe lebendiger Bilder; ich kann nicht sagen, ob sie aus meinem Innern kommen oder von irgendwo außerhalb. »Sehr gut, allmählich begreifst du. Du befindest dich auf einer höheren Schwingungsebene, in einer Umwelt, die auf Gedanken anspricht. Deine Vorstellungen von deiner Umgebung entstehen in deinem Kopf. Dein Verstand deutet die Umwelt entsprechend den Punkten und Formen, auf die er sich beziehen kann.«

Ich bin vor Aufregung außer mir. Zum ersten Mal begreife ich das Offensichtliche. Der Bürgersteig ist mein Weg, die Richtung meines Lebens. Die Mülleimer sind der ganze Abfall, der mein Fortkommen hindert: meine Ängste, Grenzen und Anhaftungen. All diese Dinge müssen aus dem Weg geräumt werden, damit ich vorwärtskommen und meine spirituellen Ziele erreichen kann.

Ich schaue mir einen Moment lang die Mülleimer genau an; sie sehen alt und zerbeult aus. Mit einem Gefühl intensiver Freude und Befriedigung rolle ich die Tonnen aus dem Weg. Eine Woge der Energie durchflutet mich, als ich

meinen Weg von den Hindernissen befreie. Ich fühle mich kräftiger und voller Energie, während ich auf den Funkturm zumarschiere und feststelle, dass ich mich direkt neben ihm befinde. Ich suche nach dem Eingang, kann ihn aber nirgends finden. Ich gehe um das Gelände herum und verspüre plötzlich ein starkes Ziehen. Ich weiß, ich muss in meinen Körper zurückkehren.
Mit einem einzigen Gedanken an meinen physischen Körper bin ich sofort wieder in ihm. Ich öffne die Augen und merke, dass ich dringend zur Toilette gehen muss. Ich bin ein bisschen ärgerlich auf mich, dass ich nicht besser geplant habe. Jetzt bin ich richtig neugierig auf den Funkturm und darauf, was genau er symbolisiert. Warum konnte ich die Tür nicht finden? Ich habe eine Idee, aber ich brauche die Bestätigung. Vor allem wundere ich mich über die Mitteilung, die ich erhalten habe. Es ist schwer zu erklären, aber in meinem Kopf war sie ganz klar; es schienen eher Bilder als Worte zu sein. Wichtiger noch, mir wird bewusst, dass dieses Erlebnis sich von allen vorausgegangenen unterscheidet. Ich hatte eine vollkommen andere Umgebung betreten, eine nichtphysische Welt, die abgesondert zu sein schien von der körperähnlichen Umgebung, die ich normalerweise erlebe. Außerdem schien die Umgebung leicht auf meine Gedanken anzusprechen. Ich fühlte mich ein wenig anders, leichter, energiegeladener. Ich verstehe es nicht richtig, vermute aber, dass dies wichtig ist.

Tagebucheintrag vom 12. November 1973
Ich verspüre ein leichtes Vibrieren und ein Gefühl schneller Bewegung. Plötzlich stehe ich in einer reich geschmückten Kathedrale vor einer hohen Kanzel. Mir ist rundum wohl zumute und rasch steige ich die Stufen der Kanzel empor. Ich bin bereit, mich an die Menge zu wenden, aber als ich hinabblicke, merke ich, dass kein Mensch

> da ist. Verwirrt und unsicher, was als Nächstes zu tun sei, schnelle ich zurück in meinen Körper und finde mich aufmerksam bei vollem Bewusstsein aufrecht im Bett sitzend wieder. Überrascht denke ich bei mir: »Das ist seltsam; beim Aufrechtsitzen hatte ich noch nie eine außerkörperliche Erfahrung.« Dann geht mir auf, dass ich überhaupt nicht in meinem physischen Körper bin. Ich schaue mich um und sehe, dass mein physischer Körper schlafend im Bett liegt. Eine Welle der Erregung ist spürbar, als mir bewusst wird, dass das Erlebnis in der Kathedrale sich in einem vollkommen anderen Energiekörper zugetragen hat. Zum ersten Mal wird klar: Die »Atmosphäre«, die »Stimmung« der beiden nichtphysischen Körper unterscheidet sich auf enorme Weise. Der Energiekörper, in dem ich mich jetzt befinde, ist, verglichen mit dem zweiten Energiekörper, viel dichter, beinahe physisch.

Durch dieses Erlebnis erkannte ich, dass der erste (dichte) nichtphysische Körper in Wirklichkeit ein Abbild des physischen ist, während der zweite eine feinere Schwingungsfrequenz aufweist, wie reine Energie, bereit, auf den leisesten Gedanken zu reagieren. Je mehr ich über meine Erkenntnis nachdachte, desto aufgeregter wurde ich. Ich wusste, dass mir ein großer Durchbruch gelungen war, weil ich jetzt verstand, wie begrenzt der erste Energiekörper tatsächlich ist. Das erklärte auch, warum meine Fähigkeiten und Wahrnehmungen im Zustand der Außerkörperlichkeit so unterschiedlich sind. Theoretisch müsste ich in der Lage sein, mich bewusst von einer Energieform zur nächsten zu bewegen. In gewisser Hinsicht sollte ich imstande sein, nach Belieben den ersten Körper aufzugeben und in den zweiten »umzuziehen«. Ich konnte das nächste Erlebnis kaum erwarten, um meine Theorie zu prüfen.

Eine Woche lang versuchte ich das erfolglos; dann geschah es schließlich. Nachdem ich fünf Stunden geschlafen hatte, wachte ich um sechs Uhr morgens auf und ging hinüber zum Sofa. Ich hatte etwa fünfzehn Minuten gelesen, dann wurde ich schläfrig und wiederholte, während ich einschlief, vierzig- bis fünfzigmal die Affirmation, die mir am liebsten ist: »Jetzt bin ich außerkörperlich.«

Ich erkannte den Schwingungszustand sofort, stieg aus meinem physischen Körper aus und machte mehrere Schritte hin zur Tür. Statt, wie ich es normalerweise getan hätte, durch die Tür zu gehen, ersuchte ich um Klarheit und bat energisch darum, meine zweite Energieform zu erfahren: »Ich ziehe um in meinen höheren Körper.« Ich verspürte eine Woge der Energie und befand mich auf der Stelle in einer vollkommen neuen Umgebung. Ich war hingerissen ... es hatte funktioniert!

Ich fühlte mich gekräftigt und leicht wie eine Feder; mein Verstand war erfüllt von Möglichkeiten. Ich bat um Klarheit und mein Verstand wurde glasklar. Zum ersten Mal begriff ich wirklich, was »sich bewusst sein« bedeutete. Meine Gedanken wurden schneller, pulsierender und lebendiger als je zuvor. Es ist schwer zu beschreiben, aber ich verspürte einen unglaublichen Überschwang, kannte weder Ängste noch Grenzen. Mir wurde klar, dass das Wahrnehmungsvermögen des physischen Bewusstseinszustands trübe ist, wie in einem verschwommenen Traum. Außerdem erkannte ich, dass der erste nichtphysische Körper sehr stark dem physischen ähnelt.

Auf diese Erfahrung zurückblickend, erinnerte ich mich einer allmählichen Veränderung meines physischen Körpers, während ich mich nach innen bewegte. Es wurde klar, dass ich mich, als ich meine persönliche Frequenz erhöhte, innerhalb der nichtphysischen Binnenregionen des Universums automatisch nach innen bewegte. Diese Entdeckung ist für uns alle von Bedeutung. Nicht nur unsere Frequenz und Dichte, sondern auch unsere nichtphysische Gestalt und Form verändern sich bei unseren inneren Forschungsreisen. Nachdem ich diese Veränderung mehrmals erfahren hatte, konnte ich die Bedeutung der Entdeckung nicht mehr länger ignorieren. Die persönliche Energiefrequenz unseres Körpers hängt direkt mit der Frequenz unseres unmittelbaren Umfeldes zusammen. Die Folge ist, dass wir uns, wenn wir unsere individuelle Energiefrequenz verändern, automatisch zu der nichtphysischen Energieebene des Universums hin bewegen, die unserer eigenen innerlichen Frequenz entspricht. Nachdem ich erst einmal ein gewisses Maß an Selbstkontrolle über meine nichtphysischen Forschungsreisen erlangt hatte, begann ich, mit der bewussten Änderung meiner persönlichen Frequenz zu experimentieren. Ich stellte fest, dass die einfachste Methode darin besteht, im Zustand der Außerkörperlichkeit einfach eine Energieveränderung zu verlangen.

Zwei Jahre lang hatte ich geglaubt, ich würde mich innerhalb derselben Dimension seitlich von einem Bereich zum nächsten bewegen, jetzt aber trat die erstaunliche Wahrheit offen zutage: Ich bewegte mich nicht seitlich, sondern innerlich innerhalb des Universums von einer energetischen Umwelt zu einer anderen. Seitliche Bewegung war anders; das Gefühl war im Großen und Ganzen körperähnlicher. Nach wiederholten »Versuchen und Irrtümern« gelangte ich zu einer Reihe von Beobachtungen: Erstens reagiert unser nichtphysischer Energiekörper, wenn wir seine Veränderung verlangen, sofort auf unsere Bitte oder Forderung. Zweitens befördert unser Bewusstsein uns, wenn wir um die Erhöhung unserer Schwingungsfrequenz ersuchen oder uns nach innen bewegen möchten, automatisch in einen Bereich des Universums mit höherer Frequenz. Und drittens entspricht unsere innere Frequenz stets der Frequenz der neuen Dimension oder Umgebung, die wir gerade erfahren.

Mit einer gewissen Übung ist es möglich, die individuelle Schwingungsfrequenz unseres nichtphysischen Körpers bewusst zu verändern und zu kontrollieren. Dieses Verfahren ist der Schlüssel zu echter Kontrolle und unbegrenzter Freiheit im Zustand der Außerkörperlichkeit. Mit diesem Wissen ist es möglich, sich absolut bewusst und kontrolliert von einer Energiedimension zur nächsten zu bewegen, vor allem aber ermöglicht es uns, das komplette mehrdimensionale Universum zu erkunden. Diese innere Bewegung verleiht uns die Fähigkeit, vollkommen bewusste, interdimensionale Wesen zu werden. Das Folgende dient als Beispiel.

Tagebucheintrag vom 12. März 1974
Ich wiederhole am Mittag meine regelmäßige Affirmation: »Jetzt bin ich außerkörperlich« und schlafe langsam ein. Binnen Sekunden spüre ich den Schwingungszustand, entferne mich aus eigener Kraft von meinem schlafenden physischen Körper und bewege mich zum Fußende des Bettes hin. Auf der Stelle fordere ich: »Klarheit. Sofort!«, und mein Wahrnehmungsvermögen bessert sich. Konzentriert stehe ich am Fußende des Bettes und sage laut: »Ich bewege mich nach innen.« Prompt habe ich das Gefühl, mich schnell zu bewegen – ich werde in ein Vakuum tief in meinem Innern gesogen. Das Gefühl der Bewegung ist so stark, dass ich »Halt!« brülle. Sofort höre ich auf, mich zu bewegen, und erkenne, dass ich mich in einer neuen Umgebung befinde. Ich stehe im Freien in einer wunderschönen, parkähnlichen Umgebung. Mein Blick ist verschwommen, also wiederhole ich meine Forderung nach Klarheit: »Klarheit. Sofort!« Sehvermögen und Gedanken scheinen »einzurasten«. Mein Körper kommt mir leichter vor und scheint vor Kraft zu pulsieren. Ich versuche, ruhig zu bleiben, während meine Gedanken rasen. Ich schaue nach unten und spüre meinen Körper. Ich besitze eine unverwechselbare Form und Gestalt, ganz wie mein normaler nichtphysischer Körper; doch diese Gestalt kommt mir irgendwie leichter und spannungsgeladener vor als mein erster Energiekörper.
Aufgeregt ob meines Erfolges, sage ich laut: »Ich bewege mich zur nächsten Ebene.« Augenblicklich werde ich mit unglaublicher Geschwindigkeit nach innen gezogen. Ich

kann es kaum aushalten und meine Furcht beginnt zu wachsen. Nach wenigen Sekunden hört die innere Bewegung abrupt auf und ich entschwebe in eine andere, seltsame Umgebung. Diesmal sind wenige Objekte sichtbar, aber ich spüre um mich herum intensive Energieausstrahlungen. Ich schaue mich um, und mir wird bewusst, dass ich den Kopf nicht zu drehen brauche; ich scheine stets dorthin zu sehen, wohin ich meine Gedanken wende, und ich kann in alle Richtungen gleichzeitig blicken. Ich schaue auf meinen Körper herab, sehe aber nichts, das ich beschreiben könnte; ich bin ein 360-Grad-Aussichtspunkt ohne Form oder Substanz. Ich spüre, wie ein überwältigendes Gefühl von Energie und Wissen mich durchströmt. Mein ganzes Wesen ist versunken in einem Meer aus reiner Energie und bedingungsloser Liebe.

Es kommt mir vor, als genösse ich stundenlang die besänftigenden Gefühle des Schwebens in diesem Ozean aus reinem, lebendigem Licht. Da ich nicht in meinen physischen Körper zurückkehren möchte, behaupte ich mein Blickfeld so lange wie möglich. Schließlich kehre ich doch in meinen Körper zurück und schaue auf die Uhr. Ich bin überrascht – ich war weniger als vierzig Minuten weg.

Während ich über meine Erfahrungen nachdachte, versuchte ich zu einem klareren Verständnis meiner nichtphysischen Existenz zu gelangen. Gewisse Ähnlichkeiten und Unterschiede zwischen meinem physischen und meinem nichtphysischen Körper waren nun offensichtlich.

Beispielsweise erkannte ich, dass mein außerkörperliches Sehvermögen sehr stark meinem körperlichen glich. Der einzige wahrnehmbare Unterschied lag in seiner Klarheit. Kurz nach der Ablösung war mein Blick oft verschleiert und nicht synchron. Doch indem ich »Klarheit. Sofort!« verlangte, konnte ich ihn rasch schärfen. Ich hielt es für entscheidend, das bei jeder außerkörperlichen Erfahrung zu tun, und während einer einzigen außerkörperlichen Erfahrung wiederholte ich meine Bitte mehrmals.

Ich merkte, dass ich sehr stark auf mein Sehvermögen angewiesen war. Die anderen Sinne schienen im Vergleich dazu beinahe unwichtig zu sein. Rückblickend glaube ich, dass dies vielleicht mit meiner augenblicklichen körperlichen Abhängigkeit von der Sehkraft zu tun hat. Jeder von uns ist anders; manche von uns konzentrieren sich vielleicht mehr auf das Gehör oder den Tastsinn als auf das Sehvermögen. Ich vermute, dass jeder von uns sich möglicherweise auf einen Sinn immer mehr als auf die anderen zu verlassen pflegt. Ein Berufsmusiker wird sich zum Beispiel stärker auf das Gehör konzentrieren, und ein Tänzer könnte dazu neigen, sich auf den Tastsinn zu konzentrieren.

Ich erkannte auch, dass Atmen nicht mehr erforderlich war und dass Temperaturempfindungen nicht mehr zu existieren schienen. Obgleich ich keine Temperatur empfand, besaß ich einen Tastsinn und konnte Gegenstände und sogar meinen Griff spüren. Mein Gehör blieb genau dasselbe, doch mein Geschmackssinn schien zu fehlen. Später sollte ich feststellen, dass uns alle fünf Sinne zur Verfügung stehen, wenn wir uns nur auf sie konzentrieren.

Mit zunehmender Erfahrung begriff ich schließlich, dass all unsere nichtphysischen Sinne Schöpfungen unseres Geistes sind und von ihm kontrolliert werden. Ich zweifle ernsthaft daran, dass unseren nichtphysischen Körpern überhaupt irgendeine natürliche oder ihnen eigene Wahrnehmungsfähigkeit innewohnt. Unsere Gedanken formen den nichtphysischen Körper entsprechend unserem augenblicklichen Selbstbild. Allmählich verstand ich, dass mein physischer Körper nur ein vorübergehendes Vehikel für diesen Ausdruck war. Mit der Zeit wurde mir schließlich bewusst, dass dies auch für unsere nichtphysischen Körper gilt.

Ich erkannte, dass meine nichtphysische Gestalt in vielerlei

Hinsicht ein energetisches Abbild meines physischen Körpers war. Meine Gesamtgröße und -form blieben dieselbe; doch die Energiesubstanzen, aus denen ich gemacht war, unterschieden sich gänzlich. Statt aus Molekülen schien mein nichtphysischer Körper aus unzähligen winzigen, miteinander verbundenen Lichtpunkten zu bestehen. Bei zwei Gelegenheiten versuchte ich, im Zustand der Außerkörperlichkeit in einen Spiegel (einen physischen Spiegel) zu sehen, konnte aber nichts erkennen.

Meine Neugier hinsichtlich des Aussehens, der Struktur und der Substanz meines nichtphysischen Körpers nahm mit jedem außerkörperlichen Abenteuer zu. Auch wenn ich meine Hand und meinen Arm ohne Schwierigkeiten zu sehen vermochte, wenn ich mich im außerkörperlichen Zustand befand, erwies es sich als schwieriges Unterfangen, meine ganze Gestalt wahrzunehmen. Nach zehn Jahren außerkörperlicher Erfahrungen ereignete sich schließlich Folgendes:

> *Tagebucheintrag vom 2. Oktober 1982*
> Ich höre die summenden, motorenartigen Geräusche und verlasse aus eigener Kraft meinen Körper. Ich gehe zur Schlafzimmertür und ersuche automatisch um »Klarheit. Sofort!«. Mein Blick schärft sich und ich trete durch die Tür ins Wohnzimmer. Da ich noch das Gefühl habe, nicht ganz synchron zu sein, wiederhole ich meine Bitte mündlich mit mehr Nachdruck: »Klarheit. Sofort!« Ich spüre, wie Bewusstsein und Sehkraft quasi »einrasten«. Meine Gedanken sind klar, und ich trage eine mündliche Bitte vor: »Ich muss die Gestalt sehen, in der ich mich jetzt befinde!« Auf der Stelle habe ich das starke Gefühl, in mich hineingezogen zu werden. Plötzlich bin ich anders, schwerelos, als schwebte ich im Raum. Als ich nach vorn schaue, sehe ich eine funkelnde, bläulich-weiße Gestalt. Aus irgendeinem Grund scheine ich zu wissen, dass ich aus einer anderen Perspektive auf meinen nichtphysischen Körper blicke.

Voller Erstaunen schaue ich auf diese Gestalt vor mir, die vor Energie und Licht glänzt und fließt. Sie sieht aus wie eine Energieform, erschaffen aus einer Million winziger Lichtpunkte; ein bläulicher Schimmer geht von ihr aus, doch scheint sie eine bestimmte äußere Struktur zu besitzen. Der Lichtkörper vor mir ist nackt und mit meiner physischen Gestalt identisch. Wenngleich mein Körper fest zu sein scheint, ist eine deutliche Energiebewegung und -strahlung vorhanden. Mein ganzer Körper, wie ich ihn sehe, scheint ein Ozean aus blauen Sternen zu sein. Es ist schwer zu beschreiben, weil die Sterne zugleich beständig sind und sich bewegen; das Licht und die Energie meines Körpers scheinen sich zu verändern und im Fluss zu sein wie die Wellen eines Ozeans.

Während ich auf den Körper aus Licht sehe, wird mir deutlich, dass ich mich in einem anderen Körper befinden muss. Ich kann jedoch keinerlei Form oder Substanz wahrnehmen; ich bin wie ein Aussichtspunkt im Raum, ohne jedwede Gestalt oder Form. Als ich über meinen neuen Seinszustand nachdenke, habe ich ein Gefühl schneller Bewegung und befinde mich sofort in meinem physischen Körper.

Ich liege ruhig da und überdenke mein Erlebnis, da kommt mir eine unausweichliche Schlussfolgerung in den Sinn: Ich muss mehrere Energiekörper besitzen. Die Gestalt, die ich soeben erfahren habe, war sogar deutlich leichter (weniger dicht) als mein zweiter nichtphysischer Körper. Mir wird bewusst, dass die traditionelle Sichtweise, wir besäßen zwei Körper – einen physischen und einen spirituellen –, viel zu einfach ist; wir sind viel komplizierter. So wie es innerhalb der Universums mehrere nichtphysische Energiedimensionen gibt, muss jeder von uns aus mehreren Energiekörpern oder Vehikeln bzw. Ausdrucksträgern bestehen.

Jetzt frage ich mich ernsthaft, wie viele nichtphysische Körper oder Gestalten denn genau dazugehören. Ich vermute, dass es einen innerhalb jeder Dimension des Universums geben muss und dass sie alle zueinander in Beziehung stehen und miteinander verbunden sind, genauso wie der physische Körper mit seinem ersten nichtphysischen (spirituellen) Körper verbunden ist.

Tagebucheintrag vom 17. Oktober 1983
Ich verspüre im ganzen Körper ein sonderbares Vibrieren und Kribbeln. Ich erkenne, dass ich mich im Schwingungszustand befinde, und lenke meine ganze Aufmerksamkeit darauf, aus meinem physischen Körper auszuziehen. Binnen Sekunden entferne ich mich von ihm nach oben und gleite langsam mit den Füßen zuerst auf die Schlafzimmertür zu. Mit einem Gefühl des Erstaunens dringe ich in die Struktur der Tür ein und spüre ihre Schwingungsenergie, während ich mühelos mit offenen Augen durch sie hindurchschwebe. Die Tür sieht aus wie ein zu einer ätherischen Gestalt geformter und gestalteter Energienebel.
Nachdem ich die Tür hinter mir gelassen habe, denke ich ans Stehen, und sofort stehe ich im Wohnzimmer neben dem Sofa und schaue mich in dem Raum um. Dabei bemerke ich, dass mir eine seltsame kleine Gestalt zu folgen scheint. Als ich hinsehe, erkenne ich unseren jungen Hund, McGregor. Ich bin verwundert, denn ein Tier habe ich im Zustand der Außerkörperlichkeit noch nie gesehen. McGregor wirkt überraschend natürlich und fest, während er mit dem Schwanz wedelt und zu mir emporschaut. Ich merke, dass seine Augen glänzen, und dann sehe ich noch etwas: Von seinem Körper weg führt ein dünner Faden wie von einem Spinnennetz nach hinten in Richtung Schlafzimmer. Aus Neugier bücke ich mich und

berühre die dünne, silbrige Schnur. Sofort verschwindet das Hündchen. Ich bin erschrocken von der raschen Veränderung und schnelle zurück in meinen physischen Körper.
Während meine Taubheit sich rasch verflüchtigt, kann ich spüren, wie der Hund körperlich aufs Bett springt. Ich liege ruhig da und denke über das Erlebnis nach, wobei ich versuche, es in die richtige Perspektive zu rücken. Mehr als je zuvor wird mir nun deutlich, wie wenig wir über uns und die Welt wissen. Ich komme mir vor wie ein naiver Schuljunge, der gerade zum ersten Mal einen Blick auf die reale Welt geworfen hat. Mir fällt auf, wie arrogant wir sind, wenn wir annehmen, wir wüssten alles. Wir, die wir nicht wissen, was wir sind, warum wir hier sind oder gar, wohin wir gehen, halten uns für die mächtigen, intelligenten Herrscher der Welt. Es ist wirklich lustig, zu erkennen, wie sehr wir uns einfach täuschen.

Noch lachhafter ist, dass wir an so vielen festen Überzeugungen und Schlussfolgerungen hinsichtlich der Dinge festhalten, die wir weder erkennen noch begreifen. Mehr als je zuvor bin ich inzwischen davon überzeugt, dass außerkörperliche Reisen die Antworten auf die vielen Rätsel unserer Existenz liefern können.

KAPITEL 2

Außerkörperliche Begegnungen

Jede hinreichend fortgeschrittene Technologie ist von Zauberei nicht zu unterscheiden.

ARTHUR C. CLARKE

Tagebucheintrag vom 21. Februar 1985
Ich trete in den Schwingungszustand ein und fühle Energiewellen meinen Körper durchströmen. Es ist ein entspannendes Gefühl: Ein Punkt tief in meinem Innern strahlt Energie aus. Als ich mich auf die Veränderungen der Schwingung konzentriere, spüre ich, wie Impulse mich durchströmen, und ich habe das Gefühl, als berührten Hände sanft meinen Körper. Zuerst bin ich erschrocken, aber mir wird rasch bewusst, dass das Gefühl beruhigend und sogar angenehm ist, nachdem ich mich erst einmal daran gewöhnt habe. Die Energiewellen scheinen abwechselnd stärker und schwächer zu werden, und ich kann fühlen, wie ich immer leichter werde, bis ich vollkommen losgelöst von meinem Körper bin. Ich erkenne, dass ich einfach nicht im Gleichklang mit meinem physischen Körper schwebe und mich jederzeit leicht ablösen könnte; doch ich spüre auch, dass ich ruhig bleiben und zulassen sollte, dass der Schwingungsprozess sich fortsetzt. Ich kann die leichte Berührung von Händen spüren, die sich von meinen Fußsohlen aufwärts über meinen ganzen Körper tasten. Es ist, als würde meine innere Schwingungsfrequenz einer neuen energetischen Ebene angeglichen, und ich spüre, dass die Person oder die Personen neben mir

eine Art »Energiearbeit« an mir leisten. Mehr als zwanzig Minuten lang laufen und fließen die Energieströme systematisch durch meinen nichtphysischen Körper. Mein Körper und mein Geist scheinen von Energiewellen widerzuhallen, und ich verspüre in meinem gesamten Sein ein überwältigendes Gefühl von Frieden und Einheit. Langsam ebben die Energiewellen ab und meine körperlichen Empfindungen kehren zurück.
Mir schwirrt der Kopf vor lauter Fragen: Was ist das? Was ist der Zweck? Welches Wesen oder welche Wesen berühren mich? Eines ist sicher: Ich fühlte mich noch mehrere Stunden danach merklich leicht und körperlos. Mir war, als vibrierte mein ganzer Körper in einer höheren oder schöneren Frequenz. Ich vermute stark, dass ich soeben einen Schwingungs- oder Frequenzausgleich meines nichtphysischen Körpers erlebt habe. Ich kann mir vorstellen, dass ich diese energetische Anpassung vielleicht gebraucht habe, um meine nichtphysischen Entdeckungsreisen auszudehnen oder zu verstärken.
Wenngleich niemand mit mir Kontakt aufnahm, so weiß ich doch, dass dieser Prozess eine wichtige, für meine persönliche Entwicklung erforderliche Energieanpassung war. Mir wird zudem bewusst, dass diese Empfindungen von Energie vollkommen anders waren als die Schwingungen, die ich normalerweise während der Schwingungsphase vor dem Austritt erlebe. Als die Hände aus Energie mich berührten, erhielt ich einen starken Orientierungssinn und Zielbewusstsein. Ich glaube, dass eine oder möglicherweise zwei Wesen an mir arbeiteten. Wie unsichtbare Chiropraktiker schienen sie genau zu wissen, was sie taten; jede Berührung änderte an einem bestimmten Punkt in meinem nichtphysischen Körper meine innere Frequenz und erzeugte Energiewellen, die tief in meinem Innern widerhallten. Obgleich das Ganze anfangs überra-

schend war, stellte es doch eine durch und durch angenehme Erfahrung dar, von der ich weiß, dass sie sich wiederholen wird.

Tagebucheintrag vom 5. Dezember 1986
Ich liege im Bett und stelle mir mein Wohnzimmer vor. Dabei wiederhole ich ungefähr fünfzehn Minuten lang für mich selbst: »Jetzt bin ich außerkörperlich.« Nachdem ich eingeschlafen bin, spüre ich die Schwingungen und rolle mich spontan seitwärts aus meinem Körper. Ich falle zu Boden und öffne die Augen. Alles ist verschwommen und ich fühle mich extrem schwer und nicht synchron. Ich krieche ein paar Zentimeter und sage laut: »Ich bin leicht wie eine Feder.« Ich spüre eine Woge innerer Energie, und sofort bin ich leichter und kann stehen. Während ich mich von meinem Bett entferne, bleibt mein Sehvermögen schlecht, also äußere ich einen weiteren Wunsch: »Klarheit. Sofort!« Mein Blick scheint sich zu schärfen, und augenblicklich schreite ich vorwärts durch die Wand meines Zimmers hinaus in eine hellgrüne Umgebung. Als ich mich umschaue, merke ich, dass ich mich auf einer offenen Wiese befinde. Der rasche Wechsel der Umgebung verwirrt mich ein wenig, und ich rufe spontan aus: »Wo bin ich?« Da spüre ich die Gegenwart von jemandem ganz in der Nähe, und eine Reihe lebhafter Bilder kommt mir in den Sinn. »Du hast deine Schwingungsfrequenz erhöht, als du um Leichtigkeit batest, und noch einmal, als du um Klarheit batest. Du hast eine Umgebung höherer Frequenz betreten, die der physischen sehr nahe ist.«
Ich bin erstaunt über die Klarheit der Bilder, die mir durch den Kopf gehen. Es ist schwer zu beschreiben, aber es sind visuelle Darstellungen von Ideen – nicht Worte. Die Kommunikation ist sehr viel direkter und präziser als Worte.
Ich verstehe die Bedeutung und suche nach dem Ur-

sprung. Ich spüre die energetische Ausstrahlung von jemandem direkt vor mir, kann aber nichts erkennen. Aus Neugier rufe ich: »Wer bist du?«
Wieder strömen die Bilder in meinen Kopf. »Ich bin ein alter Freund, der deinen Fortschritt beobachtet.«
Die den Bildern eingeprägten Empfindungen sind warm und freundlich. Ich fühle mich rundum wohl und fordere entschieden: »Ich will dich sehen!«
Erstaunt beobachte ich, wie die dunstige Silhouette eines Bildes erscheint. Das durchsichtige Hologramm eines Mannes vor mir wird zunehmend dichter. Er hat dunkles Haar, einen kurzen Bart und trägt ein langes violettes Gewand. Er ist etwa einsfünfundsiebzig groß und sein Gesicht erstrahlt in einem breiten Lächeln. Zuerst bin ich verblüfft von seiner raschen Materialisierung, aber er scheint mein Unbehagen zu spüren, und in meinem Kopf erscheint eine Reihe beruhigender Bilder. »Kein Grund zum Fürchten. Du und ich, wir beide sind alte Freunde.« Irgendwie spüre ich seine Freundschaft und ich beruhige mich.
Ich betrachte diesen Mann, und er scheint erfreut, mich zu sehen. Scheinbar kennt er meine Gedanken und antwortet auf die Fragen, die mir durch den Kopf gehen:
»Ich bin genau wie du; der einzige Unterschied ist, dass ich kein physisches Vehikel besitze. Wir sind schon seit langem Freunde und haben im Innern bei zahlreichen Projekten zusammengearbeitet. ... Du und ich, wir haben Entdeckungsreisen weit jenseits der zweiten Membrane angestellt. Jetzt bist du dabei, den dichten Bereich erneut zu erforschen. ... Du bist seltsam fasziniert vom Physischen, eine Begeisterung, die ich nicht teile.«
Während meine Fragen sich formulieren, entsteht eine kurze Pause.
»Ich bin einer deiner Führer. Dich begleiten mehrere von uns, die dir bei unterschiedlichen Aspekten deines Lebens

zur Hand gehen. In gewisser Weise ist jeder einzelne Helfer Spezialist auf einem bestimmten Gebiet des Lebens. Du und ich, wir beide stellen für unser Leben gern innere Erkundungen an, also bin ich hier, um dir in diesem Bereich deines Lebens zu helfen. ... Deine Schlussfolgerung war zutreffend: Ein Führer würde sich niemals in die natürliche Entwicklung eines Individuums einmischen. Uns ist bewusst, dass wir so lange unbemerkt bleiben müssen, bis Hilfe verlangt wird. Selbst dann müssen wir die Situation und ihre Folgen abschätzen, bevor wir handeln.«

Mir schwirrt der Kopf vor Fragen. Das Wesen vor mir scheint meine Gedanken zu verstehen und vorherzusehen. Seine beruhigenden Gedankenbilder verweisen exakt auf bestimmte Fragen, als er fortfährt.

»Jeder Mensch, der eine außerkörperliche oder Nahtodes-Erfahrung hat, verfügt während dieser Erfahrung über einen Führer. Hilfe ist stets da, sie muss jedoch verlangt werden. ... Es gibt nichts zu fürchten, aber vielen ist noch nicht bewusst, dass ihre Wirklichkeit eine Manifestation ihrer Gedanken ist. Wie du jetzt weißt, kann das augenblicklich geschehen. Für den unerfahrenen Forschenden kann das Ergebnis erstaunlich sein. Die meisten physischen Bewohner besitzen nur wenig Kontrolle über ihre Gedanken.«

Nach einer kurzen Pause fährt er fort: »Wie du erfährst, sind kontrolliertes Denken und Konzentration absolut notwendig. Das gilt besonders, wenn du bei deinen Erkundungen tiefer ins Innere des Universums vordringst. Deine Kontrolle wird besser, aber noch immer musst du Ängste überwinden. ... Du hast deine Ängste gespürt, als ich für dich sichtbar wurde; ich konnte erkennen, dass du in deinem Energiefeld zittertest und kurz davor standest, in deinen Körper zurückzukehren. ... Denke immer daran: Wenn wir unsere Ängste besiegen, erlangen wir

Befreiung. ... Schon bald wirst du einige neue Methoden erfahren, wie du dich deinen Ängsten stellen kannst, sowohl im dichten Körper als auch in deinen Körpern höherer Frequenz. Jede Erfahrung wird einem Zweck dienen; jedes Hindernis ist ein verschleierter Segen.«

In diesem Augenblick schnelle ich zurück in meinen physischen Körper und schlage die Augen auf. Ich habe das Gefühl, als würde ich auf etwas Kommendes vorbereitet, aber ich habe keine Ahnung, was es sein könnte. Ich empfinde ein seltsames Gefühl der Freundschaft für diesen Mann. Ich spüre seine positiven Absichten und fühle mich irgendwie besser darauf vorbereitet, dem Unbekannten ins Gesicht zu sehen. Das Echo seiner letzten Bilder hallt in meinem Kopf nach: »Jedes Hindernis ist ein verschleierter Segen.« Ich kann nicht umhin, mich zu fragen, ob er meine Vergangenheit erklärt oder mich auf die Zukunft vorbereitet.

Als ich dieses Erlebnis überdenke, bemerke ich unweigerlich ein paar Ähnlichkeiten zwischen meinem nichtphysischen Freund und dem in Paul Twitchells Büchern beschriebenen Führer. Wenngleich die beiden einander ähneln, scheint es unwahrscheinlich, dass sie dieselbe Person sind. Im Laufe der Jahre bin ich mehreren außerkörperlich Reisenden begegnet, die einen nichtphysischen Führer schilderten, der ähnlich aussah. Der Grund dafür ist unbekannt, aber ich frage mich, ob unsere existierende Vorstellung eines nichtphysischen Führers oder Ereignisses vielleicht das beeinflusst, was wir im Zustand der Außerkörperlichkeit erleben.

Tagebucheintrag vom 3. Januar 1987

Ich spüre die Schwingungen und trete aus meinem Körper aus. Ich stehe in meinem Schlafzimmer und sehe, als ich mich umschaue, dass die Umgebung ähnlich, aber nicht

genau so ist. Holzarbeiten und Wände sind anders als diejenigen meines physischen Zuhauses. Ich begebe mich zur Tür und gehe hindurch. Sofort befinde ich mich in einer neuen Umgebung. Eine Frau nähert sich mir; ich scheine sie irgendwie zu kennen. Sie ist hochgewachsen, hat langes, braunes Haar und funkelnde Augen.
Sie tritt nahe an mich heran und lächelt. »Ich habe dich vermisst.«
Spontan erwidere ich: »Ich dich auch.«
Sie küsst mich und ergreift herzlich meine Hände. Plötzlich befinden wir uns in einer anderen Umgebung. Eine herrliche, parkähnliche Szenerie rückt ins Blickfeld. Wir stehen am Ufer eines klaren, türkisfarbenen Sees. Alles um mich herum – die Bäume, das Gras, der See – pulsiert vor Leben. Als ich die Frau anschaue, wächst in mir ein starkes Gefühl von Liebe.
Sie sieht mich an und hält meine Hände. »Du bist so viel unterwegs. Ich brauche dich hier.«
Ich halte sie eng umschlungen. »Ich bin jetzt hier.«
Gesicht und Körper der Frau scheinen zu glitzern wie zehntausend Lichtpunkte. Wir küssen uns und eine Woge der Energie ergießt sich in meinen Geist. Unser beider Körper und Geist vereinigen sich in einer intensiven Explosion aus reiner Energie und Freude. Unsere Gedanken verschmelzen und berühren einander auf tausenderlei zarte Weisen. Mir ist, als versänke ich in ihrem Geist, während sie und ich eins werden. Die Ekstase ist nicht in Worte zu fassen. Zum ersten Mal fühle ich mich vollständig und ganz.
»Mein Gott, ich will nicht, dass es aufhört«, denke ich bei mir.
Mit einem Satz werde ich in meinen Körper zurückbefördert. Mein gesamtes Wesen scheint auf einer Ebene zu schwingen, die leichter und schöner ist als alles, was

ich jemals kennen gelernt habe. Selbst mein physischer Körper ist anders – irgendwie strahlender, leichter und kräftiger, auf eine Weise, die meine Vorstellungskraft übersteigt. Ich liege im Bett und genieße die Energiewellen, die jede Faser von Körper und Geist durchströmen. Die Empfindungen dauern mehrere Minuten an. Ich bleibe ruhig und genieße jeden Augenblick.

Noch viele Wochen nach diesem Erlebnis sinne ich über seine Bedeutung nach. War das Sex in den inneren Welten oder war es eine Vereinigung meines Bewusstseins mit einem höheren Aspekt meiner selbst? Ich spüre, dass ich die Antwort kennen müsste, aber sie fällt mir nicht ein.

Tagebucheintrag vom 15. Oktober 1988
Ich wiederhole beim Einschlafen meine regelmäßige Affirmation: »Jetzt bin ich außerkörperlich.« Binnen Sekunden schwebe ich über meinem Körper und lenke mich zum Fußende des Bettes. Aus Gewohnheit sage ich laut: »Klarheit. Sofort!« Auf der Stelle wird mein Bewusstsein klar und ich denke sofort ans Erforschen. Ich spüre eine rasche Bewegung und stehe in einem herrlichen, parkähnlichen Hof. Als ich mich konzentriere, sehe ich um mich herum ein Dutzend Menschen, die Fahrrad fahren und Rollschuh laufen. Der Hof hat die Größe eines Fußballfeldes. Mehrere große Bäume stehen darin und eine etwa zweieinhalb Meter hohe Steinmauer begrenzt ihn. Ich bemerke, dass eine Frau einen Kinder-Sportwagen schiebt und zwei Jungen einen Ball hin- und herwerfen. Die ganze Umgebung macht einen glücklichen und entspannten Eindruck. Mich interessiert besonders der Kinder-Sportwagen – noch nie habe ich im Zustand der Außerkörperlichkeit einen Säugling gesehen. Zu meiner Überraschung kommt ein lächelndes, rothaariges Mädchen von ungefähr zwölf Jah-

ren auf Rollschuhen zu mir herüber und fragt: »Sie sind neu hier, nicht wahr?«
»Ich schätze schon«, erwidere ich.
Aus heiterem Himmel beginnt es zu regnen, und jeder auf dem Hof drängelt, um sich unterzustellen. Ich bin erstaunt. In fünfzehn Jahren habe ich niemals Wetterwechsel erlebt, wenn ich mich außerhalb meines Körpers befand.
Das Mädchen schaut mich an und deutet auf einen schützenden Baum. »Kommen Sie. Lassen Sie uns dort drüben hingehen.«
Ich kann nicht glauben, wie real der sanft fallende Regen wirkt. Während ich das Gefühl genieße, wie er mir übers Gesicht rinnt, frage ich mich, ob es sich hier um eine »übereinstimmende Umwelt« *(consensus environment)* handelt. Aus Neugier konzentriere ich meine ganze Aufmerksamkeit darauf, den Regen aufhören zu lassen. Das Mädchen schaut mich an, als sei ich verrückt.
»Was tun Sie da?«
»Ich stoppe den Regen.«
Augenblicklich hört der Regen auf. Das Mädchen schaut mich weiter an und fragt: »Sind Sie auf Reisen?«
Ich spüre ein leichtes Ziehen mitten im Rücken und weiß, dass ich gehen muss.
»Ich muss los.«
Sie schaut zutiefst enttäuscht drein und sagt: »Werden Sie wiederkommen?«
Ich sehe ihr ins Gesicht und schnelle dabei zurück in meinen physischen Körper. Ein prickelndes Gefühl verfliegt rasch, während meine körperlichen Empfindungen zurückkehren.
Als ich die Augen aufschlage, kann ich das Bild des Mädchens lebhaft im Geiste vor mir sehen. Aus irgendeinem Grund vermisse ich sie. Ich meine sie zu kennen, aber ich kann mich nicht erinnern, wie oder woher. Es ist

irgendwie frustrierend, weil ich weiß, dass da eine Verbindung ist. Seit einiger Zeit ist mir bewusst, dass es keinen Zufall gibt. Ich mache mir auch Gedanken über ihre Frage: »Sind Sie auf Reisen?«

Tagebucheintrag vom 16. September 1989

Als ich einschlafe, wiederhole ich dreißig- bis vierzigmal meine Affirmation: »Jetzt bin ich außerkörperlich.« Ich intensiviere meine Affirmation so weit wie möglich, und sie ist der letzte bewusste Gedanke, bevor ich einschlafe. Ich bemerke ein schwaches Vibrieren und spüre eine schnelle Bewegung. Ein paar Sekunden später finde ich mich in einem mehrgeschossigen Parkhaus stehend wieder. In der Ferne kann ich Rampen erkennen, die nach oben und unten führen. Als ich mich umsehe, erregt ein ungewöhnlicher Anblick meine Aufmerksamkeit: Ein glänzender neuer Wagen ist halb unter einem Dreckhaufen begraben. Es sieht so sonderbar aus, dass es mich dorthin zieht. »Wer würde so etwas mit einem schönen neuen Wagen tun?«, denke ich bei mir. Aus irgendeinem Grund verspüre ich den überwältigenden Drang, in das Innere des Wagens zu schauen, und ich beginne, den Schmutz von den Scheiben und Türen zu wischen. Ich erkenne, dass ich mir etwas Gewaltiges vorgenommen habe. Dennoch fahre ich fort, Händeweise Dreck von den Fenstern wegzuschaufeln. Schließlich ist eine Scheibe klar, und ich sehe hinein. Statt eines normalen Wageninneren sehe ich ein strahlendes, weißes Licht, welches das Wageninnere durchdringt. Das Licht scheint zu pulsieren vor Energie und Leben. Ich spüre eine starke innere Verbindung zu dem Licht und einen überwältigenden Drang, die Autotür zu öffnen. Immer fester kratzen meine Hände an dem Schmutz und säubern so langsam eine weitere Scheibe.

Aus dem Nichts hält ein Auto mit einem jungen Mann am Steuer neben mir. Ich spüre sofort, dass wir beide uns recht gut kennen, aber ich kann mich nicht erinnern, wie oder woher. Er lächelt, während er spricht.

»Vor Ihnen liegt eine Menge Arbeit.«

Überrascht von seiner Anwesenheit, nicke ich zustimmend und gehe zu seinem Auto herüber.

»Würden Sie gern mithelfen?«

Meine Bitte scheint ihn zu amüsieren, und er erwidert: »Jeder von uns muss sich selbst befreien.«

Seine Worte scheinen in meinem Kopf widerzuhallen, während ich auf der Stelle zurück in meinen physischen Körper schnelle. Meine körperlichen Sinne kehren rasch wieder, während ich über das Erlebnis nachdenke.

Stärker als je zuvor wird mir bewusst, dass mein Verstand die auf meinen augenblicklichen physischen Vorstellungen, Symbolen und Bildern beruhenden außerkörperlichen Erfahrungen interpretiert. Es ist offensichtlich, dass ein höherer Teil von mir meine Erfahrungen auf eine Weise orchestriert, die meinem momentanen Verständnis entspricht. Ich erkenne und verstehe die traumähnliche Bildersprache dieser speziellen Erfahrung, aber ich bezweifle, dass sie notwendig ist.

In meinem Kopf ist die Erfahrung eindeutig. Ich bin bestrebt, mein inneres Energie-Ich, meine Seele, zu befreien. Der Schmutz stellt all den negativen Abfall dar, den ich über die Jahre angesammelt und akzeptiert habe – Bindungen, Ängste, Grenzen, all die negativen Attribute und Emotionen, die zu entfernen ich mich bemühe. Mein persönlicher Schmutz beschränkt, blockiert und hindert das Licht meiner Seele daran, weiter zu leuchten. Ich kann nicht umhin, mich zu fragen, was wohl geschähe, wenn ich die durch diese Form symbolisierte wahre Energiequelle zu sehen verlangte.

Zum ersten Mal begreife ich jetzt ohne Wenn und Aber, dass viele der Formen, die ich im Zustand der Außerkörperlichkeit sehe, zu meinem Wohl erschaffen werden. Sie werden offenbart, damit ich begreife. Unser Verstand ist offensichtlich konditioniert, auf Formen zu reagieren, nicht auf reine Energie. Immer stärker wird deutlich, dass mein Geist beziehungsweise meine Seele die von mir wahrgenommenen äußeren Formen erschafft, um mir all das beizubringen, was ich wissen muss.
Jetzt fühle ich mich bereit, die Realität hinter den Formen zu sehen. Beim nächsten Mal werde ich darum bitten, dass ich die tatsächliche reine Energie hinter all den von mir wahrgenommenen Formen erkennen möge.

Tagebucheintrag vom 24. Januar 1990
Ich spüre die Schwingungen und lenke mich von meinem physischen Körper fort. Binnen Sekunden stehe ich an meiner Schlafzimmertür. Aus Gewohnheit ersuche ich mündlich um Klarheit und Orientierung. Plötzlich verspüre ich eine intensive innere Bewegung und innerhalb von Sekunden finde ich mich am Eingang eines großen Gebäudes aus Stein wieder. Größe und Form des Gebäudes sind ohne Beispiel für mich; das Gebäude erstreckt sich bis zum Horizont und scheint extrem alt zu sein. Vor mir befindet sich eine Reihe viereinhalb Meter hoher Türen aus Messing und Holz. Beim Eintreten sehe ich einen offenen Raum, der zu einer endlosen Zahl von Korridoren führt. Ich durchschreite den offenen Bereich und betrete den nächstliegenden Korridor. Ich bin umgeben von riesigen Räumen, die mit scheinbar denselben Formen und Objekten angefüllt sind. Bei näherer Prüfung jedoch bemerke ich, dass die Objekte leicht unterschiedlich sind; es scheint sich um eine Entwicklung oder vielleicht eine Evolution desselben Objekts zu handeln. In einem an-

deren Raum befinden sich Hunderte von Spielzeugen, die sich in Form und Konstruktion leicht voneinander unterscheiden.

Ich habe kein Interesse an den Objekten und gehe weiter, einen langen Flur hinunter. Ich erkenne, dass ich mich in einem Bereich befinde, der leer ist und scheinbar nicht benutzt wird. Vor mir versperren Balken eine Doppeltür. Unter Aufbietung meiner ganzen Kraft schiebe ich die Balken beiseite und öffne die Tür. Dahinter befindet sich irgendeine Art von Maschinen- oder Kraftraum. Direkt vor mir steht ein drei Stockwerke hoher, unglaublich großer Motor von den Ausmaßen eines Fußballfeldes. Ein wenig verwirrt frage ich laut: »Was stellt das hier dar?« Ein Strom lebhafter Bilder durchflutet meinen Kopf: »Das ist der Kraftquell hinter den Formen, die du siehst. Dein Verstand versucht eine Verbindung zu Vorstellungen zustande zu bringen, die er begreifen kann. Wahre Kraft hat weder Gestalt noch Form.« Der Motor entschwindet meinem Blick und vor mir erstrahlt ein überwältigender Eindruck reiner Energie. Als ich mich konzentriere, sehe ich Lichtwellen, die von einer einzigen Quelle ausgehen.

Während ich diese betrachte, blendet mich das Licht. Ein Teil von mir will sich abwenden, aber ich tue es nicht. Es ist, als würden meine äußeren Schichten weggebrannt – als würden meine alten Vorstellungen, Überzeugungen, Annahmen und Schlussfolgerungen von der Intensität des Lichts verbrannt. Ich halte es nicht mehr aus und brülle laut: »Was ist das?« Sofort werde ich in das Licht hineingezogen. Mein Verstand ist überwältigt, als mir bewusst wird, dass ich mit einem großartigeren, umfassenderen Teil von mir verschmolzen bin. Plötzlich verstehe ich, dass ich der Motor meines Lebens bin – ich bin die kreative Kraft in meinem Innern. Ich erkenne, dass ich mich von mir getrennt habe. Mehrere Augenblicke lang sind das Licht und

ich eins. Ich empfinde einen nie gekannten tiefen Frieden und eine starke Verbundenheit. Zum ersten Mal erkenne ich, dass ich jede Realität erschaffen kann, die ich mir aussuche – meine schöpferische Kraft übersteigt meine Vorstellungskraft. Jetzt wird mir klar, dass ich mich durch die Ideen und Überzeugungen, die ich akzeptierte, eingeengt habe, und ich erkenne die Notwendigkeit, alle meine Grenzen, Ängste und Erwartungen gehen zu lassen. Ein tiefes Gefühl persönlicher Stärkung durchflutet mich, während ich innerlich rufe: »Das werde ich mir merken!«
Sofort schnelle ich in meinen physischen Körper zurück. Während meine körperlichen Sinne zurückkehren, überdenke ich das Erlebnis und erkenne, dass ich mich an alles im Detail erinnern kann, jedoch ein starkes Gefühl der Trennung verspüre. Ich vermisse die Einheit, den völligen Einklang. Ich liege im Bett und weiß, dass ich einen höheren Teil von mir erfahren habe. Es spielt keine Rolle, ob wir es unser »höheres Ich«, unseren »schöpferischen Geist« oder »unsere Seele« nennen. Aber ich weiß hundertprozentig, dass es ein Teil von mir ist, der uneingeschränkten Zugang zu den Antworten hat.
Aus irgendeinem Grund scheine ich zu wissen, dass dieses riesige Gebäude einem Museum ähnelte – möglicherweise ein lebendes Zeugnis aller Formen oder gar aller Dinge, die noch erschaffen werden. Ich erkenne, dass mein Verstand die Formen, die ich erlebte, im Verhältnis zu meiner augenblicklichen physischen Umwelt deutete. Ich habe lange gebraucht, aber endlich lerne ich, dass nicht die Formen, die wir sehen, wichtig sind; wichtig ist, was die Formen symbolisieren. Diese Erkenntnis scheint ein bedeutender Schritt nach vorn zu sein. So seltsam es klingen mag, ich vermute doch stark, dass dasselbe für die uns umgebende physische Welt gilt.

Tagebucheintrag vom 6. Februar 1990
Ich schlafe ohne Anwendung irgendwelcher Techniken ein, wache jedoch um ein Uhr nachts im Schwingungszustand auf. Rasch setze ich mich in meinem physischen Körper aufrecht hin und schaue mich um. Der Anblick eines Mannes neben meinem Bett, der mein Tagebuch durchblättert, erschreckt mich. Der Mann sieht, wie ich mich aufsetze, und springt zurück. Seine Gegenwart macht mich wütend, und ich schreie ihn an: »Wer sind Sie?«
Scheinbar bestürzt und erschrocken, tritt er einen Schritt von meinem Bett zurück. Er ist in mittlerem Alter, dick, unrasiert, hat kurzes Haar und ist ungefähr einsfünfundsiebzig groß. Als ich noch lauter brülle: »Wer zum Teufel sind Sie?«, weicht er noch weiter zurück. Eine Mischung aus Wut und Angst bricht aus mir hervor, während ich schreie: »Verschwinden Sie, verdammt noch mal, los, verschwinden Sie!«
Er dreht sich um und läuft aus meinem Schlafzimmer, während ich sofort zurück in meinen Körper schnelle. Bei meiner Rückkehr schreie ich in meinem physischen Körper, und diese gemurmelten Schreie wecken meine Frau. Erschrocken richte ich mich auf und schaue mich um. Langsam beruhige ich mich und überdenke das Erlebnis.
Ich erkenne, dass ich vielleicht überreagiert habe, aber der Anblick dieses seltsamen Mannes in meinem Schlafzimmer erzeugte eine unmittelbare Reaktion der Selbstverteidigung. Den Rest der Nacht konnte ich nicht schlafen und fragte mich, wer dieser Mann sei. So sehr ich es auch versuchte, ich konnte sein Gesicht nirgends unterbringen. Er schien sich außerordentlich für mein Schreiben zu interessieren; vielleicht spionierte er mir sogar nach. Rückblickend denke ich, dass ich ihm wahrscheinlich mehr Angst einjagte als er mir, und bin zu dem Schluss gekom-

men, dass er wahrscheinlich einer der Millionen Bewohner war, die in der ersten inneren Energiedimension leben. Möglicherweise hatten meine außerkörperlichen Erfahrungen ihn neugierig auf das gemacht, was ich schrieb, und er war lediglich dabei gewesen, das zu prüfen. Ich kann nicht umhin, mich zu fragen, wie oft wir alle von Bewohnern anderer Dimensionen besucht werden. Außerdem bezweifle ich ernsthaft unsere Vorstellungen von Privatleben. Ich vermute, dass an diesem Erlebnis mehr ist, als ich gegenwärtig begreife.

Tagebucheintrag vom 14. März 1991

Ich spüre die Schwingungen und befördere mich durch eigene Willenskraft zur Tür. Aus Gewohnheit verlange ich: »Klarheit. Sofort!« Mein Bewusstsein ist erstaunlich wach, und instinktiv sage ich laut: »Ich bewege mich nach innen.« Mehrere Sekunden lang spüre ich eine starke innere Bewegung und komme abrupt zum Stehen.

Mein gesamtes Wesen ist in ein wunderbares flüssiges Licht getaucht. Ich fühle mich vollkommen friedlich und wie zu Hause. Ein warmes, überschwengliches Gefühl absoluter Liebe umgibt mich.

Als ich mich konzentriere, scheinen all meine Fragen augenblicklich klar zu werden. Eine einfache Bitte dringt in mein Bewusstsein: »Ich muss mein Leben sehen.« Sofort erscheinen glasklare Bilder vor mir. Eine Reihe dreidimensionaler Bilder vergrößert und entfaltet sich; Hunderte, dann Tausende, dann Zehntausende von Bildern rücken ins Blickfeld. Ich weiß instinktiv, dass jedes Bild von mir ist. Ich konzentriere mich auf eines. Das Bild ist lebendig. Ich bin ein kleiner Junge in Tunika und Sandalen; Fußböden und Wände sind aus Stein und Marmor. Das bin ich vor zweitausend Jahren. Ich bin weder erschrocken noch überrascht – ich scheine einfach Bescheid zu wissen. Wie die Erinnerung an ein lange vergessenes Ereignis zieht dieser Augenblick in der Zeit kurz an mir vorüber. Dann wende ich meine Aufmerksamkeit ab und schaue auf die unzähligen anderen Bilder, die vor mir lebendig werden. Jedes ist mein Leben: Manche zeigen Geschehnisse auf der Erde, andere solche in nichtphysischen Bereichen des Universums.

Während ich diese Ereignisse beobachte, scheinen sie einen Sinn zu ergeben: Jedes Ereignis, jedes Leben war ein notwendiger Schritt; jedes einzelne erreichte einen bestimmten Zweck. Wie die Teile eines Puzzles rückt jedes Bild an seinen Platz, trägt jedes zum Ganzen bei. Jedes Bild, jede Erfahrung wurde benötigt, um die Summe dessen zu erschaffen, was ich heute bin.

Plötzlich bin ich überwältigt von der Großartigkeit und Weisheit all dessen, was ich beobachte. Ich sehe das Gute und das Schlechte, die Triumphe und die Niederlagen. Ich sehe meine zahllosen Schwächen und Fehler und meine gelegentlichen Stärken. Da verstehe ich, dass ich durch tausende von Lebensjahren Zeuge meiner Evolution bin. Jedes individuelle Leben war ein Schritt, eine Erfahrung des Wachstums; jedes Leben baute auf dem vorausgegangenen auf.

Ein Gefühl der Freunde durchströmt mich, als ich die Notwendigkeit von Entbehrungen und Not begreife. Jede Herausforderung war eine wichtige Lernsituation, ein Lernumfeld, speziell geschaffen um meiner Entwicklung willen. Ich begreife die Weisheit von alldem. Ich bin der Schüler und der Lehrer; ich bin der Autor, Regisseur und Darsteller meines Lebens. Eine innere Erkenntnis durchströmt mich: Die einzige Möglichkeit, etwas vollkommen zu erkennen und zu verstehen, ist, es selbst zu erfahren. Alles andere ist Theorie und Spekulation. Eine Wahrheit wird klar – sie raubt mir den Atem: Das körperliche Leben ist

ein interaktiver Lehrgang, ein unerbittliches Ausbildungslager für sich entwickelnde Seelen.
Fasziniert blicke ich auf mein Leben. Zahllose Jahre und Erfahrungen trugen allesamt zu dem bei, was ich heute bin. Die Zeitspanne war unwichtig. Mir wird bewusst, dass ich unsterblich und dass Zeit bedeutungslos ist. Als Seele, als reines Bewusstsein brauche ich kein künstliches Hilfsmittel wie Zeit, um den Wandel zu verfolgen. Als Seele altere oder verfalle ich niemals; ich wachse lediglich an Wissen und Erfahrung. Jede meiner Erkundungen der Materie hat mein Wissen vergrößert. Jede physische Reise hat meine Vorstellung vom Leben und meine Wertschätzung des Lebens erweitert. Jede physische Erfahrung verschaffte mir die Gelegenheit, mich zu entwickeln und zu wachsen, die Gelegenheit, meine inneren Qualitäten – Liebe, Demut, Geduld und Stärke – auszudrücken.
Die Einfachheit all dessen ist mir ein Trost. Es ist absolut vernünftig: Erfahrung erzeugt Einsicht. Zeit spielt keine Rolle. Tief in unserem Innern führen wir ständig Buch ... über jede Erfahrung. Jedes Ereignis, jeder Augenblick wird in unserem Unterbewusstsein aufgezeichnet.
Während ich auf die Bilder meines Lebens schaue, wird mir bewusst, dass die physischen Ereignisse nur ein kleiner Teil des Ganzen waren. Ich habe in unzähligen verschiedenen Gestalten und in unzähligen Welten gelebt.
Ein Gefühl des Mitleids durchströmt mich, als ich die Absicht erkenne. Das gesamte Universum, das physische wie das nichtphysische, ist ein Trainingskurs für sich entwickelnde Seelen. Deutlich erkenne ich Lehrgänge innerhalb von Lehrgängen, Dimensionen innerhalb von Dimensionen ... und sie alle dienen als interaktives Lernumfeld. Jede Energie-Ebene des Universums dient einem bestimmten Zweck. Jede hält bestimmte Herausforde-

rungen und Gelegenheiten für Wachstum, für Entwicklung bereit.
Äonenlang erlebe ich nun die Evolution von Bewusstsein, meine eigene Evolution. Mein Bewusstsein fließt über vor Liebe und Dankbarkeit. Zum ersten Mal in meinem Leben macht alles um mich herum absolut Sinn.
In diesem Augenblick kehre ich mit einem warmen Gefühl von Liebe und Wissen, das durch jede Zelle meines Wesens leuchtet, in meinen Körper zurück. Zum ersten Mal verstehe ich Sinn und Zweck meines Daseins.

Mit jeder außerkörperlichen Erfahrung fuhr ich fort, die nichtphysischen Formen zu untersuchen, denen ich begegnete. Anfangs wirkten sie wie holografische Bilder mit Substanz. Bei näherer Prüfung entdeckte ich, dass sie durch und durch genau so real und fest waren wie physische Materie. Diese nichtphysischen Objekte schienen in ihrer Grundsubstanz aus Lichtenergie statt aus molekularer Energie zu bestehen.

Jahrelang verstand ich die Tragweite nicht, aber als meine Erfahrungen andauerten, wurde mir allmählich klar, dass alles Leben, das physische wie das nichtphysische, miteinander verbunden ist. Zudem stellte ich fest, dass jedes physische Objekt um uns herum als ein Objekt multipler Frequenzen existiert. Alles um uns herum existiert auch in einer parallelen, nichtphysischen Dimension des Universums. Obwohl unsere Augen nur das dichte molekulare Ergebnis von Energie sehen, setzt die Materie sich in einem Kontinuum nichtphysischer Energie fort, das sich unseren Blicken entzieht. Jede Form ist unabhängig vom Physischen, durch ihre innere Frequenz sind beide jedoch miteinander verbunden, so wie Lichtteilchen und Lichtwellen als eine einzige Energieeinheit miteinander verbunden sind.

Materie existiert als Energiekontinuum, das sich weit jenseits der primitiven Grenzen unserer körperlichen Sehkraft ausdehnt. Das ist eine wichtige Erkenntnis, denn sie erklärt die Existenz jeglicher im gesamten nichtphysischen Inneren des Universums wahrgenommener Form und Substanz. Sie erläutert auch die mehrdimensionale Natur von allem, was wir wahrnehmen, wenn wir uns im Zustand der Außerkörperlichkeit befinden. Wenn wir beispielsweise physisches Licht bemerken, erblicken wir nur einen winzigen Teil des gesamten elektromagnetischen Spektrums. Dennoch stürzt jeder von uns in ein Meer von Strahlungsfrequenzen: Röntgenstrahlen, Infrarotstrahlen, Radiowellen und Mikrowellen. So wie sichtbares Licht nur einen Bruchteil des elektromagnetischen Wellenspektrums ausmacht, bildet sichtbare Materie nur einen winzigen Teil des gesamten mehrdimensionalen (Frequenz-)Energie-Universums. Der größte Teil des Universums basiert nicht auf Teilchen, wie die gegenwärtigen Naturwissenschaften annehmen, sondern auf Frequenzen. Physische Materieteilchen sind einfach das dichte Ergebnis nichtphysischer Energiefrequenzen (Wellen). So wie sichtbares Licht nicht nur ein Energieteilchen ist, sondern auch eine Welle, die vorübergehend das Verhalten eines Teilchens an den Tag legt, ist unser gesamtes physisches Universum nicht nur molekulare Energie, sondern ein Kontinuum von Energiefrequenzen, die sich tief ins Innere des mehrdimensionalen Universums erstrecken. Einfach ausgedrückt, alle Objekte und Lebensformen sind ihrem Wesen nach mehrdimensional. Alles um uns herum ist mehrdimensional und existiert gleichzeitig in unterschiedlichen Energiefrequenzen des Universums. Doch all diese Energiedimensionen existieren nebeneinander zur selben Zeit und im selben Raum, genau wie Radiowellen, Mikrowellen, Röntgenstrahlen und das sichtbare Licht zusammen existieren, alle innerhalb ihres je eigenen Frequenzbandes.

Tagebucheintrag vom 12. April 1991
Ich trete in den Schwingungszustand ein und begebe mich durch eigene Willenskraft zur Schlafzimmertür. Ich sehe leicht unscharf und sage laut: »Klarheit. Sofort!« Auf der

Stelle schärft sich mein Blick und ich schreite durch die Schlafzimmertür. Ich halte in meiner Vorwärtsbewegung inne und beschließe, Entdeckungsreisen im Innern anzustellen, statt in meinem Haus umherzulaufen. Also rufe ich: »Ich bewege mich nach innen.« Augenblicklich spüre ich eine starke innere Bewegung, die mehrere Sekunden andauert – es ist, als würde ich in einen luftleeren Raum gesogen. Das Gefühl der Bewegung hört abrupt auf, und ich stehe vor einem Haus, dessen Vorderseite zum Meer hin liegt. Das Haus steht etwa drei Meter in der Luft und ruht auf dreißig Zentimeter dicken Holzstützen.
Meine Sehkraft ist ein wenig getrübt, also bitte ich erneut um Klarheit. Mein Blick wird scharf und ich möchte das Haus betreten. Beinahe augenblicklich befinde ich mich drinnen. Als ich mich umschaue, kommt mir alles vertraut vor. Ich fühle mich rundum wohl, und aus irgendeinem Grund bin ich mir absolut sicher, dass dies mein nichtphysisches Zuhause ist.
Die dem Ozean zugekehrte Wand besteht aus Glas. Das Ganze sieht aus wie ein Heim der Zukunft, angefüllt mit Dingen aus der Vergangenheit; alle Möbel, Kunstwerke und Teppiche scheinen antik zu sein. Ich schaue mich um und sehe deutlich meinen Schaukelstuhl mit dem Löwenkopf, der aufs Meer blickt. So wird mir bewusst, dass dies in der Zukunft mein Zuhause sein könnte. Ob es meine physische Zukunft oder eine mögliche Zukunft nach meinem Tod ist, weiß ich nicht, was ich jedoch weiß, ist, dass es eine Realität ist, die jetzt existiert.
Ich fühle mich vollkommen wie zu Hause, gehe hinüber zu der Glaswand und blicke hinaus auf die See. Das Meeresrauschen ist herrlich. Statt dröhnender Brandung erklingt eine starke, rhythmische Harmonie, wie ein Lied. Ich höre konzentriert zu, wobei ich versuche, die Melodie zu erkennen. Instinktiv öffne ich die Tür und trete hinaus auf eine

riesige Veranda, von der aus ich den Ozean überblicke. Die Musik der Wellen ist in ihrer Schönheit beinahe hypnotisch. Der Klang scheint sich durch mich hindurch zu bewegen; er hallt tief im Innern meines Körpers und Geistes wider. Es ist schwer zu beschreiben, aber das Meer scheint Liebe auszustrahlen. Während die Musik mich durchflutet, ist mir, als würde ich von den Schwingungen des Liedes gestreichelt.

Während ich aufs Meer hinausblicke, versetzen die wechselnden Farben der Wellen mich in Erstaunen. Niemals zuvor habe ich etwas Vergleichbares gesehen. Schimmernde Färbungen verschmelzen und mischen sich, um zahllose leuchtende Farbwirbel zu bilden. Die Farben entziehen sich jeder Beschreibung; Millionen von Schatten und Tönen verändern und vermischen sich zu einem fließenden Lichtspiel von unbeschreiblicher Schönheit.

Mein Verstand verliert sich in den Schwingungen und dem Lied des Ozeans. Ich bin vollkommen friedlich, mein gesamtes Wesen ist erfüllt von der Musik des Liedes. Ich verspüre ein Bedürfnis, mit dem Ozean zu verschmelzen, aber innerlich habe ich Angst, dass ich verschluckt werden und ertrinken könnte. Meine Unentschlossenheit wird plötzlich deutlich, und ich erkenne meine Furcht; ich dachte, ich hätte meine Ängste überwunden, aber jetzt ist offenkundig, dass noch ein gehöriges Stück Arbeit vor mir liegt. Als ich diese Erkenntnis zu analysieren versuche, werde ich zurück in meinen Körper befördert. Die Taubheit und das Prickeln verschwinden rasch, während ich über das Erlebnis nachdenke.

Mir wird bewusst, dass ich zum zweiten Mal in diesem Haus gewesen bin. Das erste Mal war ich dort bei einem Treffen, an dem ich mit mehreren Leuten teilnahm. Dieses Haus vermittelt mir ein derart heimatliches Gefühl, dass ich mich frage, ob ich hier gelebt habe, bevor ich körperlich geboren wurde. Mehr noch, ich mache mir Gedanken über den Ozean aus Farbe und Musik. Ich vermute, dass der Ozean für etwas steht, das meine Vorstellungskraft übersteigt. Ich kann nur raten, dass er ein Meer des Bewusstseins ist oder vielleicht ein Bild meines Verstandes für Gott höchstpersönlich. Vielleicht ist beides dasselbe. Noch weiß ich es nicht, aber ich bin mir sicher, dass ich der Antwort näher komme.

Tagebucheintrag vom 24. Oktober 1992
Ich wiederhole fünf bis zehn Minuten lang laut meine Affirmation: »Jetzt bin ich außerkörperlich.« Als ich einschlafe, verstärke ich die Affirmation im Geiste. Ich werde mir heftiger Schwingungen bewusst, die durch meinen Körper wogen. Sofort richte ich meine ganze Aufmerksamkeit auf die Vorstellung, zur Schlafzimmertür zu schweben. Binnen Sekunden fühle ich mich emporgehoben und schwebe zur Tür. Anschließend durchschreite ich diese mit einem Hochgefühl und komme ins Wohnzimmer. Ich schaue mich um und erkenne, dass ich mich in meinem ersten (dichtesten) Energiekörper befinde, und ich verspüre einen plötzlichen überwältigenden Erkundungsdrang. Fast schon schreiend, bringe ich eine energische Bitte vor: »Ich will mehr sehen.« Augenblicklich zieht mich ein Gefühl rascher Bewegung nach innen. Mir ist, als würde ich in ein Vakuum gesogen, und innerhalb von Sekunden befinde ich mich in einer neuen Umgebung. Ich bin erschreckt und geblendet von der Intensität des mich umgebenden Lichts. Als ich instinktiv versuche, mich vor der Strahlung zu schützen, wird mir bewusst, dass mein Körper gestaltlos ist – ohne Arme oder Beine, nur Energie. Ich versuche zu begreifen, dass ich keine wie auch immer geartete Gestalt besitze. Scheinbar bin ich wie Licht, ohne eine bestimmte äußere Form. Meine Sicht ist unendlich.

Überall um mich herum entströmt reine Energie; es gibt weder Formen noch Gestalten, nur Lichtstrahlung. Ich werde zu etwas hingezogen, das eine Säule aus blütenweißem Licht zu sein scheint. Die Kraft der Strahlung ist überwältigend, als ich mich weiter nähere. Ich halte inne und versuche, mich anzupassen. Die Energie ist so stark, dass mir zumute ist, als würden meine äußeren Teile weggebrannt. Mein gesamtes äußeres Ich – meine Gedanken, Ängste und Vorstellungen – wird durch das Licht verbrannt. Zuerst versuche ich mich zu schützen. Ich umgebe mich mit Gedanken, nur um zu erkennen, dass auch sie von der Intensität des Lichts verbrannt werden. Unsicher, was zu tun ist, gebe ich instinktiv auf und überlasse mich dem Licht. In diesem Moment dringt das Licht wie eine warme Flüssigkeit in mich ein und durchdringt Körper und Geist. Mein ganzes Wesen ist von Licht erfüllt und jeder Teil von mir scheint in einer neuen Frequenz nachzuklingen. Ich entspanne mich und genieße das Gefühl reiner, mich durchströmender Energie.
Tief im Innern erkenne ich, dass sich vor mir etwas außerordentlich Bedeutendes befindet. Da ist noch etwas anderes im Innern der Lichtsäule. Ich bin nicht mehr ängstlich und verspüre ein überwältigendes Verlangen, das Licht zu erleben und zu verstehen. Ich trete näher und versuche, ins Innere zu spähen. Die reine Energie und Kraft sind nicht in Worte zu fassen; ich habe das Gefühl, neben einer brennenden weißen Sonne zu stehen, die Lichtwellen aussendet. Irgendwie weiß ich, dass mir nichts zustoßen kann, und langsam gehe ich vorwärts und berühre das Licht. Eine intensive Woge von Energie durchströmt mein ganzes Wesen. Plötzlich tauche ich in ein Meer reinen Wissens. Erinnerungen an alles, was ich gewesen bin; an alles, was ich getan habe; an alles, was ich bin, überfluten mich. Alles ist jetzt. Wie absolut einfach alles ist, überwältigt

mich. Zum ersten Mal ist alles klar. Alles, was wir sind und was wir brauchen, ist schon da. Zum ersten Mal erkenne ich, dass wir uns von unserem Ursprung getrennt haben. Wie töricht wir sind. Wir konzentrieren uns auf zerfallende molekulare Formen, wo die wahre Realität bereits da ist und geduldig darauf wartet, dass wir die Augen öffnen und erkennen. Ein tiefes Gefühl der Liebe, ein tiefes Gefühl des Mitleids für alles Seiende durchdringt mein Wesen. Ich erkenne, dass wir alle in einem Ozean aus lebendigem Licht miteinander verbunden sind. Die Abgetrenntheit, die wir empfinden, ist bloß die Illusion molekularer Form. Mein Bewusstsein erwacht mit der Erkenntnis zum Leben, dass mein Verstand mit seinen Fähigkeiten nichts weiter ist als ein Vehikel, ein provisorischer Ausdrucksträger. Wir existieren jenseits des Denkens, jenseits der Zeit, jenseits von linearer Ursache und Wirkung.

Ich werde überwältigt von unendlichen Wogen reinen Wissens. Mein Kopf ist übervoll, und mir wird bewusst, dass es mehr ist, als ich jemals mir zu merken hoffen kann. Laut rufe ich: »Ich will mir das merken.« Sofort werde ich in meinen Körper zurückbefördert, und ich versuche, die Augen zu öffnen.

Ich bin unfähig, mich zu rühren, und erkenne, dass ich mich in einem kataleptischen Zustand befinde. Langsam kann ich spüren, wie sich eine Taubheit und ein Prickeln in meinem physischen Körper ausbreiten. Nach etwa einer Minute kann ich Finger und Zehen bewegen. Ich liege still und denke mit einem Gefühl der Ehrfurcht über das Erlebnis nach. Ich weiß hundertprozentig, dass die Lichtsäule wirklich ich war – nicht nur irgendein weiterer Teil von mir, sondern ich selbst ganz unverfälscht ... das reine Wesen all dessen, was ich bin. Ist es möglich, dass wir tatsächlich so unglaublich sind? Ich fühle mich jetzt abgetrennt und allein; doch gleichzeitig fühle ich mich mit etwas weit Größerem verbunden, als ich mir jemals vorgestellt habe. Mir schwirrt der Kopf vor lauter Erkenntnissen ... mehr, als ich auch nur begreifen kann. Jetzt erkenne ich, dass wir als Menschen von Natur aus dazu neigen, allem, was wir erleben, Etiketten anzuheften und es entsprechend unseren physischen Vorstellungen und Überzeugungen einzuordnen. Ich frage mich, ob alle Formen und Gestalten wirklich Deutungen unseres Verstandes von etwas anderem sind – von etwas, das jenseits aller Form und Substanz existiert; von etwas, das so rein und ätherisch ist, dass es unseren Verstand bei weitem übersteigt. Möglicherweise ist diese Erkenntnis an und für sich schon ein bedeutender Schritt nach vorn. Vielleicht käme der unablässige Machtkampf zwischen verschiedenen Religionen, Glaubensbekenntnissen und Sekten endlich zu einem Ende, wenn wir bloß erkennen würden, dass alle religiösen Überzeugungen die physischen Interpretationen Sterblicher sind. Jetzt ist vollkommen klar, dass Gott sich nicht um unsere persönliche Theologie schert. Unsere physischen Überzeugungen wurzeln alle in vorübergehender Form und Substanz; sie sind nichts als ein flüchtiger Augenblick in der Zeit. Was wirklich zählt, ist Erfahrung, spirituelle Erfahrung. Es scheint, dass der Zweck des gesamten Universums Erfahrung ist – qualvolle, persönliche Erfahrung aus erster Hand. Sie ist durch nichts zu ersetzen. Jetzt ist klar, dass persönliche Erfahrung der Weg zur Einsicht ist, den wir alle teilen.

Als ich meine Erkundungen über die erste innere Dimension hinaus ausdehnte, genoss ich ein paar ungewöhnliche Anblicke: In manchen Bereichen dominierten Energiewolken die Umgebung. Besonders erstaunt war ich, zu sehen, wie diese Wolken bestimmte Formen annahmen. Ich erlebte, wie Dinge geschaffen wurden, die aussahen wie Autos, Häuser, ja sogar wie Kreuzfahrtschiffe.

Nach jahrelanger Erfahrung bin ich zu dem Schluss gekommen, dass diese Dinge das direkte Ergebnis menschlichen Denkens sind. Die Umwelten im Inneren der nichtphysischen Dimensionen bestehen aus Energie, die auf Gedanken anspricht. Gedanken scheinen über die angeborene Fähigkeit zu verfügen, die feinen Energien, welche die unsichtbaren Dimensionen ausmachen, zu ändern.

Ich habe festgestellt, dass die natürliche Energiesubstanz der inneren Dimensionen in Form wolkenähnlicher Gebilde erscheint. In gewissem Sinne ist diese Energie eine mühelos manipulierte Lichtstrahlung. Es scheint, als seien die Bausteine der unsichtbaren Dimensionen keine Teilchen (Atome und Quarks), sondern Wellen oder Energie- und Lichtfrequenzen. Als ich die Energiewolken untersuchte, wurde offenbar, dass sie als Haufen roher, ungeformter Materie existieren – ganz wie Hologramme, die sich hinsichtlich Form und Dichte langsam entwickeln und wandeln.

> *Tagebucheintrag vom 12. April 1991*
> Ich spüre die Schwingungen und bewege mich durch eigene Willenskraft zum Fußende des Bettes. Mir ist ein wenig schummerig zumute, und ich sehe etwas unscharf, also verlange ich sofort vollkommene Klarheit. Da scheint mein Bewusstsein sich auszurichten; meine Gedanken werden klar. Mein Geist ist quicklebendig vor Begeisterung, als ich zu mir sage: »Das ist besser als mein physischer Verstand.«
> Plötzlich verspüre ich ein starkes inneres Bedürfnis, mein früheres Leben zu entdecken. Spontan sage ich laut: »Ich muss mein früheres Leben kennen.«
> Augenblicklich verspüre ich eine innere Bewegung und finde mich in einer vollkommen neuen Umgebung wie-

der. Ich stehe inmitten eines Schauplatzes ungeheurer Zerstörung. Ich blicke eine lange Großstadtstraße entlang und sehe nichts als zerstörte Gebäude. Mir wird bewusst, dass mein Oberkörper sich durch die Luke eines Panzers reckt. Dann geht mir auf, dass ich durch die Augen dieses anderen Mannes – des Soldaten – sehe. Dieser Mann bin ich; ich denke seine Gedanken und empfinde seine Gefühle.

Ich bin äußerst überheblich und selbstsicher und fühle mich seltsam mächtig, als ich auf die brennenden Gebäude und die Trümmer um mich herum schaue. Ich bin stolz auf das, was ich getan habe. Ich bin Panzerkommandeur, deutscher Panzerkommandeur. Irgendwie weiß ich, dass es sich bei der Stadt um das polnische Warschau handelt und dass meine Soldaten und ich es soeben erobert haben.

Mitten auf dem, was früher einmal eine wichtige Kreuzung der Stadt gewesen ist, kommt mein Panzer knirschend zum Stehen. Um mich herum wird gefeuert und ganze Häuserblocks stürzen ein. Ich bin zufrieden mit mir. Irgendeine Art Gerät festhaltend, brülle ich einem Panzer zu meiner Rechten Befehle zu. Als ich auf meinen Arm sehe, bemerke ich, dass meine Uniform schwarz und mit grauem Staub bedeckt ist.

Plötzlich befördert mich ein intensives Gefühl der Bewegung wie ein Vakuum zurück in meinen physischen Körper. Ich schlage die Augen auf und verspüre eine Taubheit und ein Kribbeln; ich vereinige mich wieder mit dem Physischen.

Die Intensität des Erlebnisses hat mich erschreckt und verwundert. Ich war nicht bloß Beobachter, sondern aktiver Teilnehmer. Ein paar Augenblicke lang empfand ich, was dieser Mann empfand – ich war dieser Mann. Ich bin enttäuscht von mir; ich hatte mir vorgestellt, ich sei etwas

mehr als ein überheblicher deutscher Offizier gewesen. Vielleicht erklärt das, warum ich heute ein überzeugter Kriegsgegner bin und mich zugleich so für Dokumentationen über den Zweiten Weltkrieg begeistere. Wenn dieser deutsche Panzerkommandeur tatsächlich mein letztes physisches Leben gewesen ist, dann frage ich mich, wie viel davon mich heute noch beeinflusst. Mich durchzuckt die Erkenntnis, dass er mich vielleicht stärker beeinflusst, als ich zugeben möchte. Während ich mich selbst so objektiv wie möglich betrachte, steigt eine Flut neuer Einsichten auf. Ich frage mich ernsthaft, wie überheblich, anspruchsvoll und unnahbar ich bin. Brülle ich immer noch Befehle und erwarte, dass man mir auf der Stelle gehorcht?
Ich frage mich, wie viel von mir von meiner Vergangenheit beeinflusst und geprägt ist. Wie stark ist dieser Einfluss? Scheinbar steht uns ein unbegrenztes Maß an Selbsterkenntnis zur Verfügung, wenn wir nur bereit sind, sie zu suchen. Ich kann mir nicht helfen, ich bin neugierig. Wie viele frühere Leben habe ich erlebt? Wie tief greifend haben sie mich beeinflusst? Wie viel könnte ich lernen, wenn ich die Antworten wüsste?

Tagebucheintrag vom 7. Dezember 1992
Ich trete in den Schwingungszustand ein und schwebe ungefähr sechzig Zentimeter über meinem Körper. Entschlossen, meinen höheren Schwingungskörper zu erleben, sage ich laut: »Ich erlebe meinen höheren Körper.« Nach einem kurzen Gefühl von Bewegung schwebe ich in anderer Gestalt. Ich bin ruhig, fühle mich gekräftigt und verspüre eine sanftere innere Energie. Ich spüre, dass ich in meinem inneren Energiekörper angelangt bin. Doch ich habe das Gefühl, nicht synchron zu sein, und mein Blick ist verschleiert, also verlange ich vollkommene Klarheit des Bewusstseins: »Klarheit. Sofort!«

Augenblicklich sind meine Gedanken klar. Ich fühle mich extrem leicht und fließe über vor Energie. In diesem Moment taucht blitzartig ein Ziel vor meinen Augen auf: »Ich möchte ein anderes System besuchen.« Sofort bewege ich mich mit ungeheurer Geschwindigkeit durch eine dunkle Leere. Zuerst erschreckt mich die Geschwindigkeit, aber ich entspanne mich und passe mich den neuen Sinneseindrücken an. Ich schwebe im Raum. Ich blicke auf mich herab und sehe, dass es wenig zu sehen gibt: Meine Gestalt hat weder Arme noch Beine; ich bin wie eine sphärische Form bewusster Energie. Aus irgendeinem Grund bin ich nicht überrascht – es erscheint vollkommen natürlich, dass Arme und Beine, in welchem Zustand auch immer ich mich befinde, unnötig sind. Ich drehe mich langsam und konzentriere mich auf das, was ich um mich herum sehe. Ehrfurchtsvoll betrachte ich Dinge, die ich mir niemals zuvor auch nur vorgestellt habe. Überall sind Haufen aus Licht, Tausende, wie quer über den Himmel gespannte Weihnachtslichter. Ich habe das Gefühl, in einem Ozean aus Lichtern zu schwimmen.
Meine Aufmerksamkeit wird auf etwas gelenkt, das ich noch nie zuvor gesehen habe: Eine verschwommene, nebelartige Form ist sichtbar. Die Form dehnt sich aus, so weit mein Auge reicht. Sie wirkt wie ein riesiger Vorhang aus dichtem Nebel, außer dass sie einen stabilen Eindruck macht, wie eine dauerhafte Vorrichtung, die im Raum hängt. Ich bitte um Klarheit und finde mich wieder, wie ich zu einem anderen Aussichtspunkt, weit von der verschwommenen Form entfernt, entschwebe. Jetzt erkenne ich sie deutlicher. Sie ist größer, als mein Verstand begreifen kann, und erstreckt sich wie eine endlose Grenze über das Firmament.
Da spüre ich die Energie von jemandem ganz in meiner Nähe, eine starke Strahlung ohne Form oder Substanz.

Ich bemerke eine Kommunikation, wie eine Reihe deutlicher Bilder, die vor meinem geistigen Auge erscheint. Das Folgende ist ein wenig zusammenhanglos, erklärt aber, soweit Worte es vermögen, die innere Bedeutung der Bilder.
»Schön, nicht wahr?«
Ich drehe mich um, weil ich sehen will, wer es ist. Mein Bewusstsein ist von der Intensität des Lichts geblendet. Ich beginne zurückzuweichen und schirme mich vor der vernichtenden Energie ab. Das Wesen kommuniziert weiterhin mit meinem Verstand.
»Ich will mich anpassen.«
Sofort nimmt die Strahlung ab. Statt einer Form nehme ich nur Licht wahr.
»Ich besitze keine Form, wie du sie verstehst. Form ist unnötig. Nicht viele deiner Art wagen sich so weit hinein.«
Ich bin unfähig zu reagieren – mein Verstand ist überwältigt, und ich weiß nicht, wo ich anfangen soll. Das Energiewesen spürt wohl mein Dilemma und beginnt zu reagieren.
»Was du vor dir siehst, ist eines der vielen Wunder des Universums. Der unendliche Nebel, den du erblickst, ist eine der vielen inneren Membranen, die verschiedene Frequenzen des Universums voneinander trennen. Was du erlebst, ist die innere Struktur des Universums. Die Sterne und Galaxien, die du in der Entfernung siehst, sind nichts als die äußere Kruste des Universums. Der Schlüssel zum wahren Erforschen ist die Bewegung durch die Energiemembranen hindurch. Während du dich weiter nach innen bewegst, auf den Ursprung zu, muss sich deine innere Energiefrequenz entsprechend ändern. Du kannst nur jene Energiebarrieren durchqueren, die mit deinem inneren Licht übereinstimmen. Was du vor dir siehst, ist der Schlüssel zu Stabilität und Struktur überall im Universum.«

Ich bin erstaunt über die Klarheit der Bilder, die vor meinem geistigen Auge erscheinen. Dieses Wesen scheint automatisch meine Gedanken zu kennen.

»Alle bewusste Energie [Seelen} lebt innerhalb der Energiefrequenz, die sich im Gleichklang mit ihrer persönlichen Schwingungsfrequenz befindet. Die Membrane vor dir trennt eine Wellenlänge von der anderen.«

Während ich hinsehe, fällt mir keine passende Antwort ein. Ich komme mir unzulänglich vor, wie ein Kind, das einen Fortgeschrittenenkurs in höherer Mathematik besucht. Wieder reagiert das Energiewesen auf meine Gedanken.

»Du bist bereit, sonst wärst nicht hier. Wir alle sind dort, wo wir sein sollen. Einst war ich wie du und du wirst sein wie ich; wir befinden uns alle zusammen auf einer großen Reise. Deine Wahrnehmung von mir ist ungenau. Im Vergleich zu anderen, die im Universum wohnen, bin ich nichts als ein Kind. Die mögliche Evolution des Bewusstseins ist grenzenlos. Meine Identität ist unwichtig, und Etiketten sind nicht erforderlich. Merke dir gut, was du siehst, denn die Erkenntnis und die Erforschung der Energiemembranen werden eine tiefgreifende Wirkung auf die Evolution deiner Spezies haben.«

Die Geschwindigkeit, in der die Informationen auf mich niederprasseln, verwirrt mich ein wenig, und ich bitte um Klärung.

»Ich verstehe nicht. Der Zweck der Energiemembranen?«

»Sie trennen einfach verschiedene Frequenzen voneinander. Du nimmst den Schnittpunkt zweier unterschiedlicher Dimensionen wahr. Diese Membranen liefern den notwendigen Unterbau, damit jede Dimension existieren kann. Sie sind die inneren Zellwände des lebendigen Universums.«

»Mein Gott, das ist unglaublich.«

»Es gibt viel zu sehen. Dein Abenteuer fängt gerade erst an.«

»Wie meinst du das?«

»Du wirst es früh genug sehen.«

»Ich verstehe immer noch nicht.«

»Du wirst, mein Freund, du wirst.«

Mit einem Satz schnelle ich zurück in meinen physischen Körper. Zuerst bin ich nicht synchron und kann mich nicht rühren. Nach etwa zwanzig Sekunden merke ich, wie meine körperlichen Empfindungen wiederkehren.

Nach zwanzig Jahren außerkörperlicher Erfahrungen habe ich festgestellt, dass unsere nichtphysischen Körper die natürliche Neigung besitzen, mit der Erfahrung zunehmend durchlässiger zu werden. Es scheint, dass unsere persönliche Frequenz allmählich in ihren »normalen« oder natürlichen Zustand zurückkehrt. Unser nichtphysischer Körper passt sich langsam jener Schwingungsfrequenz (inneren Dichte) an, die unser natürlicher Seinszustand ist. Mehrere seriöse außerkörperlich Forschungsreisende haben über diesen Prozess der inneren Anpassung berichtet. Robert A. Monroe bezieht sich bei der Beschreibung seiner nichtphysischen Gestalt auf diesen Wandel, wenn er schreibt, sie werde in dem Maße, wie die außerkörperliche Erfahrung zeitlich andauere, immer »weniger menschlich«.

Die Tatsache, dass wir gewöhnlich zu unserer natürlichen inneren Frequenz zurückzukehren, hat eine weitere wichtige Auswirkung. Bei zahllosen Gelegenheiten habe ich bemerkt, dass, wenn ich mich länger als ein paar Minuten im Zustand der Außerkörperlichkeit befinde, die wahrgenommene Umgebung allmählich verblasst und eine neue sichtbar wird. Jahrelang dachte ich, mein Sehvermögen würde sich einfach seinen erweiterten Wahrnehmungsfähigkeiten anpassen. Doch jetzt wird mir bewusst, dass dies nur ein Teilaspekt ist. Wenn wir außerkörperlich sind, ist unsere nichtphysische Gestalt nicht, wie es zunächst erscheinen mag, statisch, sondern in Wirklichkeit ein ausdehnungsfähiges Energiesystem, dessen innere Energiefrequenz schwankt. Das zeigt sich besonders deutlich, je mehr wir unsere nichtphysischen Erfahrungen ausweiten und je mehr Kontrolle wir über sie erlangen. Mit anderen Worten, der nichtphysische Körper ist überhaupt kein Körper, sondern ein hochdifferenziertes Energiesystem, das auf unsere Gedanken reagiert. Je länger unsere nichtphysischen Abenteuer andauern, desto eher zeigt unser Bewusstsein die natürliche Neigung, in seinen wahren, nichtphysischen Zustand zurückzukehren. So seltsam es klingen mag, ich bin mir inzwischen sicher, dass unsere mit Gestalt, Form und Substanz zusammenhängenden Vorstellungen alle nur vorübergehende Beschaffenheiten beschreiben. Anscheinend sind wir, wie die Seele, vollkommen gestaltlos. Unser wahres Ich ist nicht humanoid in dem Sinne, wie wir uns heute begreifen. Die Seele, oder das reine Bewusstsein, ist gestaltlos, kann sich jedoch für ihre Zwecke verschiedener Formen und Gestalten bedienen und tut es auch.

Im November 1993 erkrankte ich an Lungenentzündung und musste zehn Tage das Bett hüten. Während meiner Krankheit wurde ich äußerst schwach, aß nicht und schlief zwölf Stunden täglich. Am dritten Tag bemerkte ich, dass meine außerkörperlichen Erlebnisse enorm zunahmen. Jedes Mal, wenn ich einschlief, stellte ich fest, dass ich knapp über oder in der Nähe meines physischen Körpers schwebte. Je kränker ich wurde, desto mehr spontane außerkörperliche Erlebnisse hatte ich. Es schien, als würde die Verbindung zwischen meinem physischen und meinem nichtphysischen Körper mit fortdauernder Krankheit immer schwächer werden. Auf dem Höhepunkt meiner Lungenentzündung und noch mehrere Tage danach verspürte ich ein Freiheitsgefühl, das ich nie zuvor gekannt hatte. Während ich im Bett lag, schlüpfte ich jedes Mal aus meinem physischen Körper, sobald dieser einschlief. Manchmal hatte ich das Gefühl, überhaupt nicht mit meinem physischen Körper verbunden zu sein. Ich fing an, ihn als Bezugspunkt oder Bereitstellungsraum zu benutzen, um mich zwischen den außerkörperlichen Forschungsreisen neu zu sammeln. Mehr als eine Woche lang entwickelte ich eine solche Distanz, dass ich meinen physischen Körper als notwendige Belastung ansah, die es auszuhalten gelte.

In dieser Zeit erlebte ich einen enormen Anstieg außerkörperlicher Cluster-Erfahrungen – im Allgemeinen kam es zu zwei bis fünf getrennten Erlebnissen nacheinander. Jedes Erlebnis war ziemlich kurz und dauerte zwischen dreißig Sekunden und mehreren Minuten. Bei ein paar Gelegenheiten bemerkte ich, dass die Folge von Ereignissen sich scheinbar einem verwandten Gegenstand oder einem verwandten Thema widmete. Beispielsweise nickte ich eines Nachmittags bei der Lektüre eines Buches über Reinkarnationstherapie ein. Beinahe sofort spürte ich die Schwingungen und schwebte über meinem Körper. Während ich behaglich dahintrieb, wandten meine Gedanken sich der Möglichkeit früherer Leben zu, und sofort verspürte ich ein Gefühl der Bewegung.

Tagebucheintrag vom 29. November 1993

Ich stehe auf dem Schutzwall einer Burg, während von unten Rauch aufsteigt. Eine Schlacht hatte mehrere Tage lang getobt und ich bin erschöpft und des Kämpfens müde. Mir wird bewusst, dass ich eine Art mittelalterlicher Soldat bin. Wir werden seit mehr als zwei Monaten belagert, und zum ersten Mal im Leben frage ich mich, warum wir kämpfen. Es scheint so sinnlos. In den vergangenen fünf Jahren habe ich gekämpft und getötet und jetzt habe ich genug davon. Das einzige, was mich weitermachen lässt, sind mein Stolz und mein Pflichtgefühl. Nachdem ich meinem König zwanzig Jahre lang treu gedient habe, besitze ich nichts als ein Schwert und eine Rüstung. Ich sehe mich um und bin erstaunt, wie real das alles ist. Ich bin mehr als nur ein Beobachter: Irgendwie empfinde ich die

Gedanken und Gefühle dieses Mannes, seinen Schmerz und seine Enttäuschung. Ich spüre, ich bin dieser Mann, doch ich weiß, ich bin es nicht. Ich erlebe ein Gefühl größten Kummers und Ekels, ein Leben voller leerer Siege. Ich erkenne jetzt, dass Pflicht und Ehre allein nicht genügen. Ich weiß, dass zum Leben mehr gehören muss, doch ich kenne nur Waffen und die Kriegskunst. Da verspüre ich einen scharfen Schmerz und Druck im Rücken und beginne das Bewusstsein zu verlieren. In diesem Moment fühle ich das vertraute Kribbeln und erkenne, dass ich mich wieder in meinem physischen Körper befinde. Ich denke ans Schweben und sofort erhebe ich mich über meinen Körper. Die Klarheit meiner Gedanken erstaunt mich und ich überdenke die Bedeutung dieses Erlebnisses. Ich nehme einen Wandel meines Bewusstseins wahr und eine rasche innere Bewegung. Und schon befinde ich mich in einer vollkommen neuen Umgebung.
Ich sitze auf einem Steinfußboden. Überall um mich herum hocken Dutzende von kahlköpfigen Mönchen in Meditation auf dem Boden. Irgendwie weiß ich, dass ich ein buddhistischer Mönch bin. Ich kann den Duft von Moschus riechen und höre Glocken und rhythmischen Gesang. Drei Dutzend von uns sitzen in einem Kreis um einen Altar. Von der Mitte des Altars steigt eine dünne, weiße Rauchsäule auf, während ein etwa zwölf Jahre alter glatzköpfiger Junge singend um uns herum geht und dabei einen großen, prunkvollen Behälter schwenkt. Er wirkt wie in Trance. Ich kann spüren, wie ich sanft hin- und herschaukele, während ich leise ein Mantra singe, das ein Teil von mir zu sein scheint. Ich und alle um mich herum tragen orange Gewänder, und als ich auf meine Hände herabsehe, merke ich, dass ich sehr alt bin – meine Hände und Handgelenke sind dünn und zerbrechlich. Ich bin zufrieden mit meinem Leben, vollkommen bar aller

Bedürfnisse und Wünsche. Mein Geist ist friedlich. Ich weiß, dass ich bald sterben werde. Ich spüre eine leichte Bewegung und befinde mich wieder in meinem Bett. Auch wenn ich in meinem Körper bin, habe ich das Gefühl, absolut nicht im Einklang mit ihm zu sein, so, als schwebte ich in seinem Innern. Mein Verstand hält noch an der Bedeutung des letzten Erlebnisses fest, als ich aufs Neue eine innere Bewegung verspüre.

Mir ist ungeheuer kalt. Mein Körper und mein Geist sind betäubt. Das auszuhalten übersteigt mein Durchhaltevermögen. Überall um ich herum liegen die erfrorenen Leichname meiner Freunde und Kameraden. Der Boden ist zu hart gefroren, um sie zu begraben, also liegen sie dort, wo sie gefallen sind. Mein Panzer ist zu einem eisigen Grab geworden.

Mein Geist und mein Körper sind eine hohle, zerbrochene Schale meines früheren Ich. Mein Lebenswille ist erloschen. Dreißig Meter weiter sehe ich, wie zwei zerlumpte Soldaten einem Toten die Stiefel ausziehen. Neben mir murmelt ein großer, beinahe lebloser Mann, ein Freund von mir, etwas in meine Richtung. Ich kann ihn nicht verstehen, also beuge ich mich näher zu ihm hin.

»Um Gottes willen, töte mich.«

Ich kann nicht. Mir fehlen der Mut und die Kraft, mich zu bewegen. Es hat wieder angefangen zu schneien, und ich weiß, dass ich bald tot sein werde. In der Ferne ist ein Dröhnen zu hören; die Russen werden bald hier sein. Ich empfinde keine Furcht, keinen Hass – ich empfinde überhaupt nichts. Ich schließe die Augen und verliere das Bewusstsein.

Ob diese drei Erlebnisse frühere Leben waren oder nicht, kann ich nicht beweisen. Was ich jedoch weiß, ist, dass sie genau so real und lebendig waren wie alle physischen Erlebnisse, die ich jemals hatte. Es scheint klug zu sein, sich jeder Wertung zu enthalten, wenn wir neue Dimensionen erkunden. Unser Verstand neigt dazu, sich von unseren physischen Vorurteilen über die Realität beeinflussen zu lassen. Der Schlüssel zum Verstehen liegt darin, so aufgeschlossen zu bleiben wie möglich.

Während der Zeit meiner Krankheit wurde mir allmählich bewusst, wie leicht außerkörperliche Erfahrungen kontrolliert werden können, wenn wir bloß daran denken, regelmäßig um Klarheit zu ersuchen. Die einfache, energische Bitte um klaren Verstand und klare Sicht hat eine große Wirkung auf unseren außerkörperlichen Bewusstseinszustand. Wenn ich die Klarheitstechnik wiederholte, stellte ich fest, dass es möglich war, außerkörperliche Zustände um mehrere Stunden zu verlängern.

Während meiner Krankheit pflegte ich mir manchmal die Zeit zu vertreiben, indem ich mich zwischen meinem physischen und meinem schwebenden nichtphysischen Körper hin- und herbewegte. Dabei entdeckte ich einen merkwürdigen Bewusstseinszustand, den ich als »Doppelbewusstsein« bezeichne. Ich stellte fest, dass ich manchmal einen Teil meines Bewusstseins zwischen meinem physischen und meinem nichtphysischen Körper hin- und herschieben konnte. Es ist möglich, mit beiden Bewusstseinsformen gleichzeitig wahrzunehmen und den jeweiligen Anteil von Bewusstsein zwischen diesen Körpern zu verändern oder zu verschieben. Mit anderen Worten, für kurze Zeit können wir die physische Welt und eine nichtphysische Umwelt gleichzeitg wahrnehmen. Außerdem stellte ich fest, dass es möglich war, die Bewegung des Bewusstseins zwischen dem ersten und dem zweiten Energiekörper zu kontrollieren. Durch Willenskraft können wir diese Bewusstseinsverschiebung kontrollieren; der Schlüssel liegt darin, geistig ausgerichtet und konzentriert zu bleiben sowie im Geiste danach zu verlangen, die zweite Form zu erfahren. Denken Sie stets daran, dass es uns, wenn wir erst einmal an keine bestimmte Form mehr gebunden sind – sei es Materie oder Energie –, freisteht, über sie hinauszugehen.

Mein Interesse an Physik wuchs mit der Anzahl der außerkörperlichen Erlebnisse, die ich hatte. Wenn ich mich im Zustand der Außerkörperlichkeit befand, beobachtete ich stets genau die mich umgebenden energetischen Strukturen. Ich begann mich für die nichtphysischen Formen und Substanzen zu begeistern, denen ich begegnete. Ich erkannte, dass jede Umwelt und jede Dimension im Innern des Universums bestimmte Ähnlichkeiten und Unterschiede aufweist.

Der bedeutsamste Unterschied scheint das Ausmaß zu sein, in dem eine gegebene nichtphysische Umwelt auf Gedanken reagiert. Manche der nichtphysischen Umwelten sind leicht durch das Denken zu formen, während andere äußerst resistent sind. Ich bin davon überzeugt, dass alle nichtphysische Energie empfänglich für Gedanken ist; wenn jedoch eine Gruppe von Individuen dieselbe Vorstellung oder dieselben Überzeugungen aufrechterhält, dann erschafft, gestaltet und behauptet die Gruppe eine übereinstimmende Realität. Tatsächlich wird nichtphysische Energie durch die Denkenergie von Gruppen geformt und sogar stabilisiert und gefestigt. Je größer die Gruppe (es mögen Millionen sein), desto stabiler wird die unmittelbare (Energie-)Umwelt sein. Das ist eine wichtige Entdeckung, erklärt sie doch die gewaltigen Unterschiede, denen man bei der Erforschung der nichtphysischen Dimensionen begegnet. So ist beispielsweise die erste nichtphysische Dimension eine parallele Energiewelt, die beinahe identisch mit dem physischen Universum ist. Die unmittelbare Nähe zur physisch existierende Energiedimension wird von den gemeinsamen Gedanken der sechs Milliarden Bewohner geformt, die in der physischen leben.

Die tiefer liegende Ursache dieses Phänomens scheint bemerkenswert zu sein: Bewusstsein erzeugt Realität. Alle Realität einschließlich der Materie wird geformt und gestaltet vom Denken. Die Schöpfung selbst ist das Ergebnis bewusster Denkenergie, welche die Form und Substanz, wie wir sie kennen, beeinflusst, ordnet und manifestiert. Unzählige nichtphysische Reisen ins Innere des Universums bestätigen diese Beobachtung. Lediglich die Dichte der Materie verbirgt unseren körperlichen Sinnen diese Wahrheit. In der physischen Welt bedient sich das Bewusstsein, um sich auszudrücken, eines biologischen Vehikels. Unser physischer Körper ist hier das Instrument unseres Bewusstseins, der »Bewusstseinsträger«; unsere Gedanken leiten unseren Körper zur Konstruktion der von uns tagtäglich im Leben erfahrenen Realität an. Dieser Prozess, in dem Realität durch das Bewusstsein erschaffen wird, ist wichtiger, als Worte auch nur auszudrücken vermögen. Die Erkenntnis dieser Realität durch uns ist der erste Schritt zur wahren Beherrschung unserer selbst und unserer Umgebung. Jeder von uns besitzt die schöpferische Fähigkeit und Kraft, seine ideale physische, emotionale und intellektuelle Umwelt zu gestalten und zu formen. Doch es ist an uns, unsere schöpferische Kompetenz zu erkennen und umzusetzen.

Wenn wir die schöpferische Kraft des Bewusstseins erkennen, dürfte das sowohl unsere unmittelbare Zukunft als auch die Evolution der menschlichen Spezies auf enorme Weise beeinflussen. Solange wir die uns durchströmenden unsichtbaren Energien nicht wirklich begreifen und bewusst kontrollieren, werden wir den beschränkten molekularen Formen, die uns umgeben, verhaftet bleiben. Unsere Entwicklung von einem physischen Geschöpf zu einem mehrdimensionalen, nichtphysischen Wesen ist unmittelbar mit der Erkenntnis und bewussten Kontrolle unserer Denkenergie verbunden. Wenn wir unsere individuelle Fähigkeit zur Formung und Gestaltung der uns umgebenden Energie erst einmal wirklich begreifen, können wir anfangen, die volle Verantwortung für unsere Gedanken zu übernehmen. Mit jedem Gedanken und jeder Tat wird uns bewusst, dass wir die Schöpfer unseres Lebens sind.

Dass diese Tatsache wahr ist, wird während einer außerkörperlichen Erfahrung offensichtlich. Im Zustand der Außerkörperlichkeit erfahren und erkunden wir eine Umwelt höherer Frequenz, eine, die bezeichnenderweise weniger dicht ist als Materie. Diese feine (Energie-)Umwelt reagiert empfindlich auf das Denken. Jeder konzentrierte Gedanke kann und wird ein unmittelbares Ergebnis zeitigen: Wenn wir ans Fliegen denken, fliegen wir; wenn wir daran denken, durch eine Wand zu gehen, tun wir es. Unsere Gedanken üben die vollständige Kontrolle über unsere Erfahrung aus. Zum ersten Mal wird die wahre kreative Kraft des Denkens deutlich. Diese Erkenntnis ist ein wichtiger Schritt in unserer persönlichen Entwicklung, denn jetzt wissen wir, dass wir die volle Verantwortung für unsere Gedanken und unser Leben übernehmen müssen.

Die Vorstellung eines die Realität erschaffenden und formenden Bewusstseins ist nicht so weit hergeholt, wie manche vielleicht glauben. Einige der klügsten Köpfe der modernen Physik halten diese Theorie für die logische Basis jeder Realität. Der hoch angesehene Physiker David Bohm, der Physiker Eugene Wigner aus Princeton, der Physiker Henry Pierce Stapp aus Berkeley sowie die berühmten Physiker Walter Heitler, Fritz London und John von Neumann sind sämtlich Anhänger der Quantentheorie, die besagt, dass Bewusstsein Realität erzeugt. Physiker und Mathematiker überall auf der Welt kommen in wachsender Zahl zu demselben Schluss: Physische Objekte hätten keine Merkmale, würde nicht ein bewusster Beobachter sie betrachten. Nobelpreisträger Eugene Wigner fasste diese Beobachtung zusammen, als er feststellte: »Es ist unmöglich, die Gesetze der Quantenmechanik vollkommen schlüssig zu formulieren ohne Bezug zum Bewusstsein. ... dass gerade das Studium der äußeren Welt zu dem Schluss geführt hat, der Inhalt des Bewusstseins sei eine grundlegende Realität, wird bemerkenswert bleiben, egal in welcher Weise sich unsere künftigen Vorstellungen vielleicht entwickeln.«

Mit der Fortdauer meiner nichtphysischen Erkundungen wurde mir bewusst, dass meine Beobachtungen sich innerhalb einer parallelen Energiedimension abspielten und ich dort interagierte. Raum-, Zeit- und Entfernungsvorstellungen schienen keine Gültigkeit mehr zu haben. Ich erkannte allmählich, dass die Dimension, die ich erforschte, wenn ich mich im Zustand der Außerkörperlichkeit befand, der physischen äußerst nahe war; tatsächlich war sie überhaupt nicht durch Raum oder Entfernung von ihr getrennt, sondern vielmehr durch Energiefrequenz oder -dichte. So seltsam es klingen mag, aber die anderen Dimensionen (möglicherweise unzählige davon) existieren *in diesem Augenblick neben uns*. Außerdem fiel mir auf, dass jedes physische Objekt ein nichtphysisches Gegenstück oder energetisches Abbild besaß, das einer Energiegestalt zu ähneln schien. Beispielsweise bestehen die nächste nichtphysische Dimension und ihre Energiestrukturen einerseits und die physische Dimension andererseits nebeneinander, wobei erstere als eine Form von energetischem Fundament für die Materie selbst fungieren. Dieselben nichtphysischen Strukturen bestehen indessen auch vollkommen unabhängig vom physischen Universum.

Die unmittelbaren nichtphysischen Umwelten, denen ich begegnete, wirkten wie körperartige Darstellungen von Materie. Wenngleich fest in ihrer Struktur und der Materie recht ähnlich, waren diese nichtphysischen Objekte oftmals keine genauen Abbilder meiner physischen Umwelt. Anfangs war das verwirrend, aber ich lernte allmählich, dass es meine Erwartung an die Realität war, die häufig einer Neubewertung bedurfte.

Ich machte mehrere überraschende Beobachtungen. Erstens nehmen wir an, dass unsere physische Umwelt die dauerhafte und feste Basis der Realität sei. Wir betrachten Dichte und Form als *den* Hinweis auf »Realität«. Was jedoch, wenn wir uns in unseren Annahmen täuschen? Was, wenn die Realität vollständig von der Schwingungsfrequenz des Beobachters abhängt? Was, wenn es zahlreiche, gar unzählige Energiedimensionen gibt?

Zweitens begann ich, nachdem ich die unmittelbare nichtphysische Umwelt wiederholt erkundet hatte, zu bezweifeln, dass die physische Welt ein Abbild der unkörperlichen sei oder umgekehrt. Diese Beobachtung ist insoweit von Bedeutung, als sie auf die elementare Struktur sämtlicher Energie, Materie und Realität, wie wir sie kennen, verweist. Zuerst nahm ich an, die parallele nichtphysische Dimension sei das Ergebnis von Materie. Aber die Erfahrung lehrte mich schließlich, dass dem nicht so ist. Tatsächlich ist das parallele Universum ein getrenntes Energie-Universum, das als unsichtbares Fundament jeder physischen Energieform und -substanz fungiert. Das Nichtphysische und das Physische sind untrennbare Elemente desselben Universums. Drittens begann ich langsam zu verstehen, dass ich eigentlich ein Energiekontinuum beobachtete. Jedes physische Objekt, das wir um uns herum wahrnehmen, existiert in mehreren Dimensionen des Universums. So überraschend es auch erscheinen mag, das Endresultat war klar: Alle physischen Objekte einschließlich aller Lebensformen sind ihrem Wesen nach mehrdimensional. Alles, was wir um uns herum sehen, existiert als ein Energiekontinuum.

Die Materie ist nicht der Mittelpunkt der Realität, wie wir sie betrachten. Stattdessen scheint die Materie das Endresultat einer Reihe von energetischen Interaktionen zu sein, die sich in den unsichtbaren Dimensionen zutragen. Mit jedem außerkörperlichen Erlebnis erkannte ich deutlicher, dass Materie nur ein winziger Teil der Energie-Umwelten ist, die existieren. In vielfacher Hinsicht ist die Materie das dichte, äußerste Ergebnis einer großartigen Kette von Ereignissen, die sich direkt jenseits unseres physischen Sehvermögens zutragen.

Scheinbar ist unsere Wahrnehmung der Materie, des sichtbaren Universums und unserer Position in diesem Universum völlig ungenau. Das Universum, das wir um uns herum sehen, ist nicht der Mittelpunkt der Realität; es ist lediglich die Kruste, die dünne, äußere Schicht des unsichtbaren Universums. Mit der Zeit festigte sich darüber hinaus in mir die Überzeugung, dass alles, was wir als fest und wirklich erachten, bloß ein vorübergehendes Vehikel des Bewusstseins ist. Diese feste Realität um uns herum erscheint uns allein deshalb als wirklich, weil wir uns gegenwärtig auf unsere körperlichen Sinne konzentrieren. Wenn wir uns erst einmal von unserem biologischen Körper trennen, wirkt die Welt der Materie wie eine Geisterwelt, wie eine Welt aus verschwommenen, ätherischen Formen.

Bei jedem außerkörperlichen Erlebnis bemerkte ich, dass die festen physischen Objekte in meinem Umfeld wie nebelhafte Formen erschienen. In mehreren Fällen wirkten physische Objekte, beispielsweise Wände und Möbel, wie holografische Bilder, die eine bestimmte, gleichwohl nebelhafte Substanz besaßen. Wenn ich versuchte, diese Objekte zu berühren, fuhr meine Hand einfach durch sie hindurch. Häufig verspürte ich ein Kribbeln, wenn meine Hand oder mein Körper sich durch die physischen Objekte bewegten, aber im Verhältnis zu meinem neuen Schwingungszustand wirkten diese Objekte nicht mehr real. Zudem stellte ich fest, dass mein unmittelbares physisches Umfeld meinem Blick umso mehr zu entschwinden schien, je länger ich von meinem Körper getrennt blieb. Es wurde offensichtlich, dass die Objekte oder Wesen, die in der Nähe meiner neuen persönlichen Frequenz schwangen, für mich die einzige Realität darstellten. Mit anderen Worten: Realität hängt unmittelbar mit der Schwingungsfrequenz des Betrachters zusammen.

Auf den ersten Blick mag diese Beobachtung merkwürdig erscheinen; doch die moderne Physik hat Anhaltspunkte geliefert, die für eine Erklärung hilfreich sind. So haben Forscher zum Beispiel gezeigt, dass sichtbares Licht zugleich als Teilchen und als Welle existiert.

Die Doppelnatur des Lichts ist inzwischen eine anerkannte Tatsache der modernen Naturwissenschaften. Ich glaube, dass die Teilchen-Welle-Natur des Lichts den stichhaltigen Beweis dafür liefert, dass sämtliche Energie ein Mehrfachfrequenz-(mehrdimensionales)kontinuum ist, das sich weit über die dichten Materieteilchen hinaus ausdehnt, die wir um uns herum wahrnehmen. So wie das Licht – Teilchen wie Welle – eine Doppelnatur besitzt, bestehen alle physischen Objekte und Lebensformen sowohl aus physischen Teilchen als auch aus nichtphysischen Energiekomponenten. Es ist dieses miteinander verbundene Energiekontinuum, welches das gesamte mehrdimensionale Universum erschafft und erhält. Jedes uns umgebende physische Objekt ist eigentlich das äußere Ergebnis mit relativer hoher Dichte in diesem Energiekontinuum. So wie das Licht im gleichen Augenblick in der Zeit sowohl als Teilchen als auch als Welle existiert, existieren alle physischen Objekte gleichzeitig als dichte molekulare und als unkörperlich-spirituelle Formen. Diese Erkenntnis eröffnet der Forschung ein bemerkenswertes Neuland.

TEIL II

Unsere größten Rätsel lösen

KAPITEL 3

Neuland

Die weltweite wissenschaftliche Gemeinschaft ist sich inzwischen darin einig, dass eine unsichtbare Energiestruktur existieren muss.

DAVID SECKEL
(Kosmologe, University of California)

In den letzten Jahrzehnten sind sich die Naturwissenschaften der Grenzen menschlicher visueller Wahrnehmung bewusst geworden. Das menschliche Auge reagiert nur auf einen kleinen Ausschnitt der Strahlung empfindlich. Wir sehen lediglich die Wellenlänge zwischen 0,00007 Zentimetern und 0,00004 Zentimetern; der Rest des elektromagnetischen Wellenspektrums bleibt für uns unsichtbar. Tatsächlich machen bloß ein paar Hunderttausendstel Zentimeter den Unterschied zwischen Sichtbarkeit und Unsichtbarkeit aus. Dennoch schwimmen wir alle buchstäblich in einem Meer aus Energie, sind versunken in einem Ozean elektromagnetischer Wellen: Gammastrahlen, Röntgenstrahlen, ultraviolette und Infrarotstrahlen, Mikrowellen, Radiowellen und Kurzwellen, um nur ein paar zu nennen. Wenn wir die Hitze der Sonne spüren, dann spüren wir die Folge unsichtbarer Infrarotstrahlen; ihre Wellenlänge, 0,00008 Zentimeter bis 0,032 Zentimeter, ist ein wenig zu lang, als dass unsere Netzhaut auf sie reagieren könnte, allein unsere Haut registriert die Strahlen als Hitze.

Unsere Wahrnehmung des Universums beruht in Wirklichkeit nur auf einem winzigen Bruchteil der uns umgebenden Energie. Noch schockierender ist die Erkenntnis, dass unsere heutige wissenschaftliche Technologie nur einen Teil des gesamten Energiespektrums ausfindig macht. Die meisten Forscher glauben, dass

Elektromagnetisches Wellenspektrum

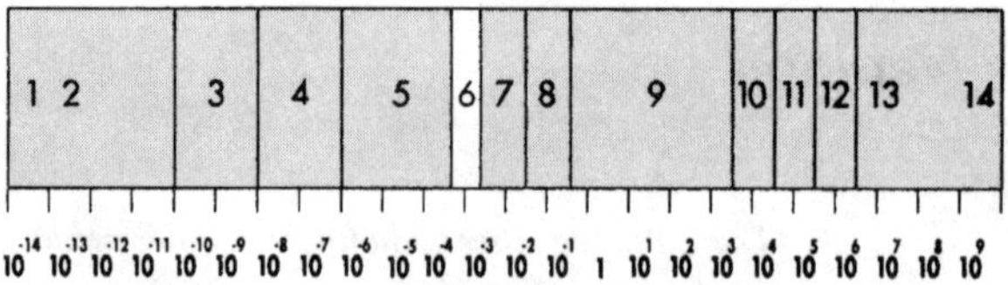

Wellenlänge (in Zentimetern)

1 Unbekannt	*8 Hitzewellen*
2 Kosmische Strahlen	*9 Radar*
3 Gammastrahlen	*10 Fernsehen*
4 Röntgenstrahlen	*11 Radio-Kurzwellen*
5 Ultraviolette Strahlen	*12 Rundfunkwellen*
6 Sichtbares Licht	*13 Radio-Langwellen*
7 Infrarote Strahlen	*14 Unbekannt*

das elektromagnetische Wellenspektrum sich weit jenseits dessen, was technisch zu beobachten wir in der Lage sind, und wahrscheinlich bis ins Unendliche hinein fortsetzt.

Wenn wir das in die richtige Perspektive rücken, dann erkennen wir, dass jeder von uns sich visuell nur drei Hunderttausendsteln eines Zentimeters (0,00003 Zentimeter) der Energiestrahlung um uns herum bewusst ist. Wir, die wir so wenig vom Universum sehen, sind mit Schlussfolgerungen und Urteilen, die auf den engen Grenzen unseres Sehvermögens basieren, schnell bei der Hand. Unsere Perspektive des Universums – und der Realität selbst – wird von der beschränkten Reichweite unserer körperlichen Sinne ernstlich begrenzt.

Wenn wir uns umschauen, sehen wir eine Welt fester Objekte. An der Oberfläche scheint die Realität aus dreidimensionaler Form und Substanz zu bestehen. Doch mit der zunehmend intensiveren wissenschaftlichen Erforschung des unsichtbaren Kerns der Materie kommt es zu bemerkenswerten Entdeckungen. Einsteins berühmte Formel $E = mc^2$ sagt uns, dass Materie nichts weiter ist als eine Form von Energie – in gewissem Sinne gespeicherte Energie, vorübergehend geformt zum Zwecke der Konstruktion der uns umgebenden physischen Objekte.

Wenn wir erst einmal erkennen, dass alle Materie eigentlich Energie ist, können wir beginnen, eine neue Vorstellung von uns selbst und der Welt um uns herum zu entwickeln. Uns wird allmählich bewusst, dass unsere Umwelt nicht das ist, was wir sehen.

Diese neue Vorstellung erfährt eine weitere Ausweitung, wenn wir die jüngsten Entdeckungen der Quantenphysik prüfen. Quantentheoretiker betrachten Energie ihrem Wesen nach nicht mehr als teilchenartig. Subatomare Teilchen werden nicht mehr als etwas Statisches angesehen, sondern als vierdimensionale Wesen in der Raumzeit. Tatsächlich erachtet man die Elementarteilchen unserer Realität (Quarks usw.) nicht mehr als Substanzen. Wenn Physiker Elementarteilchen beobachten, dann beschreiben sie diese als dynamische Strukturen, die ständig in Bewegung sind und sich ineinander verwandeln. Die Quantenmechanik hat uns gezeigt, dass die elementaren Bausteine unserer Realität nicht materiell sind, sondern dass es sich um Energiestrukturen handelt, die miteinander verbunden sind, um ein unauflösliches kosmisches Netz zu bilden.

Die Quantenphysik hat bewiesen, dass unsere gegenwärtigen physischen Vorstellungen von Form und Substanz überholt sind; nicht nur, dass Materie Energie ist, vielmehr ist alle Energie ihrem Wesen nach nichtphysisch. Der Physiker Werner Heisenberg erläuterte diesen neuen wissenschaftlichen Standpunkt, als er feststellte: »Atome sind keine Sachen.«

Nach Jahrzehnten bemerkenswerter Entdeckungen ist die neue Physik in einer Sackgasse gelandet. Die beobachtete Bewegung subatomarer Teilchen scheint kaum einer oder gar keiner logischen Ordnung zu folgen. Elementarteilchen wechseln ihre Position und Flugbahn, tauchen auf und verschwinden und bewegen sich auf alle mögliche rätselhafte Weise. Noch verblüffender ist die Erkenntnis, dass sie tatsächlich von den Gedanken der sie beobachtenden Wissenschaftler beeinflusst werden können.

Während ein neues Jahrhundert anbricht, bleiben die größten naturwissenschaftlichen Rätsel ungelöst. Was sind Materie und Energie? Welches sind die unsichtbaren Bausteine der physischen Realität? Physiker und Astronomen weltweit erkennen in zunehmendem Maße, dass unmittelbar jenseits unserer technologischen »Sehkraft« ein ungeheures unsichtbares Energiesystem existieren muss. Vor Jahren beobachteten ein paar Astronomen, dass bestimmte Bereiche im Raum mit einer zur Erklärung ihrer Bewegung nicht ausreichenden Masse existierten. In den Achtzigerjahren des 20. Jahrhunderts wurde dieser rätselhafte Umstand als »dunkle Materie« bezeichnet. Die Entdeckung dunkler Materie wurde erstmals durch die umfassenden Forschungen der Astronomin Vera Rubin ans Licht gebracht. In *The Astronomers* skizziert Donald Goldsmith ihre Arbeit und deren Bedeutung:

> Indem sie die Bewegungen entlegener Sterne analysierten, enthüllten Rubins Beobachtungen in Spiralgalaxien wie unserer eigenen Milchstraße gewaltige Mengen unsichtbarer Materie. Von anderen Astronomen (und teils von Rubin selbst) durchgeführte Untersuchungen der Bewegungen von Galaxien in Haufen zeigten, dass die Galaxien-*Haufen* ebenfalls ungeheure Mengen unsichtbarer Materie enthalten. Tatsächlich hatten Astronomen bereits vor Rubins Arbeit herausgefunden, dass die meisten großen Galaxien-Haufen scheinbar weit mehr Masse enthalten, als durch die in ihren Galaxien scheinenden Sterne erklärt werden kann. Aber Rubins detaillierte Studien der Bewegungen von Sternen in unserer eigenen und in anderen Galaxien waren notwendig, um Astronomen davon zu überzeugen, dass beinahe jede Galaxie, und nicht nur jene in großen Galaxien-Haufen, weit mehr Masse in unsichtbarer Form als in Sternen besitzt.

> Kurz, Rubins Arbeit bewies die Existenz einer vormals unbestätigten Komponente des Kosmos, einer Komponente, die keine kleine Ergänzung dessen ist, was wir bereits wissen, sondern (ganz allgemein gesprochen) das Universum selbst. Alles, was wir sehen – alle Sterne, Sternhaufen, sternbildenden Bereiche und von neugeborenen Sternen beleuchteten Gaswolken –, beläuft sich auf nicht mehr als zehn Prozent der totalen Masse einer riesigen Galaxie wie unserer eigenen Milchstraße. Daher deuten Rubins Forschungen darauf hin, dass sämtliche sichtbare Materie im Universum nur eine Art Licht-Zuckerguss auf dem kosmischen Kuchen bildet, der hauptsächlich aus unsichtbarer Materie besteht.

Die Entdeckung dunkler Materie (unsichtbarer Masse) liefert den Beweis für ein unsichtbares Fundament des Universums. In den letzten beiden Jahrzehnten sind Physiker und Astronomen weltweit zu demselben Schluss gelangt: Etwas Unsichtbares interagiert mit der Materie. Im Jahr 1981 erklärte der angesehene theoretische Physiker David Bohm, dass das Fundament des Subatomaren nur Sinn ergäbe, wenn wir das Vorhandensein zusätzlicher, komplexerer Dimensionen jenseits unseres Sehvermögens annähmen. Diese Vorstellung erfreut sich zunehmender Beliebtheit. Viele der größten naturwissenschaftlichen Köpfe des 20. Jahrhunderts äußerten, dass unmittelbar jenseits unseres technologischen Blicks etwas Räselhaftes geschähe. Einstein, Heisenberg, Planck, Pauli, Schrödinger, Jeans, Eddington, Bohr und de Broglie äußerten alle die Überzeugung, dass Physik und Mystizismus irgendwie zusammenhingen. Sir James Jeans hat diese Überzeugung vielleicht auf den Punkt gebracht, als er feststellte: »Das Universum sieht allmählich mehr aus wie ein großartiger Gedanke als wie eine großartige Maschine.«

Die mehrdimensionale Struktur des Universums

Wenn wir uns die Entwicklung der Naturwissenschaften während der vergangenen Jahrzehnte genauer ansehen, dann finden wir wachsendes Beweismaterial, das die mehrdimensionale Struktur der Materie und des Universums stützt. Die jüngsten Entdeckungen der Quantenphysik liefern zahlreiche Beispiele. Ebenfalls bezeichnend ist die wachsende Zahl von Physikern, Astrophysikern und Astronomen, die an das Vorhandensein paralleler Universen glaubt. Der bekannte Physiker Fred Alan Wolf fasste diesen Standpunkt zusammen, als er feststellte: »Beziehen wir die Quantenphysik mit ein, dann finden wir überzeugende und überraschende Anhaltspunkte für die Existenz paralleler Universen ganz am Anfang der Zeit.«

Parallele Universen

Die Vorstellung von parallelen Universen oder Dimensionen ist nicht neu. Einsteins Relativitätstheorie sagte zuerst die Existenz einer vierdimensionalen Raumzeit und Schwarzer Löcher voraus. Doch erst im Jahr 1935 präsentierten Einstein und Nathan Rosen, sein Kollege von der *Princeton University*, ihre neue Theorie hinsichtlich der Funktion Schwarzer Löcher. Sie legten dar, dass ein Schwarzes Loch entgegen der anfänglichen Überzeugung, dass es sich um ein einfaches Loch oder einen Spalt in der Raumzeit handele, in Wirklichkeit eine Brücke sei, die ein Universum mit einem weiteren möglichen verbinde. Einstein und Rosen erklärten, Schwarze Löcher seien »Brücken« überallhin und in jede Zeit. In der Physik ist diese Vorstellung heute als »Einstein-Rosen-Brücke« bekannt.

Die Einstein-Rosen-Brücke war die erste weithin anerkannte wissenschaftliche Theorie, welche die mögliche Existenz paralleler Universen oder Dimensionen betraf. Die Arbeit von Einstein und Rosen schuf die Voraussetzung für die ernsthafte Erforschung der Vorstellung paralleler Universen durch nachfolgende

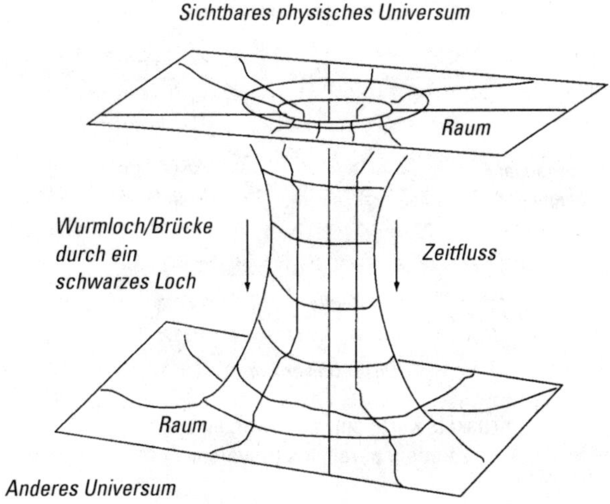

Eine moderne Interpretation der Einstein-Rosen-Brücke

Generationen von Physikern. So war zum Beispiel die im Jahr 1951 von dem Physiker Hugh Everett III präsentierte »Viele-Welten-Deutung« stark von der früheren Arbeit Einsteins und Rosens beeinflusst. Everetts Theorie behauptet, dass viele Welten oder Universen mit unserer eigenen Welt und unserem Universum nebeneinander existieren; allerdings spalten sie sich fortwährend in getrennte, eigene Dimensionen auf, die gegenseitig nicht zugänglich seien. Everett zufolge enthält jede Welt oder Dimension eine andere Version derselben Menschen, die ihr Leben leben und im selben Augenblick in der Zeit unterschiedliche Handlungen durchführen. Obschon äußerst umstritten, ist diese Theorie in der neuen Physik weithin bekannt geworden, und manche sind der Ansicht, sie liefere eine mögliche Erklärung für die Quantenrealität.

Im Verlauf der letzten sechzig Jahre ist die Vorstellung paralleler Energie-Universen und der sie verbindenden Brücken von einer Reihe bekannter Physiker, darunter Arthur Eddington,

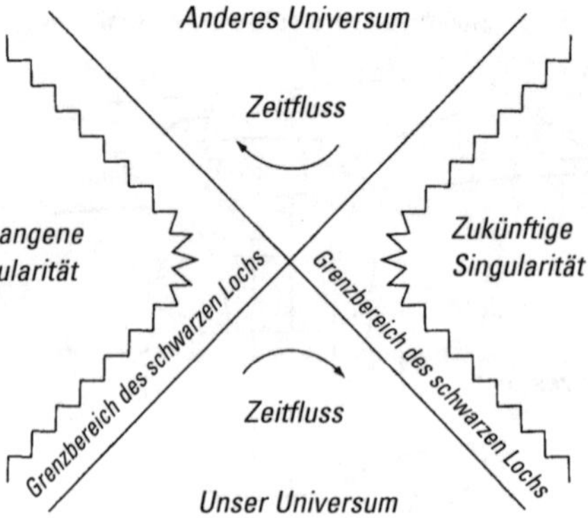

Kruskals Karte eines schwarzen Lochs
zeigt ein paralleles Universum

Christian Fronsdal, David Finkelstein, John Wheeler, G. Szertes und Charles Misner, weiterentwickelt worden. Aber es war ein anderer Physiker, Martin Kruskal aus Princeton, der diese Vorstellung erstmals schriftlich entwickelte. Im Jahr 1961 präsentierte Kruskal seine Karte eines Schwarzen Lochs, die einen Zusammenhang zwischen unserem physischen Universum und einem weiteren, unsichtbaren Universum zeigt.

Im Jahr 1963 entwickelte der australische Physiker Roy P. Kerr präzise Gleichungen in Zusammenhang mit der Rotation Schwarzer Löcher. Kerrs Gleichungen deuteten auf das Vorhandensein einer unendlichen Zahl paralleler Universen hin, die sämtlich unmittelbar an Schwarze Löcher angrenzen. Er legte dar, dass eine unendliche Reihe oder ein Flickenteppich von Universen sich gleichzeitig nach der Vergangenheit und nach der Zukunft hin erstrecke. So seltsam die Vorstellung klingen mag, Kerrs Arbeit wird von Physikern in der ganzen Welt sehr geschätzt. Viele halten seine Gleichungen für eine der wichtigsten Entwicklungen in der theoretischen Astrophysik Mitte des 20. Jahrhunderts.

Zusätzlich formulierten H. Reissner in Deutschland und G. Nordstrom in Dänemark ein Szenario, bei dem Schwarze Löcher an andere Universen angrenzen. Aufgrund ihrer Arbeit spricht man bei einem elektrisch aufgeladenen Schwarzen Loch manchmal von einem »Reissner-Nordstrom-Schwarzen-Loch«.

Ich glaube, dass die Existenz Schwarzer Löcher, die Einstein-Rosen-Brücke sowie die Gleichungen, Karten und Theorien von Everett, Kruskal, Kerr, von Reissner und Nordstrom allesamt Beweis für die mehrdimensionale Natur und Struktur des Universums sind. Dieses von Physikern und Astronomen auf der ganzen Welt zusammengetragene und ständig wachsende Beweismaterial steht für die wichtigste Entdeckung des 20. Jahrhunderts: Unser Universum ist ein mehrdimensionales Kontinuum miteinander verbundener Energie.

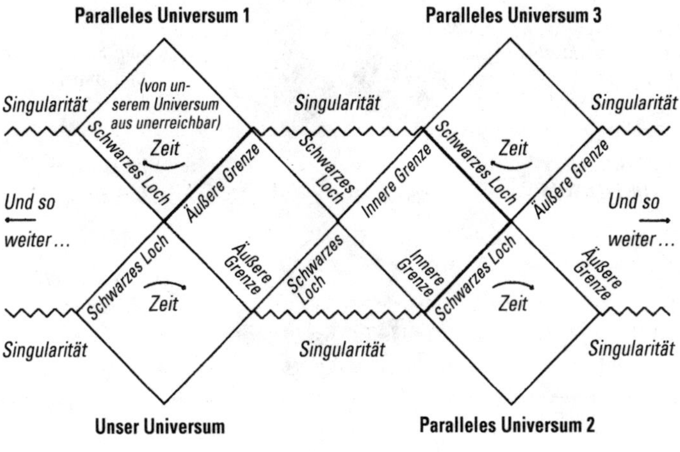

Der unendliche Flickenteppich
paralleler Universen
in einem rotierenden Schwarzen Loch nach Roy Kerr

Historische Anhaltspunkte, welche die Vorstellung vom mehrdimensionalen Universums stützen

Bei einem Blick in die Geschichte sehen wir, dass die Vorstellung des Himmels oder nichtphysischer Universen zu den ältesten und am weitesten verbreiteten Anschauungen der Menschheit gehört. Die Vorstellung von einem Himmel taucht in jeder Kultur und Religion auf.

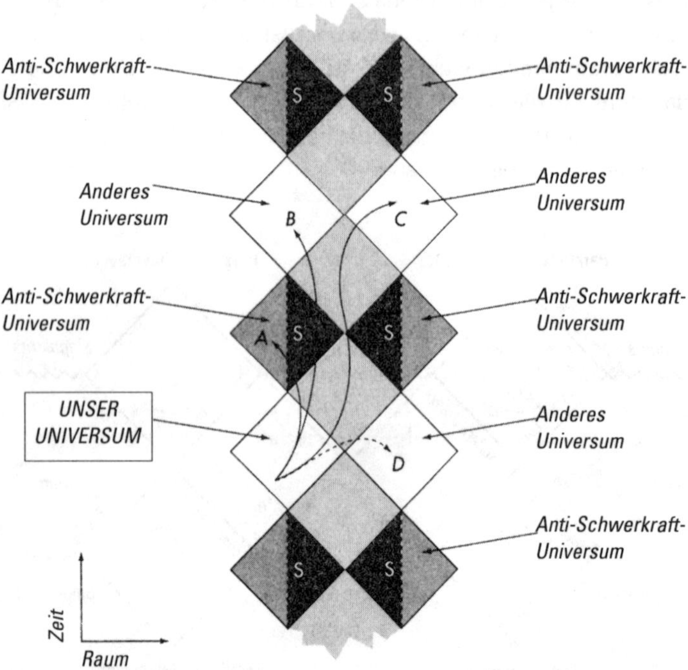

Penrose-Karte eines rotierenden Schwarzen Lochs. Das Schaubild wiederholt sich endlos in Vergangenheit und Zukunft. Die weißen Quadrate sind die Universen außerhalb des Schwarzen Lochs; die hell und dunkel schraffierten Quadrate sind die Universen innerhalb der Schwarzen Löcher.

Die jüdische und die christliche Religion lehren die Existenz dreier Universen oder Dimensionen: physische Welt, Himmel und Hölle. Mit der Vorstellung vom Fegefeuer fügte der Katholizismus eine vierte hinzu. Im Koran spricht Mohammed von sieben Himmeln oder Universen.

In jüngerer Zeit beschrieb die von Madame Blavatsky entwickelte theosophische Sichtweise sieben Dimensionen. Diese Vorstellung ist auch in verschiedenen New-Age-Philosophien enthalten. Eine Untersuchung von Religionen und Kulturen überall auf der Welt zeigt, dass die Vorstellung unsichtbarer Himmel oder Energie-Universen zweifellos der weitest verbreitete Glaube der Menschheit ist. Heute hat praktisch jede Religion und Kultur diese Vorstellung integriert. Auch wenn es sich wahrscheinlich um die am weitesten verbreitete Theorie in der menschlichen Geschichte handelt, so mangelt es der Menschheit doch weiterhin an überprüfbaren Beweisen hinsichtlich der unsichtbaren Himmel. Wie Sie feststellen werden, liefert die außerkörperliche Entdeckungsreise den überzeugenden persönlichen Nachweis, dass der in den heiligen Schriften Ihrer Religion beschriebene religiöse »Himmel« tatsächlich existiert. Sie haben bewiesen, dass es sich bei den biblischen Himmeln in Wirklichkeit um die großartigen unsichtbaren Energieumwelten handelt, aus welchen das mehrdimensionale Universum besteht.

Energietunnel

Zusätzliche Anhaltspunkte für den Glauben an nichtphysische Universen und miteinander in Verbindung stehende Energietunnel haben Literatur und bildende Kunst verschiedener Kulturen während der vergangenen zweitausend Jahre geliefert. So stellen beispielsweise Künstler seit Jahrhunderten Energietunnel dar, die zu einer strahlenden neuen Umwelt bzw. einem neuen Himmel führen.

Der niederländische Maler Hieronymus Bosch (1460–1516) zeigt auf seinem bekannten Bild *Der Aufstieg in das himmlische Paradies* deutlich einen einzelnen Menschen, der durch einen Energietunnel geleitet wird. Am Ende des Tunnels ist ein strahlendes Licht zu sehen, das für den Himmel steht (eine Dimension höherer Frequenz).

Zwei Jahrhunderte später schuf William Blake (1757–1827), der englische Dichter, Mystiker und Maler, sein Meisterwerk: *Jakobs Leiter.* Auf seinem bemerkenswerten Aquarell zeigt er Menschen und Engel, die beide zu einem strahlenden Kreis oder Tunnel aus Licht emporsteigen bzw. von dort herabschreiten. Später, im 19. Jahrhundert, schuf Gustave Doré (1832–1883) seinen berühmten Stich von Dante und Beatrice, als sie ihre himmlische Vision erleben. In anschaulichem Detail stellt er einen nichtphysischen Tunnel dar, der zu einem Licht führt (siehe Abbildung auf Seite 8).

Ich glaube, dass ein erstaunlicher Zusammenhang offensichtlich ist: Die von Bosch, Blake, Doré, Einstein und Rosen dargestellten Energietunnel auf der einen und die in diesem Buch skizzierten Energieleitungen auf der anderen Seite sind allesamt Beschreibungen desselben Umstands – eines Energietunnels, der die physische Dimension mit einem nichtphysischen Gegenstück verbindet.

Millionen von Nahtodes-Erfahrungen, die in den vergangenen zwanzig Jahren weltweit vermeldet wurden, liefern zusätzliche Beweise für diese Überzeugung. Einer der faszinierendsten Aspekte der Nahtodes-Berichte ist die lebhafte Schilderung eines Tunnels, der zu einem strahlenden Licht oder einer neuen Umgebung führt. Ausführlichen Untersuchungen zufolge, die von Raymond Moody, Melvin Morse, Kenneth Ring und anderen Physikern durchgeführt wurden, findet sich in allen Kulturen und Ländern der Erde diese Schilderung eines Energietunnels, der zu einem strahlenden Licht führt. Achten Sie auf die Ähnlichkeit zwischen der Einstein-Rosen-Brücke (siehe Abbildung auf S. 109) und den Beobachtungen, die zahllose Menschen machten, die eine Nahtodes-Erfahrung hatten.

Jakobs Leiter von William Blake

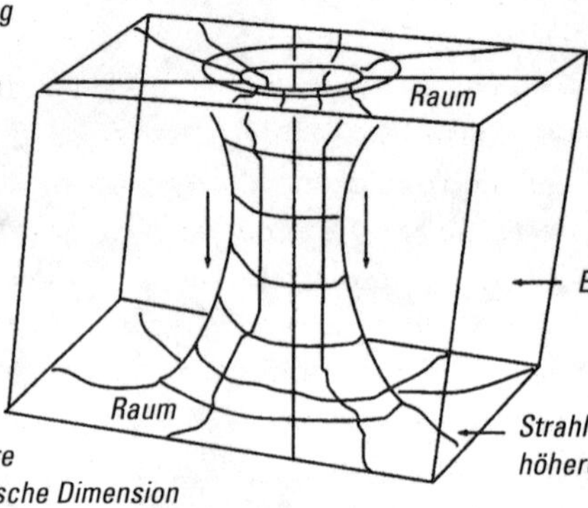

Der bei Nahtodes-Erfahrungen wahrgenommene Energietunnel

Beobachtungen bei kontrollierten außerkörperlichen Erfahrungen deuten darauf hin, dass es sich bei dem Tunnel aus Licht um die Öffnung der nichtphysischen Energiemembran handelt, welche die physische Dimension von der angrenzenden, nichtphysischen parallelen Dimension trennt. Der während einer Nahtodes-Erfahrung häufig beobachtete Energietunnel ist eigentlich eine hochorganisierte vorübergehende Öffnung oder Spalte in der nichtphysischen Energiemembran, die sich automatisch zu öffnen scheint, um Lebensformen den Durchgang zu ermöglichen. Nachdem die Lebensform (Bewusstsein) im Inneren der Dimension höherer Frequenz verschwunden ist, kehrt die Tunnelöffnung augenblicklich in ihre ursprüngliche Form zurück.

Die Tunnelerfahrung ist weit bedeutender, als die meisten Menschen zugeben. Sie liefert nicht nur wesentliche Anhaltspunkte dafür, dass das Bewusstsein nach dem körperlichen Tod über eine logische Methode des Übergangs verfügt, sondern sie hängt auch direkt mit den Theorien der modernen Physik über parallele Universen und Energie-Wurmlöcher im Raum zwischen einem Schwarzen und einem Weißen Loch sowie mit meinen Beobachtungen hinsichtlich des mehrdimensionalen Universums zusammen. Die Zeit ist reif, dass die modernen Naturwissenschaften diese Realität erforschen. Millionen von Nahtodes- und außerkörperlichen Erfahrungen, die sich in allen Kulturen und Gesellschaften der Erde ereignen, können kein Zufall sein. Außerdem dürfen die zahllosen Berichte über Energietunnel, die fünfhundert Jahre zurückreichen, nicht mehr länger übersehen werden. Für die modernen Naturwissenschaften dürfte die wissenschaftliche Untersuchung der parallelen nichtphysischen Energiedimensionen und ihrer Tunnelöffnungen einen gewaltigen Schritt nach vorn bedeuten, wird sie doch den Weg zu einem echten Verständnis unseres mehrdimensionalen Universums erhellen.

Eine neue Sichtweise

Während Naturwissenschaftler sich weiterhin auf die äußere Materie konzentrieren, hat eine andere Gruppe von Menschen furchtlos den innersten Kern des Universums erkundet. Unter Umgehung der traditionellen naturwissenschaftlichen Methoden, hat diese Gruppe sich weit über die Grenzen unserer gegenwärtigen technologischen Entwicklung hinausgewagt und die menschliche Forschung auf unentdeckte Bereiche des Universums ausgedehnt. Das gelang durch die Integration einer revolutionären, neuen Form der Untersuchung: durch selbstkontrollierte, nichtphysische Forschungsreisen in das unsichtbare Fundament des Universums. Die im Zuge dieser nichtphysischen Forschungsreisen gemachten Entdeckungen liefern revolutionäre neue Einblicke in die unsichtbare Struktur des Universums, in unsere jetzige Existenz und in unseren Fortbestand nach dem Tode.

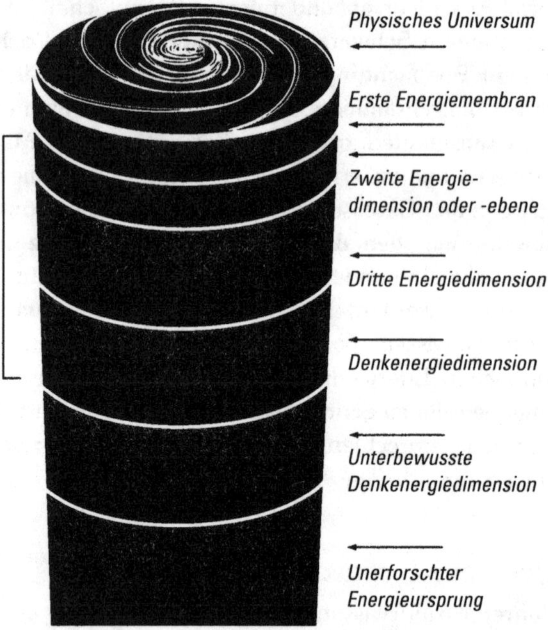

Unser Universum ist nicht, was es zu sein scheint. Sichtbare Sterne, Staub, Gaswolken und kosmische Trümmer machen weniger als zehn Prozent der Masse aus, von deren Existenz die Forscher wissen. Astronomen, Astrophysiker und Physiker suchen zur Zeit mit allen Kräften nach der unsichtbaren Energie, die unsere Galaxie und unser physisches Universum unterhält.

Außerkörperlichen Beobachtungen zufolge existieren alle Energiedimensionen hier und jetzt. Das sichtbare und das unsichtbare Universum sind ein Kontinuum von Energiefrequenzen. Jede Dimension existiert entsprechend ihrer individuellen Frequenz unabhängig von der anderen, doch sind sie alle durch den Strom nichtphysischer Energie miteinander verbunden. Jede Energiedimension ist mit den an sie grenzenden Energien verbunden, und zusammen bilden sie ein vollständiges System – das mehrdimensionale Universum. Der berühmte Physiker

David Bohm hatte vollkommen recht, als er äußerte: »Die Realität ist ein ungeteiltes Ganzes.« Das gesamte mehrdimensionale (Frequenz-)Universum ist ein untrennbares Ganzes; es gibt keine räumliche oder zeitliche Trennung. Bohm war seiner Zeit um Jahrzehnte voraus, als er sagte: »Man wird zu einer neuen Vorstellung von ungebrochener Ganzheit geleitet, die die klassische Analysierbarkeit der Welt in getrennt und unabhängig voneinander bestehende Teile leugnet. ... Der untrennbare Quanten-Zusammenhang des gesamten Universums ist eine grundlegende Realität.«

Vergessen Sie all Ihre räumlichen Konzepte von »oben« und »unten«, »nah« und »fern«. Das gesamte mehrdimensionale Universum ist hier und jetzt. Der physikalische Begriff, der einer Beschreibung der Struktur des Universums am nächsten kommt, ist Dichte. Die Dimensionen, denen wir begegnen, nachdem wir den physischen Körper abgeworfen haben, sind in ihrer Schwingungssubstanz zunehmend durchlässiger. Tatsächlich ist das Universum vergleichbar einem Energiewellen-Spektrum von unvergleichlicher Tiefe und Schönheit. Jede Frequenz dieses Spektrums wird von uns als getrennte und eigene Dimension wahrgenommen, doch alle sind miteinander verbunden, um gemeinsam ein großartiges Universum zu bilden, das sich über den Raum, die Form und die Substanz, wie wir sie wahrnehmen, hinaus ausdehnt.

Außerkörperliche Erkundungen liefern erstaunliche neue Anhaltspunkte dafür, dass das Universum ein mehrdimensionales Energiekontinuum ist, das von einem nichtphysischen Ursprung ausgeht; die physischen Galaxien, die wir um uns herum beobachten, sind lediglich die dichte molekulare Kruste des Universums. Das Vorhandensein dieses mehrdimensionalen Universums zu begreifen ist schwierig, weil unsere gegenwärtigen Wahrnehmungen von Raumzeit und Realität ungenaue Bezugspunkte bieten.

All diese Energiedimensionen existieren gleichzeitig innerhalb desselben Raumzeit-Kontinuums. Beispielsweise kann ich im Zu-

Das mehrdimensionale Universum

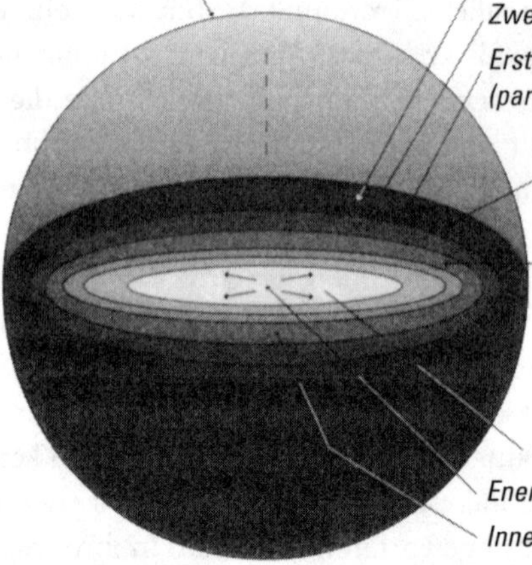

Das Universum ist ein Kontinuum von Energiefrequenzen, die von einer nichtphysischen Quelle ausstrahlen. Das von uns beobachtete physische Universum ist die molekulare äußere Schicht des vollständigen mehrdimensionalen Universums. Alle Energiedimensionen existieren innerhalb derselben Raumzeit wie das sichtbare Universum.

stand der Außerkörperlichkeit denselben Platz einnehmen wie eine physische Mauer oder Decke. Ich bin von der physischen Wand nicht durch die Entfernung getrennt, sondern durch meine persönliche Energiefrequenz. Diese Erkenntnis führt uns zu einem aufregenden neuen Abenteuer.

Das unsichtbare Universum kartografisch erfassen

Während sich die traditionellen Naturwissenschaften weiterhin auf die dichte äußere Schicht des Universums konzentrieren, hat in aller Stille die Erforschung und kartografische Erfassung der unsichtbaren Dimensionen begonnen. Mittels umfassender Anwendung des Prinzips »Versuch und Irrtum« haben einige wenige den Sprung hinter die Materie und die Grenzen unserer gegenwärtigen physischen Technologie unternommen. Die bei diesen nichtphysischen Erkundungen gemachten Beobachtungen werfen Licht auf ein mehrdimensionales Universum von ungeheurer Tiefe und Schönheit.

Wollen wir die Struktur der unsichtbaren Dimensionen begreifen, so müssen wir ständig die natürliche Empfänglichkeit der feinen, nichtphysischen Energieumwelten für das Denken berücksichtigen. Jenseits der parallelen (ersten) nichtphysischen Dimension erkunden wir ein interaktives, leicht auf das Denken ansprechendes Energie-Universum. Wenn wir das Zusammenspiel zwischen Denken und nichtphysischer Energie jedoch erst einmal erkannt haben, können wir anfangen, uns auf die spezifischen energetischen Ähnlichkeiten zu konzentrieren, die einem gegebenen Schwingungsniveau oder -bereich innewohnen. Das gelingt am besten, indem man die Art und Weise klassifiziert, wie eine bestimmte nichtphysische Umwelt auf konzentrierte Denkenergie reagiert. Diese Art, Energie zu klassifizieren, ist weit praktischer, als sich auf die äußere Erscheinung und die Unterschiede zwischen Dimensionen zu konzentrieren. Zwei verschiedene und getrennte Schwingungsdimensionen können überraschend ähnlich erscheinen, auch wenn ihre Schwingungsfrequenzen vielleicht vollkommen unterschiedlich sind. Aus diesem Grund sind traditionelle »physische« Vorstellungen zur Beurteilung nichtphysischer Umwelten ungeeignet. Um das unsichtbare Universum wirkungsvoll zu erfassen, müssen wir eine neue Grundlinie oder Vergleichsmethode entwickeln. Der praktikabelste Weg besteht darin, zu klassifizieren, wie empfänglich ein gegebener nichtphysischer Bereich für Gedanken ist.

Die überwiegende Mehrzahl der angetroffenen nichtphysischen Umwelten ist äußerst empfänglich für das Denken. Mit anderen Worten, wenn wir uns von unserem Körper trennen und in eine nichtphysische Dimension eintreten, beginnen unsere Gedanken – bewusste wie unterbewusste – augenblicklich, mit der feinen Energie um uns herum zu interagieren und sie neu zu strukturieren. Dass die inneren Dimensionen für Gedanken empfänglich sind, erklärt, warum außerkörperlich Forschungsreisende die Umwelten, die sie erleben, häufig auf so mannigfaltige Art schildern. Kompliziert wird die Situation durch den Umstand, dass in jeder einzelnen Dimension des Universums unzählige Umwelten und Realitäten existieren.

Obwohl es eine unendliche Vielfalt möglicher Umwelten im Innern des Universums gibt, scheinen alle nichtphysischen Umwelten und Dimensionen gewisse Ähnlichkeiten und Unterschiede aufzuweisen. Jede Dimension und Umwelt besteht aus bestimmten Frequenzen oder Wellenlängen nichtphysischer Energie. Außerdem scheint jede nichtphysische Dimension und Umwelt das direkte Ergebnis eines Denkvorgangs zu sein. Dass die inneren Dimensionen von Natur aus leicht auf das Denken ansprechen, hat viel zu der Verwirrung und dem Geheimnis beigetragen, von denen die inneren Umwelten umgeben sind. Wir neigen von Natur aus dazu, nichtphysische Erfahrungen unmittelbar mit physischen Bezugspunkten in Verbindung zu bringen – wir vergleichen alles mit physischen Objekten, die uns vertraut sind. In Wirklichkeit sind die uns umgebenden molekularen Formen keine gültige Grundlinie der Realität. Physische Objekte und Ereignisse sind nicht der Mittelpunkt des Universums, wie viele vermuten, sondern das Endergebnis einer Kette unsichtbarer energetischer Reaktionen, zu denen es tief im unsichtbaren Innern des mehrdimensionalen Universums kommt.

Um das Wesen des Universums zu begreifen, müssen wir unsere gegenwärtigen Vorstellungen von Substanz, Energie und Zeit einer Neubewertung unterziehen. Wir müssen einer neuen Sicht der Realität gegenüber aufgeschlossen sein. Um die unserem Universum zugrunde liegende Struktur wirklich zu verstehen, müssen wir die unsichtbare Ursache von Form und Substanz untersuchen. Ich glaube, dass die ungeheure Wirkung außerkörperlicher Entdeckungsreisen in unserer Fähigkeit liegt, genau das zu tun.

Informationen hinsichtlich der nichtphysischen Dimensionen sind kostbarer, als die meisten von uns sich eingestehen. Nicht genug damit, dass sie uns helfen können, uns nichtphysischen Umwelten anzupassen und uns auf sie einzustellen, sie können sich auch auf enorme Weise auf unsere augenblickliche physische Existenz auswirken.

Bis heute stirbt der überwiegende Teil der Menschheit, ohne vorher etwas über seine Bestimmung zu wissen. Der Tod ist und bleibt eine dunkle Leere; wir hoffen auf etwas Gutes und beten darum, doch die meisten von uns nähern sich der Schwelle des Todes in völliger Unkenntnis ihrer letztendlichen Bestimmung. Bis heute fehlt es der Menschheit an verifizierbaren Informationen aus erster Hand über das Geheimnis des Lebens nach dem Tod und die nichtphysischen Umwelten, die erlebt werden.

Kontrollierte außerkörperliche Erfahrungen verändern all das. Auf dem Wege nichtphysischer Erfahrungen können wir die vielen möglichen Umwelten erleben, die unser künftiges Zuhause sein werden. In einem sehr realen Sinne können wir vor uns Liegendes auskundschaften und uns mit unserem nichtphysischen Heimatland vertraut machen.

Verschiedene Arten von Energieumwelten

Eine einzige nichtphysische Dimension kann (und tut es oftmals auch) drei wesentliche Arten von energetischen Umwelten enthalten: übereinstimmende, nicht übereinstimmende und natürliche.

Eine übereinstimmende Umwelt ist jede Umwelt oder Realität, die durch die Gedanken einer Gruppe von Individuen erschaffen und erhalten wird. Beispielsweise wird der Himmel jeder religiösen Gruppe durch die Gedanken und den Glauben seiner jeweiligen Bewohner erschaffen. Wie alle Realitäten prägt Gruppenbewusstsein die übereinstimmenden Umwelten. Viele der übereinstimmenden Umwelten sind extrem alt und veränderungsresistent. So ungewöhnlich es auch klingen mag, physische Städte und Gemeinden sind Beispiele für übereinstimmende Energieumwelten. Die Erschaffung und Entwicklung jeder größeren und kleineren Stadt vollzieht sich den Gedanken ihrer Bewohner entsprechend. Im Grunde genommen bedient sich menschliche Denkenergie biologischer Träger, um die physischen Moleküle, von denen wir umgeben sind, zu manipulieren und zu gestalten. Das Endergebnis ist die vorübergehende physische Struktur, die wir sehen.

Während einer außerkörperlichen oder Nahtodes-Erfahrung transferieren wir unser waches Bewusstsein von unserem physischen Körper auf unseren nichtphysischen Körper höherer Frequenz. Um der Klarheit willen spreche ich hier von einer »Bewegung nach innen«. Ich verwende den Ausdruck »Bewegung«, weil dieser energetische Übergang häufig als inneres Bewegungsgefühl erfahren wird. Jede Erwähnung innerer Bewegung oder innerer Erkundung bezieht sich auf die bewusste Erkenntnis eines Energiebereichs höherer Frequenz im Universum.

Bei unseren Forschungsreisen ins Innere abseits der Materie entdecken wir, dass die erste nichtphysische Dimension dem physischen Universum gleicht und ebenfalls eine »übereinstimmende Realität« *(consensus reality)* ist. Diese Energieumwelt ist vom Aussehen her derart physisch, dass die meisten Menschen glauben, sie nähmen die physische Welt wahr. In Wirklichkeit nehmen sie die erste innere Energiedimension des Universums wahr. Da diese Dimension, was die Frequenz betrifft, der Materie am nächsten ist, wird sie bei außerkörperlichen Reisen häufig erlebt und erfahren. Diese Dimension ist ein klassisches Beispiel für eine übereinstimmende Realität: Innerhalb ihrer eigenen Schwingungsfrequenz ist ihre Struktur fest und dauerhaft. Unsere Gedanken haben, wie konzentriert sie auch sein mögen, kaum Auswirkung auf die energetischen Strukturen innerhalb dieser Umwelt. Auf unseren individuellen Energiekörper hingegen üben sie eine außerordentliche Wirkung aus. Gedanken ans Fliegen ermöglichen uns, zu fliegen. Gedanken ans Laufen ermöglichen uns, zu laufen. Die Unterscheidung zwischen äußeren und inneren (persönlichen) energetischen Veränderungen ist entscheidend für das Verständnis der Struktur, die einer nichtphysischen Dimension oder Umwelt innewohnt. In einer übereinstimmenden Umwelt beeinflussen unsere Gedanken unsere individuelle Energie, nicht aber die Energie, die uns umgibt. Die verschiedenen Himmel, von denen der heilige Johannes in der Offenbarung und Mohammed im Koran sprechen, sind klassische Beispiele für übereinstimmende Umwelten. Diese nichtphysischen Städte und Strukturen existieren in der zweiten und dritten Energiedimension und werden weiterhin durch das Gruppenbewusstsein von Millionen nichtphysischer Bewohner geprägt und erhalten. Wenn wir diese Umwelten betreten, ändern unsere Gedanken die angetroffenen Strukturen nicht.

Eine »nicht übereinstimmende Umwelt« *(nonconsensus environment)* ist jede nichtphysische Umwelt oder Realität, die nicht von einer Gruppe geprägt wird. Ich habe festgestellt, dass diese Art von Umwelt die vorherrschende ist. Sie kann aussehen wie alles, was wir uns vorstellen: ein Wald, ein Park, eine Großstadt, ein Ozean, sogar ein ganzer Planet. Nicht übereinstimmende Umwelten sind leicht ausfindig zu machen, weil sie, obwohl vom Aussehen her oft der physischen Umwelt ähnlich, äußerst empfindlich auf konzentrierte Gedanken reagieren und sich entsprechend den vorherrschenden bewussten und unterbewussten Gedanken, die im unmittelbaren Umfeld präsent sind, rasch verändern und neu strukturieren.

Wenn Sie sich in einer Umwelt wiederfinden, die sich häufig verändert oder die einen unbeständigen Eindruck macht, dann befinden Sie sich aller Wahrscheinlichkeit nach in einer nicht übereinstimmenden Realität. Sollte das der Fall sein, so ist es wichtig für Sie, zu wissen, dass Ihre Gedanken, die bewussten wie die unterbewussten, wahrscheinlich die Realität, die Sie soeben erleben, beeinflusst haben. Bereiche der Nichtübereinstimmung werden oft durch unser Unterbewusstsein um unseretwillen geformt. Wenn Sie beispielsweise in Ihrer persönlichen Entwicklung immer wieder auf dasselbe Problem oder eine immer wiederkehrende Grenze stoßen, dann kann Ihr Unterbewusstsein oder Ihr höheres Ich eine Umwelt und eine Situation kreieren, die Ihnen erlauben, dieser Grenze auf sehr individueller Ebene zu begegnen. Sie könnten sich einer Symbolisierung Ihrer Ängste in Gestalt eines abstürzenden Flugzeugs oder eines Autounfalls gegenübersehen oder einer persönlichen Grenze oder einem Bild von sich begegnen.

Diese persönliche Konfrontation kann jede Form annehmen, die uns auf wirkungsvolle Weise dabei hilft, unsere Grenzen, Barrieren oder Ängste zu erfahren und zu überwinden. Viele Menschen berichten, wie sie in eine Situation geworfen wurden, die sie auf sehr persönliche Weise auf die Probe gestellt oder abgehärtet habe – oftmals durch Begegnung mit ihren größten Ängsten und Beschränkungen. Wenn Sie beispielsweise unter extremer Höhenangst leiden, könnten Sie erleben, wie Sie einen Berg besteigen oder eine schmale Brücke überqueren. Ein gutes Beispiel findet sich in Robert A. Monroes *Der Mann mit den zwei Leben*. Ausführlich schildert der Autor wiederholte Versuche, im Zustand der Außerkörperlichkeit mit einem kleinen Flugzeug auf der Spitze eines Gebäudes zu landen.

Häufiger jedoch wirken die nicht übereinstimmenden Umwelten beinahe wie unsere normale oder gar idyllische physische Umwelt; gewöhnlich wird von Parks, künstlichen Gärten auf dem Lande und friedlichen grünen Wiesen berichtet. Ich halte es für wahrscheinlich, dass viele dieser Bereiche durch die Gedanken anderer nichtphysischer Lebensformen geschaffen wurden, welche diese Bereiche in der Vergangenheit bewohnten oder erkundeten. Im Gegensatz zur physischen Welt kann eine Energieumwelt, ist sie erst einmal gestaltet, jahrhundertelang Bestand haben. Zellurarer und molekularer Verfall sind kein Problem; es ist einfach eine Frage der Gestaltung und Stabilität vermittels Denkenergie. Ein einziger, entschieden gehegter schöpferischer Gedanke mag eine Energieumwelt gestalten, die beinahe unbegrenzt Bestand haben kann; ein stärkerer (konzentrierterer) Gedanke könnte die gesamte Umwelt indes binnen Sekunden verändern. Denken Sie daran, dass jede Umwelt eine Form von Energie ist und dass alle Energie in gewissem Ausmaß auf Gedanken reagiert.

Natürliche (rohe) Energieumwelten sind vollkommen ungestaltete Bereiche des Universums, die auftauchen, ohne eine spezifische Form oder Gestalt zu haben. Sie werden häufig als dunstige Leere, leerer Raum oder offene, aus weißen, silbernen oder goldenen Energiewolken bestehende Bereiche ohne besondere Merkmale wahrgenommen.

Natürliche Energieumwelten reagieren äußerst empfindlich auf das Denken. Jeder gezielte Gedanke prägt augenblicklich die unmittelbare Energieumwelt. Deshalb ist es so wichtig, dass wir eine gewisse Kontrolle über unsere Gedanken erlangen. Unsere persönliche Entwicklung hängt zu weiten Teilen von der Art und Weise ab, wie wir unsere Denkenergie bündeln, kontrollieren und lenken. Egal, welche Dimension wir bewohnen, unsere persönliche Verantwortung für unsere Gedanken und Handlungen ist absolut. Alle Gedanken sind kreativ; sowohl positive als auch negative Gedanken und Taten führen unweigerlich zu einer entsprechenden Umstrukturierung der unmittelbaren nichtphysischen Umwelt. Aus diesem Grund haben spirituelle Führer von jeher besonderes Gewicht auf Themen wie »Wie verhalte ich mich meinem Nächsten gegenüber?« und »Liebe deinen Nächsten« gelegt. Hat man die Kraft seiner Gedanken erst einmal voll erkannt, wird sich im Kopf nie wieder eine negative oder zerstörerische Vorstellung herausbilden oder behaupten. Negative oder die eigene Persönlichkeit einengende Gedanken sind der wahre Feind, dem wir uns stellen müssen. In den inneren Dimensionen des

Universums üben unsere Gedanken – die guten wie die bösen – einen mächtigen schöpferischen Einfluss auf unsere unmittelbare Umwelt aus. Das kann man bei einer außerkörperlichen Erfahrung leicht beobachten und erleben.

Zusätzlich zu den drei vorherrschenden Umweltarten, denen man im Zustand der Außerkörperlichkeit begegnet, gibt es noch zwei weitere. Der erste scheint, wenngleich sie nur selten beobachtet und kaum über sie berichtet wird, aus Dimensionen und Umwelten zu bestehen, die jenseits der Denkenergie existieren. Zur Zeit haben sich nur wenige Forschende im Innern des Universums bewusst weit genug vorgewagt, um eine genaue Beschreibung oder ein Modell dieser Dimensionen zu liefern. Da sie keine wahrnehmbare Form oder Struktur besitzen, wird als gegeben vorausgesetzt, dass diese Bereiche des Universums jenseits von Raum, Zeit und Energie, wie wir sie uns vorstellen, existieren. Es ist möglich, dass diese Dimensionen und ihre Bewohner innerhalb unserer linearen Vorstellungswelt nicht zu beschreiben sind. Und trotzdem bin ich mir sicher, dass tief im Innern des Universums nichtgedankliche und ungestaltete Energieumwelten existieren.

Bei der anderen beobachteten Umwelt handelt es sich um einen Bereich, der ein Abbild des leeren Raumes zu sein scheint. Das ist eine Umwelt von äußerst schwacher Energie. Manche glauben, dass der nichtphysische Raum eine übereinstimmende Umwelt sei. Ich hege ernsthafte Zweifel an dieser Theorie, gehen doch vom leeren Raum selbst keinerlei wahrnehmbare energetische Strahlungen oder Schwingungen aus. Vielmehr scheint Energie stets in der Nähe bewohnter Orte auszustrahlen. Ich halte es für wahrscheinlicher, dass dem »leeren« Raum ausreichend lokale Energie fehlt, um vom Denken berührt zu werden; die Folge ist, dass er in einem relativ konstanten Zustand verbleibt.

Man sollte außerdem festhalten, dass leerer nichtphysischer Raum stärker vorzuherrschen scheint, je weiter wir uns bei unseren inneren Forschungsreisen von der physischen Dimension weg auf den Ursprung aller Energie zubewegen. Der Grund dafür ist nicht bekannt. Die Beobachtungen zahlreicher nichtphysisch Reisender werden notwendig sein, bevor wir zu einer Schlussfolgerung kommen können.

Das mehrdimensionale Universum ist nicht bloß eine weitere Theorie; es ist eine beobachtbare Tatsache. Durch Anwendung der in diesem Buch vorgestellten Außerkörperlichkeits-Technik können Sie diese Entdeckung selbst überprüfen. Selbstinitiierte und kontrollierte außerkörperliche Erfahrungen verschaffen uns eine bemerkenswerte Gelegenheit, tief im unsichtbaren Innern des Universums Erkundungen anzustellen. Die Naturwissenschaften haben ihr Augenmerk derzeit auf dichter molekularer Aktivität; sie werden sich langsam einer auf Frequenz beruhenden Form der Forschung zuwenden. Im 21. Jahrhundert werden nun die Naturwissenschaften allmählich erkennen, dass die uns umgebenden dichten Formen lediglich die äußeren Energieträger sind und dass das gesamte physische Universum nur einen winzigen Teil des großartigen mehrdimensionalen Universums ausmacht.

Die größten Rätsel lösen

Nichtphysische Forschungsreisen in das unsichtbare Fundament des Universums liefern neue Einblicke in viele Geheimnisse von Naturwissenschaft und Religion. Im folgenden finden Sie einige Beispiele.

Mediale Phänomene

Die mehrdimensionale Natur des Universums ist eine logische Erklärung für die Existenz von medialen Fähigkeiten, etwa außersinnlicher Wahrnehmung, Telepathie, Präkognition, Channeling, Psychokinese, Erscheinungen und Gesundbeten. Tatsächlich sind sämtliche medialen und spirituellen Phänomene das direkte Ergebnis der feinen energetischen Interaktionen zwischen der physischen Dimension und ihrem parallelen Gegenstück.

Erscheinungen und die Aktivitäten von Poltergeistern beispielsweise resultieren natürlicherweise einfach daraus, dass ein nichtphysischer Bewohner seine individuelle Schwingungsfrequenz (Dichte) reduziert, um vorübergehend in der dichteren physischen Dimension sichtbar zu sein oder dort interagieren zu können. Das ist so vollkommen normal wie alle »paranormalen« Ereignisse und in einem mehrdimensionalen Universum muss man damit rechnen.

Raumzeit-Krümmung

Einsteins Relativitätstheorie zufolge hängt die Raumkrümmung unmittelbar mit der Materie zusammen. Tatsächlich krümmt sich der Raum um massive Himmelsobjekte wie beispielsweise Sterne. Um sich das vorzustellen, könnte man an einen Bleiball denken, der auf einem stramm sitzenden Bettlaken liegt. Das Laken (der Raum) krümmt sich, um sich dem Ball anzupassen.

Ich glaube, dass das Rätsel gelöst werden kann, wenn wir bei unseren Erkundungen tiefer in den unsichtbaren Kern des Universums eindringen. Zahlreichen außerkörperlich Reisenden zufolge handelt es sich beim energetischen Fundament des physischen Universums um eine parallele Dimension aus feiner, nichtphysischer Energie. Die äußere physische Dimension, die wir um uns herum beobachten, ist von der an sie grenzenden Energie durch eine unsichtbare Energiemembran getrennt. Diese Membran wird häufig bei Nahtodes-Erfahrungen beobachtet und bildet angeblich eine vorübergehende tunnelartige Öffnung, die dem einzelnen gestattet, die nächste Energiedimension zu betreten.

Aufgrund umfassender nichtphysischer Beobachtungen behaupte ich, dass die Krümmung des Raumes das direkte Ergebnis der Krümmung der stützenden nichtphysischen Energiemembranen und -dimensionen ist, die das sichbare Universum stützen.

Tatsächlich passt die äußere physische Dimension (das sichtbare Universum) sich der Form der unsichtbaren Energiemembran an. Diese nichtphysische Energiemembran fungiert als innere Zellwand, welche die für die Existenz eines äußeren, physischen Universums (einer physischen Dimension) notwendige Stütze und das erforderliche Fundament liefert. Weil die innere Energiemembran in ihrer Form außergewöhnlich beständig und flexibel ist, liefert sie aller Wahrscheinlichkeit die notwendige Stütze, die von allen physischen Himmelskörpern gebraucht wird.

Energiemembranen

Eine Reihe unsichtbarer, nichtphysischer Energiemembranen sorgt für das unsichtbare Fundament und die unsichtbare Stütze des sichtbaren Universums. Die äußerste (dichteste) Energiemembran existiert parallel zum physischen Universum.

Die Energiemembranen erscheinen an Schnittpunkten zwischen den Dimensionen und dienen als Energiepuffer. In ihrer Funktion biologischen Zellwänden ähnlich, trennen sie unterschiedliche Frequenzen voneinander. So trennt zum Beispiel die erste, innere Energiemembran die äußere physische Dimension von der an sie grenzenden parallelen, indes unsichtbaren Energiedimension.

Sämtliche Energiemembranen sind strukturiert, jedoch hinsichtlich Form und Substanz äußerst flexibel. Werden sie durchbohrt oder durchdrungen, nehmen sie gewöhnlich die Form einer Öffnung oder eines Tunnels an, groß genug, dass das eindringende Objekt Platz hat. Dieser »Tunneleffekt« ist ein vorübergehendes Phänomen. Die Membranen kehren rasch wieder in ihre normale Form zurück, nachdem ein Objekt oder eine Lebensform sie vollständig durchquert hat. Unzählige Menschen, die Nahtodes-Erfahrungen gemacht haben, nahmen diesen Tunneleffekt wahr und haben davon berichtet.

Jede Energiemembran liefert die zugrunde liegende Stütze, Stabilität und Basis, derer die an sie grenzende Energie bedarf.

Krümmung des Raumes zwischen den Dimensionen

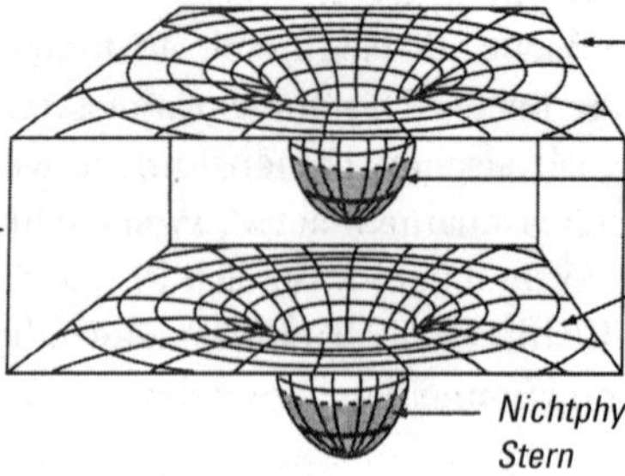

Ein nicht zugrunde gegangener kugelförmiger Stern bettet sich ein. Die eingebettete Oberfläche zeigt die Krümmung des Raumes rings um den Stern. Alle Punkte außerhalb der eingebetteten Oberfläche sind physikalisch ohne Bedeutung. Jeder auf die Oberfläche gezeichnete Kreis stellt die Reihe von Punkten dar, die in gleicher Entfernung vom Mittelpunkt des Sterns liegt während die orthogonalen Kurven durch den Boden des Lochs verlaufen, welches den Mittelpunkt des Sterns bildet. In großer Entfernung von dem Stern ist das Gravitationsfeld schwach und die einbettende Oberfläche verliert ihre Krümmung. Doch sie wird nicht, wie die Abbildung andeutet, zu einer horizontalen Ebene, sondern zu einem Paraboloid, einer gekrümmten Fläche ohne Mittelpunkt. In der Nähe des Sterns ist die Krümmung deutlicher ausgeprägt. Der schraffierte Bereich zeigt den Bereich, den der Stern tatsächlich beansprucht (bearbeitet nach Wolf, S. 140).

So stellt zum Beispiel die erste Membran das Energie stützende System für das physische Universum. Die unsichtbare, innere Zellwand ist es, die das physische Universum stützt. Diese unsichtbare Energiemembran und die in ihr enthaltene Energie bilden die »dunkle Materie«, über die Astronomen und Physiker Theorien aufstellen.

Jede Membran stellt ein hoch organisiertes und strukturiertes System für den Energietransfer zwischen der (weniger dichten) Energiedimension höherer Frequenz und ihren dichteren Gegenstücken bereit. In gewissem Sinne fungiert jede Membran als Energiefilter. Nichtphysische Energie kann von den inneren Bereichen des Universums hin zu den äußeren fließen; die dichteren atomaren und molekularen Formen können sich nicht ohne eine enorme Veränderung ihrer Frequenz (Tod) nach innen bewegen.

Die Energiemembranen liefern die unsichtbare Stütze für das gesamte mehrdimensionale Universum. Ohne dieses unerlässliche energiestützende System könnten das äußere physische Universum und seine Galaxien einfach nicht existieren.

Das sich ausdehnende Universum

Im Jahr 1929 schockierte Edwin Hubble die Wissenschaft mit der wichtigsten Entdeckung der modernen Astronomie: Er lieferte den schlüssigen Beweis, dass das bis dahin als statische und beständige Umwelt betrachtete Universum sich in Wirklichkeit größenmäßig ausdehnt. Doch Hubble bewies nicht nur, dass das Universum sich ausdehnt, sondern auch, dass entfernte Galaxien sich mit noch größerer Geschwindigkeit von uns fortbewegen als die Galaxien in unserer Nähe.

Hubbles Entdeckungen verblüffen Naturwissenschaftler nach wie vor. Im Laufe der letzten Jahrzehnte wurden viele Theorien präsentiert, welche diese unglaubliche Ausdehnung unseres Universums erklären sollten. Heute haben Astronomen, Astrophysiker und theoretische Physiker den Urknall als die logische Erklärung für diese Ausdehnung weitgehend akzeptiert. Der Urknall-Theorie zufolge begann das Universum vor ungefähr fünfzehn Milliarden Jahren mit einer gewaltigen Explosion. Diese Explosion verursachte die Ausdehnung des Raumes, die wir heute beobachten. Vielleicht trägt es zur Verdeutlichung der Idee eines sich ausdehnenden Universums bei, wenn man sich die Galaxien als auf einen Ballon gemalte Punkte vorstellt. Wenn der Ballon sich mit Luft füllt, streben die Galaxien in alle Richtungen auseinander. Man beachte, dass nicht die Galaxien selbst durch den Raum fliegen; sondern es ist der Raum selbst, der sich ausdehnt.

Heute gehen die meisten Forscher davon aus, dass der Urknall die Ursache der gegenwärtigen Ausdehnung unseres sichtbaren Universums ist. Nach den verfügbaren wissenschaftlichen Daten scheint das eine logische Schlussfolgerung zu sein. Wenn wir das Innere des Universums jedoch tiefer erforschen, entdecken wir ein weit komplexeres Energiesystem als das, welches die neue Physik kennt.

Nach Beobachtungen, die im Zustand der Außerkörperlichkeit gemacht wurden, dehnt sich das innere Fundament des Universums (die inneren Dimensionen und ihre stützenden Energiemembranen) größenmäßig aus. Diese Ausdehnung scheint äußerst kontrolliert und systematisch vonstatten zu gehen. Wichtiger noch, die Ausdehnung der inneren Dimensionen scheint die direkte Folge eines andauernden energetischen Umwandlungsprozesses zu sein, zu dem es innerhalb der unsichtbaren, für Gedanken empfänglichen Dimensionen kommt, die jenseits der zweiten nichtphysischen Dimension existieren. Diese äußere Ausdehnung nichtphysischer Energie und nichtphysischen Raumes scheint von den überall im Universum verlaufenden äußeren Energieleitungen (Schwarzen Löchern) kontrolliert zu werden.

Eines ist sicher. Jahrzehnte außerkörperlicher Erkundungen und unzählige Nahtodes-Erfahrungen legen durchweg eine einzige Schlussfolgerung nahe: Das unmittelbare Fundament des physischen Universums ist eine feine Form von Energie, die mit unserer gegenwärtigen physikalischen Technologie nicht auszumachen ist. Diese unsichtbare Energie ist hoch organisiert und strukturiert und unterhält das äußere physische Universum. Das ungeheure Ausmaß wechselseitiger Abhängigkeit, das zwischen den unsichtbaren, nichtphysischen Dimensionen und der äußeren physischen Kruste des Universums herrscht, deutet auf ein sehr viel komplexeres Energiesystem hin, als moderne Technologie und Naturwissenschaften zum gegenwärtigen Zeitpunkt zu beobachten in der Lage sind.

Auch wenn die zugrunde liegende Ursache für die Ausdehnung des mehrdimensionalen Universums ein Rätsel bleibt, ist inzwischen klar, dass unsichtbare nichtphysische energetische Reaktionen sich tatsächlich auf die momentane physische Aus-

Das sich ausdehnende mehrdimensionale Universum

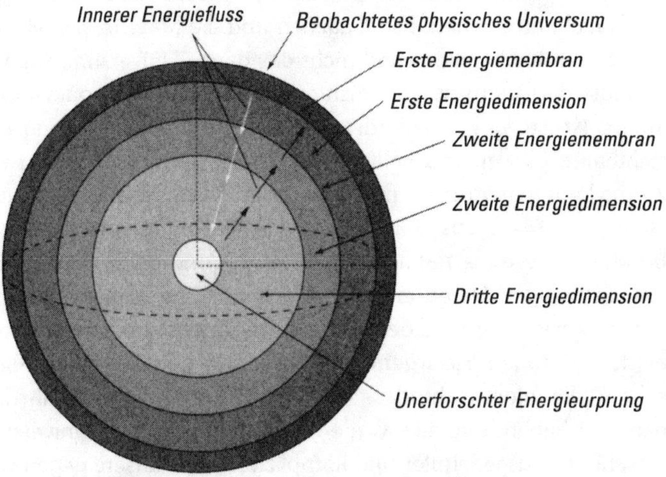

Die Ausdehnung der Energie beginnt innerhalb der inneren Dimensionen; sodann dehnt die Energie sich immer weiter nach außen in Richtung auf das physische Universum aus. Diese Ausdehnung erzeugt die im Universum beobachtete äußere Bewegung von Galaxien. Die inneren Membranen schaffen das Fundament und die Stütze für die zunehmend dichteren äußeren Dimensionen. Die expandierenden inneren Membranen liefern dem gesamten mehrdimensionalen Universum einen dauerhaften, aber flexiblen Energierahmen.

dehnung, die wir beobachten, auswirken. Die Urknall-Theorie ist ein oberflächlicher Schluss, der auf unvollständigen physischen Beobachtungen beruht. In der Tat fehlt es vielen unserer physisch fundierten naturwissenschaftlichen Theorien über den Kosmos, die Evolution und die Struktur der Materie ernstlich an Weitblick. Dies rührt daher, dass aktuelle naturwissenschaftliche Theoreme vollständig auf physische Beobachtungen und auf Spekulation angewiesen sind. Ein klassisches Beispiel für diese Kurzsichtigkeit offenbart die langjährige wissenschaftliche Annahme, Bewusstsein sei das direkte Ergebnis von im Gehirn ablaufenden chemischen und elektrischen Reaktionen.

Wenn wir die mehrdimensionale Struktur des Universums anerkennen, dann erkennen wir, dass physische Beobachtungen allein nicht ausreichen. Die Galaxien und die Materie, die wir um uns herum beobachten, sind nicht das ganze Universum, wie wir vermuten, sondern nur die dichte äußere Dimension oder molekulare Kruste des vollständigen Universums. Der Umfang des sichtbaren Universums beläuft sich auf vielleicht weniger als ein Zehntel von einem Prozent des mehrdimensionalen Universums. Natürlich ist jede ausschließlich auf Beobachtungen von Materie beruhende wissenschaftliche Schlussfolgerung oder Theorie auf unvollständigen Daten errichtet. Jede neue nichtphysische Forschungsreise ins Innere des Universums untermauert diese Beobachtung. Fragen Sie irgendjemanden von den Millionen Menschen, die eine Nahtodes- oder außerkörperliche Erfahrung gemacht haben, und alle werden sich einig sein: Das Universum ist sehr viel ausgedehnter und komplizierter, als unsere gegenwärtige Physik auch nur begreifen oder erklären kann. Da Millionen von Menschen Jahr für Jahr außerkörperliche und Nahtodes-Erfahrungen haben, muss die Realität des mehrdimensionalen Universums und seiner Energiereaktionen unbedingt als beobachtbare Tatsache anerkannt werden.

Schwarze Löcher

Ein Schwarzes Loch ist ein Bereich im Raum, von dem man annimmt, er weise eine so hohe Dichte auf, dass seine Gravitation alle umgebende Materie einschließlich des Lichts anziehe. Hinsichtlich der Existenz Schwarzer Löcher kursieren mehrere Theorien. Einige Forscher glauben, dass es sich um »Brücken« oder »Wurmlöcher« zu anderen Universen handle. Andere deuten an, Schwarze Löcher könnten Wege in die Vergangenheit oder die Zukunft sein, während wieder andere behaupten, sie brächen ins Nichts zusammen.

In den vergangenen Jahren hat eine beeindruckende Reihe von Physikern, Mathematikern und Astronomen der Überzeu-

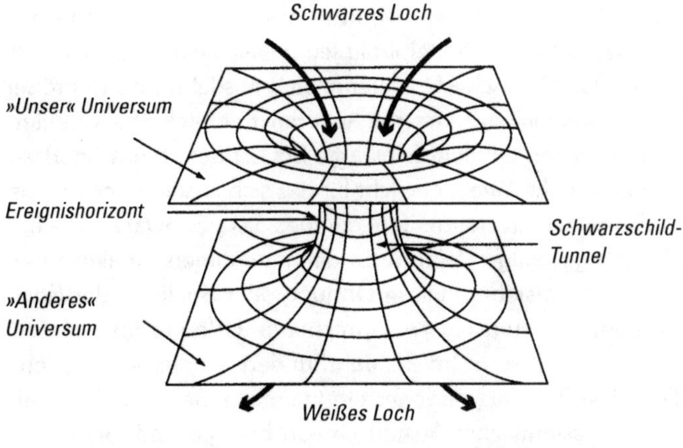

Der Schwarzschild-Tunnel verbindet »unser« Universum mit einem »anderen«

gung Ausdruck verliehen, Schwarze Löcher seien Tunnel zwischen Dimensionen und führten zu einem anderen Energie-Universum. Kruskal, Szekers, Kerr, Reissner und Nordstrom haben allesamt konzeptionelle Karten erstellt, die Schwarze Löcher mit unsichtbaren parallelen Universen verbinden. Bei diesen Theorien über Schwarze Löcher handelt es sich nicht um wilde Spekulationen; vielmehr sind es Vorstellungen, die von modernen Physikern und Astronomen absolut ernst genommen werden.

Aufgrund von außerkörperlichen Beobachtungen glaube ich, dass Schwarze Löcher als Energieleitungen zwischen dem physischen Universum und den inneren Energiedimensionen fungieren. Diese Energieleitungen sind notwendig, um die zwischen den inneren Energiedimensionen und dem äußeren physischen Universum erzeugte Energie im Gleichgewicht zu halten.

In der Zukunft werden die Naturwissenschaften in der Lage sein, zu beweisen, dass Schwarze Löcher keine Laune der Natur sind, sondern hoch organisierte und durchstrukturierte Systeme zur Umwandlung von Energie. Diese Theorie dürfte wissenschaftlich bestätigt werden, wenn man feststellt, dass Schwarze Löcher strategisch im Mittelpunkt jeder Galaxie angesiedelt sind. Je weiter das physische Universum sich ausdehnt, desto größer ist die Notwendigkeit, dass die äußeren Energiekräfte ventiliert und ausgeglichen werden. Schwarze Löcher liefern das unerlässliche energetische Gegengewicht für das sich ausdehnende mehrdimensionale Universum. Ich glaube, dass Schwarze Löcher durch eine gewaltige Öffnung in der innerdimensionalen Energiemembran entstehen. Diese Öffnung oder Spalte in der Energiemembran erzeugt eine entsprechende Öffnung im äußeren, sichtbaren Universum. Im 21. Jahrhundert werden wir nun entdecken, dass Schwarze Löcher ein integraler Bestandteil des allgemeinen Systems zum Austausch von Energie sind. Sie ziehen nicht nur alle Teilchen (einschließlich Licht) in ihr Gravitationsfeld, sondern stoßen auch gewaltige Mengen an Energie aus, die mit der uns zur Zeit zur Verfügung stehenden Technologie nicht auszumachen sind. Die den Energieleitungen entströmende unsichtbare Energie ist unerlässlich für die allgemeine Erhaltung, Struktur und Stabilität der physischen Galaxien.

Der Tunneleffekt

Vor Jahren entdeckten Physiker, dass Primärteilchen wie Elektronen die Fähigkeit besitzen, Barrieren (Potenzialwälle) zu durchdringen, die man für undurchdringlich gehalten hatte, und sich anschließend auf der anderen Seite zu rematerialisieren. Nach der traditionellen wissenschaftlichen Kenntnis der subatomaren Realität hätte das eigentlich unmöglich sein müssen. Der Physiker Heinz Pagels von der *Rockefeller University* spricht im Zusammenhang mit dieser merkwürdigen Rematerialisierung von »direkt durch die Wand«. Diese ungeklärte Bewegung subatomarer Teilchen wird heute als »Tunneleffekt« bezeichnet.

Ich halte es für möglich, dass der beobachtete Tunneleffekt das Ergebnis einer Bewegung von Elementarteilchen innerhalb des mehrdimensionalen Universums ist, die anschließend in einem anderen Bereich des physischen Universums wieder auftauchen. Da jedes Materieteilchen (subatomar oder molekular) bereits als mehrdimensionale Energieeinheit existiert, ist dieser Prozess des Verschwindens nicht nur in der Physik, sondern auch im Reich menschlichen Bewusstseins zu erwarten. Außerkörperliche und Nahtodes-Erfahrungen resultieren in einem sehr realen Sinne aus dem Tunneleffekt des Bewusstseins, da dieses sich innerhalb der unsichtbaren Energie-Ebenen des mehrdimensionalen Universums bewegt, um anschließend zu seiner physischen Gestalt zurückzukehren.

Zwischen Tunneleffekt, parellelen Universen, dunkler Materie, Schwarzen Löchern und der Raumzeit-Krümmung besteht ein unverkennbarer Zusammenhang. Alle fünf sind die unmittelbare Folge unsichtbarer energetischer Interaktionen, zu denen es im Innern des mehrdimensionalen Universums kommt. Tatsächlich sind alle subatomaren und himmlischen Phänomene das Ergebnis nichtphysischer Energiewellen, die aus dem unsichtbaren Innern des Universums nach außen strahlen. Das gesamte physische Universum ist im Wesentlichen die dünne, äußere molekulare Kruste eines enormen Energiekontinuums, das von nichtphysischen Energiewellen erzeugt, aufrechterhalten und unterhalten wird. Die Quantentheorie, die Existenz Schwarzer Löcher, die Einstein-Rosen-Brücke und die Teilchen-Welle-Natur des Lichts ... all dies stützt die Beobachtung.

Quantenphysik und Mystizismus

Es gibt eine unleugbare Beziehung zwischen Quantenphysik und Mystizismus. Mit der zunehmenden Öffnung der Physik für die Erkenntnis der frequenzartigen Natur des Universums dürfte die Verbindung noch offensichtlicher werden. Es ist nur logisch, dass Wissenschaftler die ersten sein werden, welche die in kürzlich erschienenen Büchern über neue Physik sowie über Nahtodes- und außerkörperliche Erfahrungen präsentierten neuesten Informationen untersuchen und analysieren werden. In dem Maße, wie wir diesen umfassenden Wissensfundus in uns aufnehmen und uns damit anfreunden, werden wir langsam anfangen, unser Bewusstsein über unsere momentanen physischen Wahrnehmungen hinaus auszuweiten.

Der Schritt von intellektueller Neugier zu Erfahrung aus erster Hand ist der außerordentlich wichtige nächste Schritt, den jeder von uns am Ende tun wird. Wenn wir jemals die Antworten erfahren wollen, dann müssen wir in die Fußstapfen des Mystikers treten, uns jedoch die intellektuelle Neugier des Physikers erhalten.

Die Verbindung zwischen moderner Physik und Mystizismus wird mit großem Geschick in Fritjof Capras *Das Tao der Physik*, in Gary Zukavs *Die tanzenden Wu Li Meister* und in Michael Talbots *Mysticism and the New Physics* präsentiert. Ich möchte diese Forschung einen Schritt weiter bringen. Intellektuelle Beobachtungen und Vergleiche sind nur der vorbereitende Schritt zum Verständnis der wahren Bedeutung der modernen Physik und der Vorstellungen des Mystizismus. Die erwähnten Bücher haben alles vorbereitet für den nächsten großen Schritt in der Evolution menschlichen Bewusstseins: die Abkehr des menschlichen Bewusstseins von den dichten molekularen Materieträgern hin zur bewussten Erforschung der nichtphysischen parallelen Dimensionen des Universums. Ohne Zweifel ist es ein evolutionärer Schritt, auf den wir alle uns zubewegen. Geburt, Tod und unsere momentane physische Existenz sind integrale Bestandteile unserer evolutionären Reise. Tagtäglich kommen wir dem Moment näher, wo wir unser biologisches Vehikel verlassen und in ein neues Reich aus Energie und Licht höherer Frequenz eintreten. Wenn wir uns an die in den folgenden Kapiteln vorgestellten Techniken und Informationen halten, haben wir alle die Gelegenheit, über die rein intellektuelle Analyse hinauszugehen und diese Wahrheit selbst zu erfahren.

Kontrollierte außerkörperliche Forschungsreisen erweitern

nicht nur unsere Vorstellung vom Universum, sie schenken auch Einblicke in neue Bereiche:

1. Realität ist relativ. Erlebte Realität hängt von der individuellen Energiefrequenz des Betrachters ab. Wir erleben die Energiefrequenzen, die unserer persönlichen Dichte oder Schwingungsfrequenz am nächsten sind.
2. Bewusstsein ist eine Form nichtphysischer Energie, die ihren Einfluss durch den Gebrauch biologischer Träger bzw. Vehikel auf die Materie ausweitet.
3. Alle biologischen Lebensformen (einschließlich pflanzlichen und tierischen Lebens) sind vorübergehende zellförmige Lebensformen, derer sich bewusste Energie (Bewusstsein) bedient, um sich in einer dichten Umwelt auszudrücken.
4. Unsere gegenwärtige Vorstellung, dass Bewusstsein im physischen Körper angesiedelt sei, ist unzutreffend. Bewusstsein existiert auf einer sehr viel höheren Frequenz oder Wellenlänge als Materie und muss unter Zuhilfenahme von Energieleitungen oder Trägern einer Form mit biologischen Formen interagieren. Diese unsichtbaren Energieträger transferieren die höhere Bewusstseinsfrequenz auf den relativ dichten physischen Körper und stufen sie entsprechend herunter.
5. Das biologische Gehirn ist nicht der Ursprung von Bewusstsein. Stattdessen fungiert es als vorübergehendes biologisches Transfer- und Speichergerät für Bewusstsein.
6. Bewusstsein ist ein Kontinuum nichtphysischer Energie, das sich durch mehrere Frequenzen (Dimensionen) des Universums hindurch erweitert.

Die Evolution der Naturwissenschaften

Die Evolution unserer Naturwissenschaften spiegelt die Evolution des menschlichen Bewusstseins wider. Wenn wir uns den Fortschritt der Physik im 20. Jahrhundert näher ansehen, erkennen wir deutlich die Entwicklung von (physisch fundierten) Teilchen-Vorstellungen und Theorien hin zu nichtphysischen (auf Frequenz beruhenden) Beobachtungen und Entdeckungen. Die Progression ist besonders offensichtlich, wenn wir berücksichtigen, dass man von den jüngst entdeckten subatomaren Teilchen (Quarks) inzwischen weiß, dass sie in ihrem Verhalten frequenzähnlich sind.

Dass die frequenzähnliche Natur von Elementarteilchen zunehmend anerkannt wird, ist ein notwendiger Schritt auf dem evolutionären Wege in Richtung auf die Entdeckung, welche die Naturwissenschaften letztendlich machen werden, nämlich dass die Struktur der Materie und des Universums selbst mehrdimensional ist. Die untenstehende Tabelle bietet einen kurzen Überblick über die Entwicklung.

ENTWICKLUNG DER PHYSIK VON EINER TEILCHEN-WISSENSCHAFT ZU EINER FREQUENZ-WELLEN-WISSENSCHAFT

1897	Entdeckung des Elektrons
1900	Quanten-Hypothese (Max Planck)
1905	Photonentheorie (Einstein)
1905	spezielle Relativitätstheorie (Einstein)
1908	Raumzeit (Hermann Minkowski)
1911	Entdeckung des Nukleus
1913	Bohrsches Atommodell (Niels Bohr)
1915	allgemeine Relativitätstheorie (Einstein)
1924	Materiewellen (Louis de Broglie)
1924	erste Vorstellung von Wahrscheinlichkeits-Wellen (Niels Bohr, H. A. Kramers, John Slater)
1925	Ausschließungsprinzip (Wolfgang Pauli)
1925	Matrizenmechanik (Werner Heisenberg)
1926	Wahrscheinlichkeits-Interpretation der Wellen-Funktion (Max Born)
1926	Schrödinger-Wellengleichung (Erwin Schrödinger)

1926	Gleichsetzung der Matrizenmechanik mit der Wellenmechanik (Schrödinger)
1927	Kopenhagener Interpretation der Quantenmechanik: Es gibt keine Tiefenrealität – die Beobachtung beeinflusst die Realität
1927	Unschärferelation (Werner Heisenberg)
1927	Davisson-Germer-Experiment (Clinton Davisson, Lester Germer)
1928	Antimaterie (Paul Dirac)
1932	Entdeckung des Neutrons
1932	Entdeckung des Positrons
1932	Quantenlogik (John von Neumann)
1935	Abhandlung über die Einstein-Rosen-Brücke (Albert Einstein, Boris Podolsky, Nathan Rosen)
1935	Voraussage der Existenz des Mesons (Hideki Yukawa)
1947	Entdeckung des Mesons
1949	Feynman-Diagramme (Richard Feynman)
1947–1954	Entdeckung von sechzehn neuen wellenähnlichen Teilchen
1957	Viele-Welten-Deutung der Quantenmechanik (Hugh Everett)
1958	Einbahn-Membran-Hypothese (David Finkelstein)
1961	Karte eines zu einem parallelen Universum führenden Schwarzen Lochs (Martin Kruskal)
1962	Entdeckung von Quasaren
1963	These vom Schwarzen Loch, das eine unendliche Reihe von parallelen Universen verbindet (Roy P. Kerr)
1964	Quarks-Hypothese
1964	Bells Ungleichung (J. S. Bell)
1970	implizite Ordnung (David Bohm)
1971	nichtlokale Verbindungen (Bell-Theorem) (Henry Stapp)

1972	Freedman-Clauser-Experiment (Stuart Freedman, John Clauser)
1974–1977	Entdeckung von zwölf neuen wellenähnlichen Teilchen
1982	Aspect-Experiment (Alan Aspect)
1993	Gravitationswellen (Huise und Taylor)

Im 21. Jahrhundert werden die Naturwissenschaften anerkennen, dass die Grundlage des Universums in Wirklichkeit ein nichtphysisches Energiekontinuum ist. Diese Erkenntnis wird eine Renaissance wissenschaftlicher Entdeckungen im Zusammenhang mit der unsichtbaren Struktur der Materie und des Universums selbst in Bewegung setzen.

Die nichtphysische wissenschaftliche Erkundung wird die Tür zu einer neuen Welt der Möglichkeiten und des Wissens aufstoßen. Von der Astrophysik bis zur Philosophie werden die althergebrachten wissenschaftlichen Beobachtungen und Überzeugungen nach und nach überprüft und neu bewertet werden. Das durch wissenschaftliche außerkörperliche Erkundung erhaltene neue Wissen wird allen Wissenschaften ermöglichen, einen Blick hinter die dichten molekularen Formen zu tun und direkt ins Herz der Materie zu blicken.

Unsere gegenwärtigen wissenschaftlichen Daten sind größtenteils das Ergebnis molekularer Beobachtungen. Die feinen zugrunde liegenden Strukturen und Energiesysteme bleiben unentdeckt. Die traditionelle naturwissenschaftliche Methode mit ihrer Abhängigkeit von Technologie wird sich am Ende zu einer kooperativen Fusion physischer und nichtphysischer Forschungstechniken weiterentwickeln. Die Interaktion zwischen physischer Technologie und menschlichem Bewusstsein wird nun im 21. Jahrhundert selbst zu einer eigenständigen Wissenschaft werden.

Man stelle sich bloß vor, was erreicht werden könnte, wenn ein Team angesehener Wissenschaftler und Forscher für außerkörperliche Forschungsreisen ausgebildet würde. Physiker könnten höchstpersönlich die unentdeckten Bausteine der Materie beobachten. Die medizinische Forschung könnte die unsichtbaren Energiekräfte untersuchen, die Krebserkrankungen, Aids, Zellverfall und Funktionsstörungen verursachen. Chemiker könnten die unsichtbare Energie dokumentieren, welche molekulare Veränderung beeinflusst und kontrolliert. Biologen könnten die unmittelbare Substanz des physischen Lebens untersuchen, und Psychologen könnten die unsichtbaren inneren Sphären des Geistes erforschen.

Tausende intelligenter, neugieriger Forscher sehnen sich heute danach, die unsichtbare Struktur der Materie zu entdecken und zu erforschen. Viele von ihnen verspüren ein brennendes Verlangen, Beobachtungen jenseits der gegenwärtigen technologischen Grenzen anzustellen, und suchen nach einer Gelegenheit, ihren Blick über das Labyrinth der Quantentheorien hinaus zu erweitern. Nur Bewusstsein kann die vielfachen Komplexitäten der Raumzeit und der durch Denken geschaffenen Realitäten beobachten und festhalten. Die Tür steht jetzt denen offen, die den Mut haben, von ihren »physischen Vorurteilen« abzurücken und die Quantensphären der Energie zu erforschen. Der bekannte Physiker und Autor Fred Alan Wolf beschließt sein Buch *Parallele Universen* mit folgender Feststellung:

> Der menschliche Geist ist das Labor der neuen Physik. Er ist schon auf die Vergangenheit und die Zukunft eingestimmt und macht wahrscheinliche Wirklichkeiten zu existentiellen Gewissheiten. Das geschieht einfach durch Beobachtung: die Beobachtung von sich selbst im Traum. Die Beobachtung von sich selbst in dieser Welt im Wachzustand. Die Beobachtung des Beobachtens. Wenn wir den Mut haben, uns im Bündnis mit dem Bewusstsein in diese Welt zu begeben, durch unsere Träume und veränderten Bewusstseinszustände hindurch, können wir das Hologramm vielleicht verändern,

indem wir mehr bewusstes »Licht« in die höllischen Welten bringen, die es ebenfalls Seite an Seite mit unserer eigenen gibt.

Mit unserer Neigung, uns immerzu »selbst zu verteidigen«, ist diese parallele Welt schon eine höllische Welt. Es ist Zeit, den Vorgang der Illuminierung des Hologramms zu beschleunigen, Zeit, den großen Laser des Bewusstseins einzuführen. Die Evolution geht auch uns an. Es ist Zeit, dieses Universum zum ersten Mal kennenzulernen.*

Das Bewusstseins-Kontinuum

> *Ein mystischer Schauer ergreift den Nichtmathematiker, wenn er von »vierdimensional« hört, ein Gefühl, das dem vom Theatergespenst erzeugten nicht unähnlich ist. Und doch ist keine Aussage banaler als die, dass unsere gewohnte Welt ein vierdimensionales zeiträumliches Kontinuum ist.*
>
> ALBERT EINSTEIN

Bewusstsein ist ein Kontinuum, das sich von physischer Wachsamkeit durch fortschreitende Bewusstseinszustände bis in nichtphysische Bereiche des Universums erstreckt, die weit jenseits unseres gegenwärtigen naturwissenschaftlichen Blicks existieren. Dieses Bewusstseins-Kontinuum ist so groß und mannigfaltig wie das Universum selbst; jedes Mal, wenn wir einschlafen, verlagern wir unser Bewusstsein innerhalb des Kontinuums innerlich. Jeder Traum, jede Meditation, jede Hypnosesitzung ist ein Blick in das Kontinuum unseres persönlichen Bewusstseins. Diese Erkenntnis bringt uns in unserer Entwicklung einen bedeutsamen Schritt nach vorn. Es ist nur natürlich, dass wir zuerst die ver-

---

* Fred Alan Wolf: *Parallele Universen*, Insel Verlag Frankfurt am Main; S. 279 f.

schiedenen im Schlaf, bei der Meditation und in klaren Träumen erlebten Bewusstseinszustände erkunden müssen, bevor wir überhaupt erkennen können, dass diese Bewusstseinszustände durch einen gemeinsamen Bewusstseinsstrom miteinander verbunden sind.

Alle Bewusstseinszustände hängen zusammen; selbst der Tod ist nichts anderes als die Bewegung des Bewusstseins von einem Bereich des Kontinuums zu einem anderen. Das Bewusstseins-Kontinuum ist nicht bloß eine weitere Theorie, sondern eine Tatsache, die jeder von uns selbst beobachten und überprüfen kann. Kontrollierte außerkörperliche Erfahrungen verschaffen uns die einzigartige Gelegenheit, das Energiekontinuum aus erster Hand zu erkunden. In gewissem Sinne ist unser Bewusstsein wie ein Licht, das über die natürliche Fähigkeit verfügt, jeden Teil des Universums zu erleuchten. Ganz gleich, auf welchen Bereich des Universums wir (im physischen Körper oder außerhalb) unser Licht richten, er wird für uns bewusst und real.

Alle Bewegung des Bewusstseins vollzieht sich innerlich, im nichtphysischen Inneren des Universums. Die Bewusstseinszustände, die wir zur Zeit beobachten, sind nur ein winziger Bruchteil des Ganzen. Das Kontinuum erstreckt sich bis tief in die nichtphysischen Bereiche des Universums und übersteigt bei weitem unsere momentane »physikalische Vorstellungskraft«.

Die auf der folgenden Seite erläuterten Bewusstseinszustände sind nicht das Kontinuum selbst, sondern unsere Art und Weise oder Methoden, dieses Bewusstseins-Kontinuum wahrzunehmen. Die unterschiedlichen Bewusstseinszustände, wie der meditative, der hypnagogische und der hypnotische, überschneiden sich offensichtlich und existieren für verschiedene Menschen auf unterschiedliche Art. Meditative Zustände beispielsweise können sich über das gesamte Spektrum des Bewusstseins-Kontinuums erstrecken, aber die meisten Menschen erleben nur einen friedlichen Entspannungszustand, der im schwachen Alpha-Bereich auftritt. Bei der überwiegenden Mehrzahl derjenigen, die Medita-

Kontinuum des Bewusstseins (Arten der Wahrnehmung)

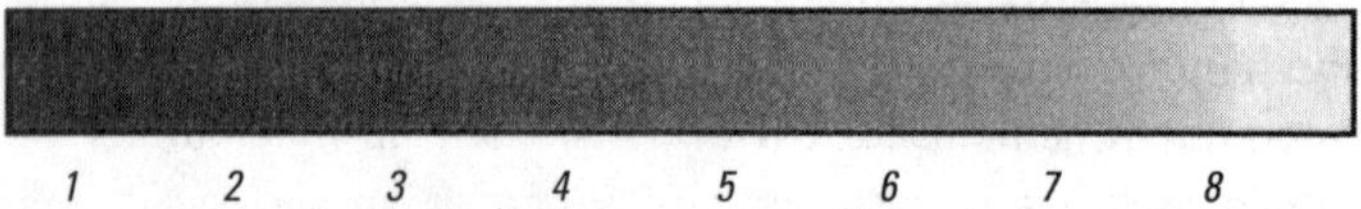

1 Physisches Wach-Bewusstsein
2 Hypnagogischer Zustand/meditative Zustände/kreative Visualisation/hypnotische Zustände/zahlreiche veränderte Bewusstseinszustände
3 Träume
4 Lucides Träumen
5 Spontane außerkörperliche Erfahrungen
6 Nahtodes-Erfahrungen
7 Kontrollierte außerkörperliche Reise innerhalb verschiedener nichtphysischer Dimensionen des Universums
8 Setzt sich innerhalb der nichtphysischen Dimensionen des Universums fort bis ins Unendliche

tion praktizieren, handelt es sich nicht um geübte Joga-Meister, die ihr Bewusstsein nach Belieben kontrollieren und erweitern können.

Wichtig ist es, zu erkennen, dass unsere individuellen Bewusstseinszustände als Vorstellungen oder Teile eines Ganzen existieren. Diese Erkenntnis ist der erste bedeutende Schritt hin zum Verständnis der nichtphysischen Natur und der Funktion von Bewusstsein. Ein solches Verständnis ist von entscheidender Bedeutung, weil alle Rätsel unserer Existenz und des Universums selbst mit Bewusstsein zusammenhängen. Das wird in naher Zukunft bestätigt werden, wenn man feststellt, dass unser individuelles Bewusstsein ein Mikrokosmos des Universums selbst ist. Träume, außerkörperliche und Nahtodes-Erfahrungen bedeuten die Anerkennung unseres Bewusstseins, da wir über den physischen Standpunkt hinausgehen und das nichtphysische Bewusstseins-Kontinuum erforschen. Diese Vorstellung von sich durch ein unsichtbares Universum bewegendem menschlichem Bewusstsein gewinnt zunehmend an Rückhalt. Der Physiker und Autor Fred

Alan Wolf behauptet, lucides Träumen sei in Wahrheit ein Besuch in parallelen Universen. Er hat wiederholt erklärt, dass man bei lucidem Träumen besser vom »Bewusstsein eines parallelen Universums« sprechen sollte.

Die Bewusstseinszustände, von denen wir gegenwärtig wissen, sind, so behaupte ich, nichts als ein winziger Bruchteil des Kontinuums, das wir erleben werden, wenn wir unseren physischen Körper erst einmal dauerhaft abgelegt haben. Jedes Jahr liefern Millionen von Nahtodes- und außerkörperlichen Erfahrungen den überzeugenden Beweis, dass dies tatsächlich so ist. Im Zustand der Außerkörperlichkeit gemachte Beobachtungen zeigen, dass unsere momentanen Vorstellungen von Bewusstsein und Bewusstheit sehr begrenzt sind. Verglichen mit den nichtphysischen Zuständen, sind physisch fundierte Bewusstseinszustände relativ plump und überladen. Wenn wir erst einmal über unser biologisches Vehikel hinausgehen, steht es uns frei, die grenzenlose Essenz unseres Bewusstseins zu erleben. Diese Essenz existiert weit jenseits unserer Vorstellungskraft.

Das Kontinuum des Bewusstseins erstreckt sich im Innern bis mitten in den Kern des Universums; nicht enden wollende Ebenen und Frequenzen nichtphysischen Lebens und nichtphysischer Realitäten existieren direkt jenseits der dichten Grenzen unseres Blicks. Jeder von uns hat vieles, auf das er sich freuen kann: unglaubliche Welten voller Schönheit und Licht, die geduldig darauf warten, von uns erkundet zu werden. Um diese Teile von uns selbst zu erleben, müssen wir unser Bewusstsein einfach über unseren physischen Körper hinaus erweitern und unser individuelles Bewusstseins-Kontinuum erkunden.

Die Evolution des Bewusstseins

Unsere augenblickliche Vorstellung von Evolution beruht auf der Darwinschen Theorie, dass biologische Organismen sich in Reaktion auf die in ihrem Umkreis herrschenden physischen Bedingungen anpassen und verändern. Diese Theorie, die vollständig auf den beobachteten Veränderungen biologischer Organismen basiert, behauptet sich seit mehr als einhundert Jahren als wissenschaftliche Grundlage der Evolution.

Unzählige außerkörperliche Erfahrungen, von denen berichtet wurde, liefern den überzeugenden Beweis, dass unsere Evolution weit komplexer ist als die biologischen Veränderungen, die wir um uns herum beobachten. Tatsächlich verweisen außerkörperliche Erfahrungen auf eine völlig neue Vorstellung von Evolution, eine, die umfassender ist als jede bisherige Theorie in der Menschheitsgeschichte. Aufgrund nichtphysischer Erkundungen können wir behaupten, dass Evolution die fortschreitende Entwicklung bewusster Energie (Seele) ist, die sich vorübergehender biologischer Ausdrucksmittel bzw. Vehikel bedient. Biologische Geburt und biologischer Tod markieren schlichtweg den Eintritt des Bewusstseins in den Bereich dieser dichten äußeren Energiedimension und seinen Austritt aus eben diesem Bereich. Die an biologischen Organismen beobachteten Veränderungen sind eigentlich ein durch die unsichtbare Bewusstseinsentwicklung erzeugter Nebeneffekt.

Gegenwärtig beobachten und protokollieren Evolutionstheoretiker lediglich die um uns herum stattfindenden äußeren physischen Veränderungen, während die wirklich wichtigen Wandlungen unsichtbar bleiben. Tag für Tag begegnen wir neuen Situationen, die uns psychologisch fordern und formen. Jedes physische Problem ist eine neue Gelegenheit, sich zu entwickeln; jede Entbehrung hilft uns bei der Entwicklung unserer inneren Eigenschaften Mut, Liebe und Mitgefühl; jede neue Herausforderung ist eine Gelegenheit, zu lernen. In gewissem Sinne benutzen wir alle Materie als Instrument der Transformation. Unsere biologischen Körper sind in diesem dichten Reich der Materie vorübergehende Ausdrucks- und Erfahrungsträger. Gerade das Annehmen einer physischen Gestalt und das Menschwerden ist ein integraler Bestandteil unserer Entwicklung. Jeder von uns erlebt gegenwärtig das wirkungsvollste System der Entwicklung, das jemals ersonnen worden ist: Evolution durch direkte persönliche Erfahrung, durch das unmittelbare Da-Sein.

Es spielt keine Rolle, was wir glauben oder nicht glauben; jeder von uns wird sein vorübergehendes biologisches Vehikel loslassen und sich weiterentwickeln. Wir alle sind aktive Teilnehmer an einem großartigen evolutionären System, das sich weit über die engen Grenzen unseres physischen Blicks hinaus erstreckt. Geburt und Tod selbst sind wesentliche Bestandteile unseres Fortschritts – unser Bewusstsein betritt das molekulare Spielfeld der Evolution und verlässt es wieder.

Während der letzten zwanzig Jahre sind neue Erkenntnisse hinsichtlich unserer spirituellen Existenz aufgetaucht. Vor zwei Jahrzehnten waren Dinge wie Nahtodes- und außerkörperliche Erfahrungen, parallele Universen, mehrere Dimensionen und Energietunnel zwischen Universen der überwiegenden Mehrheit unserer Spezies unbekannt. Heute werden diese Themen überall auf der Welt diskutiert. Im Verlauf einer einzigen Generation haben sich unsere Vorstellungen von Realität enorm verändert. Mit zunehmender Aufgeschlossenheit der Menschen für eine neue Vorstellung von sich und ihrer Existenz wird dieser Wandel sich fortsetzen.

Während der gesamten Geschichte wurde die Evolution des menschlichen Bewusstseins von unzähligen Menschen weltweit geprägt. Im folgenden finden Sie einige Beispiele von einzelnen Menschen, die in den letzten Jahrzehnten das Gruppenbewusstsein und die Evolution unserer Spezies beeinflusst haben. Mit der immer stärkeren Ausweitung unserer Suche nach Antworten hinter den dichten Grenzen der Materie wird sich dieser Prozess menschlicher Evolution in dem soeben angebrochenen Jahrtausend beschleunigen.

Im Jahr 1975 löste Dr. Raymond Moodys Buch *Leben nach dem Tod* explosionsartig ein internationales Interesse an eben diesem Thema und möglichen nichtphysischen Realitäten aus.

Moodys bahnbrechendes Werk über den Nahtod und veränderte Wahrnehmungszustände beeinflusst bis heute viele Menschen überall auf der Welt. Der überwältigende Zuspruch, den seine Bücher seit 1975 fanden, hat ein gänzlich neues Untersuchungs- und Forschungsfeld erschlossen. Besonders unterstützt hat Moodys Werk die medizinische Gemeinschaft, wo es für hunderte von Forschern – darunter die Ärzte Melvin Morse und Brian Weiss – die Voraussetzungen schuf, sich in die vielen Geheimnisse nichtphysischer Erfahrungen zu vertiefen. Moodys Arbeit hat die gesamte Thematik nichtphysischer Forschung und die Erkundung des unsichtbaren Universums in hohem Maße gerechtfertigt. Sie hat mitgeholfen, einen enormen Wandel des Denkens, des bewussten wie des unbewussten, anzustoßen.

Kenneth Ring, Stuart Twemlow, Bruce Greyson und andere visionäre Physiker haben die Evolution menschlichen Bewusstseins befördert, indem sie die weltweiten Berichte über außerkörperliche und Nahtodes-Erfahrungen untersuchten. Ihre Forschungsarbeit und ihre Einsichten haben geholfen, dem Thema »nichtphysische Erfahrungen« Gehör zu verschaffen, womit sie alles für innovative Untersuchungen vorbereiteten.

Brian Weiss war am Wachsen weltweiter Anerkennung der Reinkarnationstherapie als wertvolles Heilungsinstrument beteiligt. Psychologen und Psychiater integrieren Regressionstechniken in wachsendem Maße in ihre alltägliche Praxis. Weiss' Arbeit ist ein Riesenschritt nach vorn in Richtung auf die Anerkennung der Beziehung zwischen nichtphysischen Bewusstseinszuständen und unserer momentanen physischen Existenz. Obendrein betonen seine Bücher, wie wichtig es ist, Wissen über sich selbst zu erlangen, und welche Möglichkeiten dies birgt.

John Stewart Bell, der irische Physiker, bewies in seiner Ungleichung, dass alle Materieteilchen durch eine unsichtbare (nichtlokale) Kraft miteinander verbunden sind. Seine Arbeit hat die Richtung der modernen Physik auf enorme Weise beeinflusst.

Viele Physiker halten Bells Ungleichung für eine der wichtigsten Entdeckungen des 20. Jahrhunderts.

Hugh Everett, Roy Kerr, Martin Kruskla sowie weitere Physiker und Mathematiker haben Theorien und konzeptionelle Karten entwickelt, die von der Existenz unzähliger paralleler Universen ausgehen, die ebenso real sei sollen wie unser eigenes. Diese Vorstellung paralleler Energiewelten hat Quantentheoretiker, Astrophysiker und Astronomen weltweit beeinflusst.

Filmregisseure wie Steven Spielberg bauen durch Filme wie *E.T.* und *Unheimliche Begegnung der dritten Art* unsere Ängste vor dem Unbekannten ab und machen uns neue Möglichkeiten zugänglich, die jenseits unserer physischen Wahrnehmung existieren.

Gary Zukavs klare Einsichten in das Verhältnis von Physik und Bewusstsein sowie seine Suche nach dem Sinn und Zweck des Lebens haben Millionen beeinflusst.

Shakti Gawains klare Botschaft von der Bedeutung kreativen Visualisierens hat Millionen von Menschen überall auf der Welt berührt.

Der Physiker und Autor Fred Alan Wolf hat die Vorstellung paralleler Universen und bewusstseinserzeugter Realität sowohl der wissenschaftliche Gemeinschaft als auch der allgemeinen Bevölkerung vorgestellt und erläutert.

Die Ärzte Wayne Dyer, Bernie Siegel, Deepak Chopra und viele andere haben uns durch Gedanke und Tat gezeigt, wie wichtig die Verbindung zwischen Körper, Verstand und Geist ist.

Bruce Joel Rubins anschauliche, zum Nachdenken anregende Filme, in denen es um Leben, Tod und unsichtbare Energiedimensionen geht *(Jacob's Ladder, Ghost, My Life)*, wurden von einer halbe Milliarde Menschen gesehen.

Norman Vincent Peales erhebende Botschaft positiven Denkens und die Wirkung auf Materie und Leben hat uns alle berührt.

Albert Einstein führte das naturwissenschaftliche Denken und die naturwissenschaftliche Theorie über die Newtonsche Physik hinaus in ausgedehnte, neue Sphären der gekrümmten Raumzeit und von Energie-Brücken in andere Universen. Damit schuf er die Voraussetzungen für das Entstehen der modernen Quantenphysik, die Vorstellung paralleler Universen und die Viele-Welten-Deutung.

Von David Bohm, einem anderen vorausschauenden Physiker, stammen zahlreiche Ideen hinsichtlich bewusstseinserzeugter Realität und unsichtbarer energetischer Fundamente. Seine Vorstellungen haben die neue Physik beeinflusst und sind bedeutende intellektuelle Schritte in Richtung auf die Anerkennung der mehrdimensionalen Natur des Universums. Sein scharfer Intellekt regte eine vollkommen neue Generation von Physikern an, jenseits der Materieteilchen nach den Antworten auf die Realität zu suchen.

Vier ausgezeichnete Autoren, Nick Herbert, Michael Talbor, Heinz Pagels und Fritjof Capra, haben die Evolution menschlichen Bewusstseins durch eine klare Darstellung des Zusammenhangs zwischen moderner Physik, Metaphysik, Religion und Bewusstsein beeinflusst.

Robert A. Monroe, ein moderner Pionier, wirkte daran mit, das Thema »außerkörperliche Erfahrung« Millionen von Menschen auf der ganzen Welt zu präsentieren. Seine Bücher und seine Forschungsorganisation, das *Monroe Institute*, bieten laufend Ausbildung, Informationen, Unterstützung und Kurse zu den Themen »erweitertes Bewusstsein« und »Astralreisen« an (Adresse im Anhang).

Paul Twitchell ist der moderne Gründer von ECKANKAR. Seine zahlreichen Bücher (mehr als dreißig) machten in ausführlichen Schilderungen mit dem historischen Einfluss außerkörperlicher Erkundungen auf die Evolution der menschlichen Rasse bekannt. Von manchen als moderner Meister außerkörperlichen Reisens betrachtet, wirkte Twitchell daran mit, Menschen auf der ganzen Welt mit dem Thema »nichtphysische Entdeckungsreisen« vertraut zu machen.

Science-fiction-Autoren zählen als Gruppe zu unseren talentiertesten Visionären. Mögliche Zweifler unter den Lesern mögen an die weithergeholten Geschichten von Jules Verne denken; seine dem 19. Jahrhundert entstammenden Unterseeboote, Raumschiffe und Forschungsreisen zum Mond wurden zu seiner Zeit als haarsträubende Ideen betrachtet.

Betty Eadie, Autorin von *Licht am Ende des Lebens*, und andere, die sich meldeten, um von ihren Nahtodes-Erfahrungen zu berichten, werden weiterhin auf das kollektive Unbewusste der Menschheit einwirken. Die erhebenden Berichte dieser Menschen über persönliche Reisen im Innern der großartigen unsichtbaren Dimensionen des Universums entfachten weltweit Debatten sowie ein Interesse an der Vorstellung nichtphysischer Realitäten und daran, welchen Platz wir im Universum haben. Diese persönlichen Berichte über nichtphysische Reisen in den inneren Dimensionen des Universums liefern mehr als nur den tröstlichen Beweis für unsere Unsterblichkeit. Millionen von Menschen wird bewusst, dass es Antworten auf die Rätsel unserer Existenz gibt. Eine wichtige Frage taucht auf: Wenn ein paar von uns die nichtphysischen Sphären des Universum erleben und erforschen können, warum kann es dann nicht jeder von uns? Diese Erkenntnis ist ein wichtiger Schritt in der Entwicklung der menschlichen Rasse. Dieser Prozess der Veränderung ist unausweichlich, weil für uns alle eine Zeit kommt, wo wir uns von unserem biologischen Vehikel trennen und die nichtphysischen Dimensionen des Universums betreten werden. Die Bedeutung dieser nichtphysischen Forschungsreisen ins Innere des Universums liegt nicht in den Geschichten selbst, sondern in der Erkenntnis, dass solche Reisen sogar jedem von uns möglich sind.

Mit dem weiteren Voranschreiten der Evolution des Bewusstseins werden sich noch mehr Menschen melden, um neue und kühne Einblicke in das Wesen der Realität und den Zweck unseres Daseins zu unterbreiten. Unsere Evolution wird auch künftig von Menschen aus vielen Berufen beeinflusst werden: von Schriftstellern, Musikern, Erfindern, Heilern, Filmproduzenten und -regisseuren. Häufig werden sie sich ihrer Wirkung auf die Gesellschaft nicht bewusst sein. Ihre Ideen und Vorstellungen plätschern hinaus in die Welt wie kleine Wellen auf der Oberfläche eines Teiches und erzeugen für Millionen von Menschen eine leichte Bewegung des Denkens und des Bewusstseins. Die Filme *E.T.*, *Cocoon* und *Ghost – Nachricht von Sam* beispielsweise wirken bei oberflächlicher Betrachtung wie unbeschwerte Abenteuerfantasien; die beinahe zwei Milliarden Menschen, die diese Filme sahen, kamen mit einem neuen Standpunkt über unbekannte, von der modernen Naturwissenschaft nicht erforschte Bereiche des Lebens aus dem Kino. Bei vielen wichen die Ängste vor dem Unbekannten einem Gefühl des Staunens und positiver Erwartung. Das kollektive Unbewusste unserer gesamten Spezies wurde von diesen Ideen beeinflusst. Unsere bewussten und unterbewussten Ängste vor dem Unbekannten wurden von den übermittelten positiven und erhebenden Vorstellungen ein wenig abgeschwächt.

Im 21. Jahrhundert nun wird eine neue Form von Unterhaltung und Bildsprache uns in die nichtphysischen Bereiche des Universums geleiten. Es wird sich dabei um eine allmähliche Entwicklung von traditionellen Filmen hin zu in immer stärkerem Maße interaktiven Abenteuern handeln, welche sich der Technik der virtuellen Realität bedienen. Das Programmieren virtueller Realitäten wird ein beliebtes Sprungbrett für kontrollierte außerkörperliche Reisen ins Innere des Universums werden. Je weiter wir voranschreiten, umso offensichtlicher wird, dass die Entwicklung der Technik und die Entwicklung menschlichen Bewusstseins so miteinander verbunden sind, dass es unser gegenwärtiges Verständnis übersteigt. Am Ende wird jeder von uns sich jenseits des Kokons der Materie weiterentwickeln und Erkundungen in den nichtphysischen Dimensionen des Universums anstellen.

Was wird die Zukunft bringen?

In den letzten Jahren meiner nichtphysischen Entdeckungsreisen wurde mir schließlich bewusst, dass die Wahlmöglichkeiten nach unserem körperlichen Tod umso größer sind, je erfahrener und vertrauter mit den nichtphysischen Dimensionen des Universums wir sind. Die uns zur Verfügung stehenden nichtphysischen (spirituellen) Möglichkeiten nehmen mit unserer Fähigkeit, den Ursprung aller Energie und allen Lebens zu erforschen, exponentiell zu. Das ist wichtiger, als ich auch nur auszudrücken vermag. Der überwiegende Teil der Menschheit stirbt in völliger Unkenntnis seiner spirituellen Existenz. Obwohl viele Menschen einen starken religiösen Glauben besitzen, ist das Wissen, das sie aus erster Hand über ihre spirituelle Identität und ihr Weiterleben nach dem Tod haben, gleich Null. Im Augenblick des Todes übertragen sie ihr Bewusstsein von ihrem physischen Körper auf ihre nichtphysische Gestalt höherer Frequenz und werden sofort von ihren verstorbenen Lieben und Freunden abgeholt. Natürlich sind sie hingerissen von der Entdeckung, dass sie weiterexistieren, und überglücklich, wieder mit den von ihnen geliebten Menschen vereint zu sein. Während der nächsten Tage und Wochen werden sie in eine neue Schwingungsrealität integriert und beginnen, sich innerhalb ihrer jeweiligen sozialen Gruppen einzurichten und anzupassen. Dieses kollektive Gefühl der Zusammengehörigkeit bringt Millionen von Menschen in großartigen nichtphysischen übereinstimmenden Umwelten zusammen.

Unterschiedliche Gruppen von Menschen haben unterschiedliche Vorstellungen vom Himmel. Beispielsweise unterscheidet sich die islamische Perspektive vom christlichen Standpunkt. Vergessen Sie nicht, dass die nichtphysischen Umwelten auf das Denken ansprechen; jede bedeutende Religion und soziale Gruppe hat sich ihre eigene Vorstellung vom Himmel geschaffen, die dem Glauben und den Überzeugungen der jeweiligen Gruppe entspricht. Viele dieser Energieumwelten sind extrem alt und durch das kollektive Bewusstsein ihrer Bewohner festgelegt.

Folglich ist der Himmel, den jeder von uns nach seinem Tod erlebt, vom Gruppenbewusstsein der nichtphysischen Bewohner dieses Himmels geprägt. Beinahe wie in der Körperwelt sind die meisten Menschen damit zufrieden, sich an die übereinstimmende Realität anzupassen, die von ihren Freunden und Lieben bewohnt und erschaffen wird. Und warum auch nicht? Verglichen mit der Materie, ist sie ungeheuer angenehm. Es gibt herrliche Landschaften und Umgebungen zu entdecken und zu erkunden. Die schönsten und mitreißendsten Anblicke der Erde sind verfügbar und noch viel mehr. Von jedem Baum und jedem Grashalm strahlt ein pulsierendes Farbspektrum aus, das unsere Vorstellungskraft übersteigt. Alles – Pflanzen, Tiere, die Erde selbst – besteht aus Licht. Eine energetische Grundsubstanz, die auf das Denken anspricht, offenbart alles, worauf auch immer die Bewohner sich konzentrieren. Dass die Bewohner wohl zu dem Schluss kommen, es müsse sich hier um die eigentliche, höchste Realität – den Himmel – handeln, ist nur natürlich.

Diese großartigen nichtphysischen Umwelten gelten als der Himmel, und verglichen mit der physischen Existenz, sind die übereinstimmenden Umwelten der Himmel – in ihnen gibt es weder Tod noch Krankheit, Verfall, Verbrechen usw. Es gibt nur ein Problem: Der überwiegenden Mehrzahl der nichtphysischen Bewohner (Milliarden von ihnen) ist nicht bewusst, dass unmittelbar jenseits der Grenzen ihrer nichtphysischen Wahrnehmung andere, noch großartigere Energiedimensionen existieren. Diese spektakulären Energiedimensionen bestehen aus unendlichen Frequenzen reiner Energie und reinen Lichts, eine jede strahlender als die vorausgegangene – lebendigen Lichts, das weit jenseits unserer schwachen Vorstellungen von Form und Substanz existiert und sich bis unmittelbar in den innersten Kern des mehrdimensionalen Universums fortsetzt.

Diese Information ist wichtig, weil der erste Schritt zur Erweiterung unseres Bewusstseins darin besteht, die verschiedenen Beschränkungen zu erkennen, die wir uns selbst auferlegen, körperlich wie geistig. Dieses Wissen zeigt, dass wir alle unsere Wahrnehmung ausweiten und jenseits der uns umgebenden engen Grenzen Erkundungen anstellen müssen. Haben wir erst einmal eine Fähigkeit zu Erkundungen jenseits der Grenzen unseres Körpers entwickelt, können wir dieselbe Fähigkeit in unserer künftigen Existenz innerhalb unseres nichtphysischen Zuhauses anwenden.

Wenn wir unsere Fähigkeit zu Entdeckungsreisen jenseits des Körpers entwickeln, so hat das tief greifende Auswirkungen auf uns alle. Die Fähigkeit zur Erfahrung unterschiedlicher nichtphysischer Frequenzebenen des Universums hängt von der individuellen Fähigkeit ab, die augenblicklichen Energiegrenzen zu überschreiten. Tatsächlich können wir uns, sobald wir gelernt haben, unsere physischen Grenzen zu überwinden, nach unserem Tod derselben Fähigkeit bedienen, um noch großartigere Bereiche des Universums zu erfahren.

Zur Zeit gibt es jene, die ihre persönliche Schwingungsfrequenz erhöhen und mehrere Dimensionen des Universums erkunden können. Diese einzigartigen Individuen sind nicht auf eine einzelne Dimension oder Umwelt beschränkt. Die Fähigkeit, Erkundungen jenseits unserer gegenwärtigen physischen Grenzen anzustellen, ist ein wesentlicher Bestandteil unserer Evolution von körpergebundenen Geschöpfen zu unbegrenzten spirituellen Wesen. Nur durch Überschreiten unserer Grenzen hoher Dichte können wir jemals hoffen, uns überall im mehrdimensionalen Universum bewusst auszudrücken. Es ist unsere Bestimmung, uns bis zu jenem Punkt weiterzuentwickeln, an dem jeder von uns über die Fähigkeit verfügt, sich selbst, sein Bewusstsein über die gesamte Länge und Breite des Universums auszudehnen.

Wir alle sind *interdimensionale Wesen*, die ihre Aufmerksamkeit gegenwärtig auf eine einzige Energie-Materie-Dimension richten. Außerkörperliche und Nahtodes-Erfahrungen, Träume, veränderte Bewusstseinszustände und sogar der Tod selbst sind

Beweise für unsere mehrdimensionale Natur. Die bewusste Anerkennung und persönliche Erfahrung unserer nichtphysischen Natur bedeutet einen wichtigen Schritt in unserer individuellen Evolution. Am Ende werden wir alle uns bis zu dem Punkt weiterentwickeln, an dem wir in der Lage sind, das gesamte Universum bewusst zu erleben und zu erforschen. Das wird geschehen, wenn unsere Spezies allmählich erkennt, dass wir und das Universum dasselbe sind – mehrdimensional.

Nach vielen Jahren persönlicher außerkörperlicher Erkundung bin ich mir sicher, dass wir uns mit Hilfe von Materie entwickeln. Wir verwenden biologische Lebensformen als Instrumente, um uns auszudrücken. Unsere physischen Körper sind die Instrumente, derer wir uns zum Zwecke der Erfahrung und Entwicklung bedienen. Jede Geburt (Entdeckungsreise in Richtung Materie) fördert unseren Fortschritt, indem sie unsere Erfahrung vergrößert. Jede physische Lebensform bedient sich zu ihrer Evolution eines vorübergehenden biologischen Vehikels. Wie der sprichwörtliche Schmetterling verliert jeder lebende Organismus seinen vorübergehenden biologischen Träger, um seine Reise innerhalb der feinen Energie-Ebenen des mehrdimensionalen Universums fortzusetzen.

Evolution ist weit mehr, als unsere Augen sehen können. Sie ist die Bewegung und Veränderung des Bewusstseins von den einfacheren biologischen Lebensformen hin zu den zunehmend komplexeren und organisierteren nichtphysischen Lebensformen. Jede Lebensform setzt ihre evolutionäre Reise innerhalb des mehrdimensionalen Universums fort. Jede entwickelt und verändert sich immer weiter, wobei sie langsam lernt und sich an ihre neuen Anforderungen und Abenteuer, an ihre neuen Ausdrucksformen anpasst. Um Evolution wirklich zu begreifen, müssen wir das Fundament des Universums erforschen und beobachten: die nichtmolekularen Energiestrukturen und -systeme, welche die physischen Veränderungen verursachen, die wir um uns herum beobachten.

Einsteins Traum

Der Traum Einsteins und jedes anderen Physikers war und ist es, die Struktur des Universums zu verstehen und zu erklären. Jahrzehntelang hofften Physiker, eine einzige Theorie zu entdecken, die sämtliche Energie-, Raum- und Zeitvorstellungen erklärt und vereint. Diese einzige, vereinte Theorie wird häufig als »große Vereinheitlichung« bezeichnet.

Die meisten Physiker glauben heute, dass sich unmittelbar jenseits unseres augenblicklichen technologischen Sehvermögens unentdeckte energetische Reaktionen abspielen. Als die modernen Naturwissenschaften den Kern der Materie erforschten, machte man eine unglaubliche Entdeckung: Physische Elementarteilchen besitzen keine ihnen innewohnenden materiellen Attribute oder Eigenschaften. Die Grundbausteine der Materie stellen sich zunehmend als frequenzartig heraus. Diese Entdeckung hat weitreichende Auswirkungen.

Wenn wir die frequenzartige Natur physischer Teilchen anerkennen, dann ist die Vorstellung von mehreren Energiedimensionen nicht mehr so weit hergeholt, wie sie zunächst erscheinen mag. Beispielsweise hat Newtons klassischer Versuch mit dem Prisma gezeigt, dass sichtbares Licht unterschiedliche Frequenzen enthält, die wir als Farben sehen. Die unterschiedlichen Lichtfrequenzen existieren zusammen innerhalb derselben Raumzeit, die wir beobachten, doch jede Lichtfrequenz existiert auch vollkommen getrennt von den anderen.

Das elektromagnetische Wellenspektrum zeigt eine ungeheure Strahlungsansammlung, von Gammastrahlen bis hin zu Radio-Langwellen. Wenn verschiedene Energiefrequenzen gemeinsam innerhalb derselben Raumzeit existieren, die auch wir bewohnen, warum könnten dann nicht auch ganze Energieumwelten und möglicherweise sogar Welten mit unserem sichtbaren physischen Universum koexistieren? Diese Frage wird von Physikern überall auf der Welt ernst genommen. Heute sind Physiker überzeugt davon, dass unmittelbar jenseits unseres technologischen Blicks etwas von beträchtlichen Ausmaßen existiert. Diese unsichtbare und unerforschte Energie hält man für den Schlüssel zum Verständnis der Struktur der Materie und des Universums.

Ich glaube, dass Einsteins Traum von einer großen Vereinigung durch die Entwicklung neuer Methoden zur Erforschung und Verifizierung des mehrdimensionalen Universums verwirklicht werden kann. Die wissenschaftliche Anerkennung des mehrdimensionalen Universums und des Bewusstseinskontinuums ist das wesentliche fehlende Element in unserem Verständnis der unsichtbaren Natur und Struktur der Energie im gesamten Universum. Die Verwirklichung der großen Vereinigung hängt vom Willen moderner Physiker ab, ihre Aufmerksamkeit von den Elementarteilchen weg und zur nichtphysischen Wellenfunktion hin zu verlagern. Das ist kein Traum, sondern eine Wirklichkeit, die geduldig darauf wartet, dass unsere wissenschaftliche Wahrnehmung sich über ihre momentane Besessenheit von physischen Teilchen hinaus weiterentwickelt.

Das Neuland der Naturwissenschaften

Im 21. Jahrhundert nun werden die Naturwissenschaften anerkennen, dass die Antworten auf die schwer fassbaren physischen Rätsel unserer Existenz – die Kosmologie des Universums, die unsichtbare Natur und Struktur der Materie, die Evolution unserer Spezies und sogar die Existenz eines Lebens nach dem Tod – nur durch die Erforschung der unsichtbaren Grundlage des Universums gefunden werden kann. Diese Erkenntnis wird ein gewaltiger evolutionärer Schritt der Naturwissenschaften und ein Wendepunkt in der menschlichen Evolution sein. Langsam werden wir uns davon verabschieden, eine auf das Äußere fixierte biologische Spezies zu sein, und uns auf ein Dasein als in wachsendem Maße mehrdimensionale Spezies hinbewegen. Dieser Veränderungsprozess hat bereits begonnen. Astrophysiker, Quantenphysiker und Teilchenphysiker führen schon jetzt Versuche durch, welche die Vorstellung eines mehrdimensionalen Universums stützen. Dieser Trend dürfte sich das ganze 21. Jahrhundert hindurch fortsetzen.

Wenn wir erst einmal anfangen, das Innere des Universums zu erkunden, wird ein neues Zeitalter naturwissenschaftlicher Forschung und Entdeckung anbrechen. Die modernen Naturwissenschaften werden ihre momentanen Beobachtungen von Materie und Realität über alle gegenwärtigen Vorstellungen hinaus erweitern. Die Naturwissenschaften werden anfangen, den unsichtbaren Ursprung physischer Energie und Materie zu erforschen.

Im Zuge unserer weiteren Evolution werden wir beginnen, das unsichtbare Universum beinahe so zu kartografieren, wie Astronomen heutzutage das sichtbare Universum erfassen. Die Erkundung der Innenwelt des Universums ist eine gewaltige Anstrengung, die weit über unsere gegenwärtigen intellektuellen Vorstellungen von Zeit, Raum und Energie hinausgeht. Die Erkundung der unsichtbaren Dimensionen ist eine Aufgabe, vor der wir alle schließlich stehen werden, ist es doch unser Geburtsrecht und unsere Bestimmung, Entdeckungsreisen jenseits unserer primitiven biologischen Vehikel anzustellen und die Großartigkeit unserer wahren Heimat im Innern des mehrdimensionalen Universums zu erfahren.

KAPITEL 4

Transformierende Eigenschaften

Wissen ist das Mittel gegen Furcht.

RALPH WALDO EMERSON

Die Vorteile außerkörperlicher Erfahrungen gehen weit über die Grenzen unserer physischen Sinne und unseres Intellekts hinaus. Viele Menschen berichten nach einer außerkörperlichen Erfahrung von einem inneren Erwachen ihrer spirituellen Identität, einer Verwandlung ihres Selbstbildes. Sie glauben, sie seien mehr als nur Materie – sie fühlen sich bewusster und lebendiger. Sie bringen eine tiefe innere Einsicht zum Ausdruck, die auf persönlicher spiritueller Erfahrung beruht.

Viele berichten, sie seien mit etwas verbunden, das großartiger sei als sie selbst, mit dem direkten Ursprung des Lebens. Sie schildern das mächtige Gefühl, wie sie eine Barriere von hoher Dichte aus Unwissenheit, Furcht und Beschränkung durchbrochen hätten.

In meinen Kursen wird häufig berichtet, dass das persönliche Wissen zunimmt und eine innere Verbindung zum reinen Geist spürbar wird. Viele Teilnehmer schildern, dass ihre Wahrnehmungsfähigkeit enorm zugenommen habe – sie berichten davon, dass diese ihre physischen Grenzen bei weitem übersteige; sie beschreiben ein überwältigendes, auf direktem persönlichen Erleben beruhendes Gefühl des Wissens. Der vielleicht wichtigste Nutzen außerkörperlicher Erfahrungen liegt darin, dass wir unsere Fähigkeit erkennen, die Antworten selbst zu entdecken.

Wenn ich gefragt werde: »Wozu außerkörperliche Reisen?«, lautet meine einfache Antwort: »Weil ich die Antworten selbst herausfinden muss. In Anschauungen finde ich wenig Trost, insbesondere, weil sie heutzutage die am üppigsten verfügbare Ware sind.« Jede Gesellschaft, jede Kultur quillt über von ihrer Version der Wahrheit – eine künstliche Sammlung unverrückbarer Überzeugungen. Diese Anschauungen wandeln sich mit der Zeit, entwickeln sich und vergehen, während die Wahrheit unserer Existenz dieselbe bleibt, verborgen unter dem stets wachsenden Berg aus Lehren, Dogmen, Annahmen und Schlussfolgerungen.

Ich glaube, dass der Zweck des Lebens ist, sich zu erfahren. Wir müssen selbst Erfahrungen machen und Entdeckungen anstellen. Wir müssen erkennen oder Sklave der Meinungen anderer Menschen sein. Die Schwelle zum 21. Jahrhundert ist nun überschritten, und so ist die Zeit gekommen, unser wahres Potenzial zu erkennen und Erkundungen jenseits der vorherrschenden Anschauungen und Überzeugungen anzustellen. Die Zeit ist gekommen, dass wir die Wahrheit selbst entdecken und begreifen.

Heute haben wir diese Chance. Kontrollierte außerkörperliche Erfahrungen stoßen die Tür auf in ein ungeheures Neuland menschlicher Möglichkeiten und Entdeckungen. Sie erlauben uns, das Terrain jenseits der engen Grenzen unserer physischen Sinne zu erforschen und die Antworten auf die ältesten Rätsel unserer Existenz zu entdecken.

Transformierende Eigenschaften außerkörperlicher Erfahrungen

Nach den von zahlreichen hoch angesehenen Physikern – darunter Raymond Moody, Melvin Morse, Ken Ring, Bruce Greyson und Stuart Twemlow – durchgeführten Forschungen und Untersuchungen sind die transformierenden Eigenschaften außerkörperlicher Erfahrungen unbegrenzt. Jahr für Jahr verweisen neue Studien auf zusätzliche, von außerkörperlichen Reisen herrührende psychische und physische Vorteile. Bei der eigenen Erforschung dieses Gegenstandes wird mir bewusst, dass die Anzahl der Vorteile, von denen berichtet wird, absolut umwerfend ist.

Je mehr Berichte über außerkörperliche Erfahrungen es gibt, desto überwältigender ist das Beweismaterial dafür, dass die Beteiligten von diesen außerkörperlichen Abenteuern regelmäßig auf lebensverändernde Weise profitierten. Im folgenden finden Sie einen Überblick über die vielen Vorteile, von denen in den vergangenen fünfundzwanzig Jahren weltweit berichtet worden ist:

1. *Größeres Realitätsbewusstsein.* Nach einer von den Ärzten Stuart Twemlow und Glen Cabbard sowie dem Pädagogen Fowler Jones durchgeführten und auf der Jahrestagung der amerikanischen psychiatrischen Vereinigung 1980 vorgestellten gründlichen Studie gaben von den 339 Beteiligten 86 Prozent ein größeres Realitätsbewusstsein zu Protokoll. In derselben Erhebung glaubten 78 Prozent, einen dauerhaften Vorteil erlangt zu haben.
2. *Persönliche Bestätigung unserer Unsterblichkeit.* Ohne jeden Zweifel liefern außerkörperliche Erfahrungen aus erster Hand eine Bestätigung der Tatsache, dass wir über die Fähigkeit verfügen, unabhängig von unserem physischen Körper zu existieren.
3. *Die persönliche Entwicklung geht schneller voran.* Die Erkenntnis, dass wir mehr sind als körperliche Wesen, eröffnet vollkommen neue Ebenen persönlicher Entwicklung. Ich bin fest davon überzeugt, dass selbst initiierte und kontrollierte außerkörperliche Erfahrungen wesentlich zu einer schnellen persönlichen Entwicklung beitragen. Wenn wir erst einmal bewusst auf unser nichtphysisches Ich zugreifen und es kontrollieren, können wir das unbegrenzte Wissen unseres Unterbewusstseins erschließen und uns unsere Fähigkeit zur Erkundung des Universums nutzbar machen. Das gesamte Thema »menschliches Potenzial« wird über sämtliche gegenwärtigen Vorstellungen und das aktuelle Vorstellungsvermögen hinaus erweitert.

4. *Weniger Furcht vor dem Tod.* Wenn wir uns bewusst getrennt und unabhängig von unserem physischen Körper erfahren, wird unsere Furcht vor dem Tod merklich abnehmen. Sie ist letztendlich die Furcht vor dem Unbekannten. Trennt man sich erst einmal von seinem Körper, dann weiß man ohne jeden Zweifel, dass man weiterexistiert. Ich habe festgestellt, dass wir weniger Ängste und Besorgnis wegen des Todes hegen, je mehr außerkörperliche Erfahrungen wir machen.
5. *Die medialen Fähigkeiten nehmen zu.* Präkognition, Telepathie, Vorahnungen, Prophetie, die Fähigkeit zum Erkennen einer Aura und viele andere mediale Fähigkeiten werden durch außerkörperliche Erfahrungen oftmals verstärkt. Warum das so ist, weiß man bislang noch nicht, aber viele glauben, dass es einfach eine natürliche Folge des Umstands ist, dass wir besser auf unser inneres Energiesystem abgestimmt werden.
6. *Das Verlangen nach Antworten nimmt zu.* Erkennen sie erst einmal, dass es Antworten gibt, beginnen viele Menschen eine persönliche spirituelle Suche, um die Rätsel zu lösen, die sie seit Kindertagen umtreiben.
7. *Erkenntnisse den Tod betreffend.* Außerkörperliche Erfahrungen liefern den Beweis dafür, dass der Prozess des Sterbens vielleicht keine schmerzhafte oder unheimliche Erfahrung ist, sondern ein wunderbares, spirituelles Abenteuer.
8. *Die menschliche Evolution wird beschleunigt.* Die wahre Evolution unserer Spezies ist nicht der biologische Wandel um uns herum, sondern die Evolution des Bewusstseins. Mit der immer weiter zunehmenden Komplexität geht ein inneres Bedürfnis einher, den unsichtbaren Grund hinter den schnellen physischen Veränderungen, die wir um uns herum wahrnehmen, zu entdecken. Dieses Bedürfnis, die Antworten auf die vielen Rätsel, die uns umgeben, zu entdecken, wird unsere Spezies auf die nächste Ebene menschlicher

Evolution heben. Wenn wir auf die menschliche Evolution zurückblicken, erkennen wir einen Übergang von auf körperlicher Arbeit beruhenden (Agrar-)Gesellschaften zu in wachsendem Maße auf dem Intellekt basierenden (technologischen) Gesellschaften. Schließlich wird der Mensch für den nächsten gewichtigen Schritt in der Evolution bereit sein – das Erkennen und Erleben des nichtphysischen Ich und die Erkundung der nichtphysischen Dimensionen.

9. *Spontane Heilung.* Es gibt zahlreiche Berichte von Menschen, die im Zustand der Außerkörperlichkeit sich selbst und andere geheilt haben. Oftmals wird diese Heilung durch einen auf einen bestimmten Bereich des Körpers gerichteten konzentrierten Gedanken ausgelöst.
10. *Erweitertes Selbstbild.* Statt sich als körperliche Wesen zu betrachten, die eine Seele besitzen, erkennen viele sich als Seele (Bewusstsein), die vorübergehend einen biologischen Körper besitzt.
11. *Die Spiritualität nimmt zu.* Laut der zuvor erwähnten Studie von Dr. Stuart Twemlow sprachen 55 Prozent der Beteiligten im Zusammenhang mit ihrem außerkörperlichen Erlebnis von einer spirituellen Erfahrung. Viele Menschen berichten von einer tieferen Verbindung mit ihrem spirituellen Wesen, tiefen Einblicken in ihre spirituelle Natur oder dem deutlichen Gefühl, mit etwas verbunden zu sein, das weit großartiger sei als sie selbst. Ob wir dieses Etwas als »reinen Geist« bezeichnen oder als »universellen Geist Gottes«, es gibt übereinstimmende Berichte über eine kraftvolle innere Verbindung.
12. *Erkannte und erlebte Einflüsse aus einem früheren Leben.* Die Arbeit von Brian Weiss und anderen angesehenen Ärzten und Hypnotherapeuten hat den überzeugenden Nachweis erbracht, dass Einflüsse aus einem früheren Leben ein wichtiges Element unserer gegenwärtigen Psyche sind. Auf diese unterbewussten Erinnerungen kann man wirksam zu-

greifen und sie auf dem Wege persönlicher außerkörperlicher Erfahrungen erforschen.

13. *Psychische Veränderung geschieht in kürzerer Zeit.* Außerkörperliche Erfahrungen helfen, uns vom alten geistigen Trott und eingefahrenen Gewohnheiten zu befreien. Einzelne Menschen haben mir bei vielen Gelegenheiten erzählt, dass der Schock, sich als unabhängig vom eigenen physischen Körper zu erleben, ihnen zu einer aufgeklärteren Sichtweise ihrer gegenwärtigen Existenz verholfen habe. Diese erweiterte Vorstellung von sich selbst habe mitgeholfen, neue Ebenen persönlicher Entwicklung und persönlichen Verstehens in ihnen zu wecken.
14. *Man erhält persönliche Antworten.* Jede(r) von uns hat Fragen ihre oder seine Existenz betreffend: Wozu bin ich hier? Was ist mein Zweck? Existiere ich nach dem Tod weiter? Was ist der Sinn des Lebens? Diese und viele weitere Fragen können nur durch persönliche Erfahrung beantwortet werden. Außerkörperliche Erfahrungen sind für uns alle eine wirksame Methode, die Antworten zu erhalten, die wir suchen. Warum sich mit Überzeugungen zufrieden geben, wenn man Antworten erhalten kann?
15. *Begegnung mit einem Lichtwesen, einem Engel oder einem anderen nichtphysischen Bewohner.* Viele Menschen berichten über Begegnungen von Angesicht zu Angesicht mit irgendeiner Form nichtphysischer Bewohner. Aus Twemlows Untersuchungsgruppe bemerkten 37 Prozent die Gegenwart eines unkörperlichen Wesens, während 30 Prozent über die Anwesenheit von Führern oder Helfern berichteten.
16. *Mehr Achtung vor dem Leben.* Eine ausgesprochene Abneigung gegen Gewalt und Mord scheint sich zu zeigen. So wird beispielsweise die Vorstellung, ein Tier zu jagen und zu töten, mit einem Mal als abstoßend empfunden. Ich glaube, dass dieser Wandel mit dem persönlichen Wissen einher-

geht, das wir hinsichtlich unserer spirituellen Verbundenheit miteinander erlangen.

17. *Mehr Selbstachtung, Selbstverantwortung und inneres Vertrauen.* Viele Menschen erkennen zum ersten Mal, dass sie der schöpferische Mittelpunkt ihrer physischen Existenz sind. Oft erfahren sie das große Potenzial und die unglaubliche Macht ihres inneren, nichtphysischen Ich und erlangen Zugang zu ihrem schöpferischen Wesen. Einige haben mir erzählt, sie würden mehr als jemals zuvor erkennen, dass sie für all ihre Handlungen, Gedanken und Taten uneingeschränkt verantwortlich seien.
18. *Weniger Feindschaft, Gewalt und Verbrechen.* Wer erfährt, dass er mehr ist als bloßer Körper, dem wird oft bewusst, wie selbstzerstörerisch es ist, einen anderen Menschen zu bestehlen oder ihm zu schaden. Infolge der persönlichen Erkenntnis, dass sie/er nach dem Tod weiterexistiert, erkennt die/der Betreffende, dass auch ihre/seine persönliche Verantwortung weiterexistiert.
19. *Mehr Wissen und Einsicht.* Nur Erfahrung gebiert Einsicht, und außerkörperliche Erfahrungen können auf einzigartige Weise Wissen und Einsicht weit über die Grenzen unserer physischen Wahrnehmung hinaus vermitteln.
20. *Ein tiefes Gefühl, zu wissen statt zu glauben.* Persönliches Wissen ist mächtig und lebensverändernd (besonders wenn man es im Vergleich zu Anschauungen betrachtet). Außerkörperliche Erfahrungen liefern eine Bestätigung unserer Unsterblichkeit und spirituellen Identität aus erster Hand. Dieses Wissen kann nicht angemessen erklärt werden; man muss es erfahren.
21. *Innere Ruhe.* Ein Gefühl des Friedens entsteht aus dem Wissen um, nicht aus der Hoffnung auf unsere Unsterblichkeit.
22. *Mehr Lebensfreude.* Außerkörperlichen Erkundungen wohnt eine gewisse, schwer zu beschreibende Begeisterung inne – ein Hochgefühl, das tief in den unmittelbaren Kern unseres

Seins hinabreicht. Wenn wir uns von unserem physischen Körper trennen und unsere Umwelt aktiv erkunden, dann wissen wir tief im Innern, dass wir zum höchsten Forscher geworden sind. Uns wird bewusst, dass wir viel großartiger sind als unsere momentane physische Persönlichkeit bzw. unser Ego. Das Leben selbst wird zu einem Abenteuer, einer aufregenden Entdeckungsreise. Die innere Aufregung, die wir empfinden, ist unverkennbar; sie rührt von einem inneren Wissen, dass wir uns, unserer Zeit weit voraus, einen Weg bahnen.

23. *Mehr Intelligenz und ein besseres Erinnerungsvermögen; verbesserte Vorstellungskraft.* Viele Menschen berichten, ihre außerkörperliche Erfahrung habe ihr Bewusstsein und ihre Intelligenz geschärft. Manche glauben, dass außerkörperliche Erfahrungen Teile des Gehirns stimulieren können, die vormals, im normalen physischen Leben, ungenutzt gewesen seien. Vom biologischen Standpunkt aus könnte es sich um eine Stimulation des rechten Schläfenlappens oder der Zirbeldrüse handeln. Der medizinische Grund für das berichtete Ergebnis ist unbekannt, aber den intensiven Forschungen von Wilder Penfield, einem kanadischen Neurochirurgen, zufolge berichten Patienten durchweg von außerkörperlichen Erfahrungen, wenn der rechte Schläfenlappen mit einem schwachen elektrischen Impuls stimuliert wurde. Obendrein gibt es stichhaltige Beweise dafür, dass der rechte Schläfenlappen beim Tod oder bei Nahtodes-Erfahrungen auf geheimnisvolle Weise aktiviert wird. Forschungen stützen außerdem die Existenz einer Verbindung zwischen dem biologischen Gehirn und unserem nichtphysischen Energiesystem. Wenn das so ist, dann gibt es vielleicht sowohl elektrische als auch chemische Interaktionen, von denen wir noch nichts wissen. Dieses Thema verlangt weitere Forschungsanstrengungen.

24. *Sinn für Abenteuer.* Tag für Tag und Nacht für Nacht bietet sich die Gelegenheit, ein neues Abenteuer zu erleben. Der

> Autor Tom Robbins hat es vielleicht am besten ausgedrückt: »Unser großes menschliches Abenteuer ist die Evolution des Bewusstseins. Wir sind in diesem Leben, um die Seele zu erweitern und das Gehirn zu erhellen.«

Die umwälzenden Eigenschaften außerkörperlicher Erfahrungen sind eine Realität, die jeder von uns erleben kann. Alles, was wir benötigen, sind Aufgeschlossenheit und die richtige Anleitung, um auf unser grenzenloses persönliches Potenzial zugreifen zu können. Die Fähigkeit zur Erkundung unsichtbarer Bereiche des Universums ist heute verfügbar, aber es ist an uns, den Schritt vom neugierigen Beobachter zum aktiven Forschenden zu tun.

Ich glaube, dieser Schritt ist ein wichtiger Wendepunkt in unserem Leben und unserer persönlichen Evolution. Erforschungen jenseits der Grenzen unseres physischen Körpers können eine wirkungsvolle Methode sein, die Antworten und Einsichten zu erhalten, nach denen so viele von uns suchen. Diese Bewusstseinsreise vom Physischen zum Nichtphysischen ist eine Realität, der wir nicht entrinnen können; unsere einzige echte Entscheidung betrifft den Zeitpunkt, zu dem wir anfangen wollen.

Körperlich benachteiligte Menschen

Außerkörperliche Erkundungen bieten Millionen körperlich benachteiligten Menschen auf der ganzen Welt gewaltige Vorteile. Für jene, die ein Leben körperlicher Einschränkung erdulden, bedeutet die außerkörperliche Erfahrung die Wiedergeburt von Hoffnung, Freude und sinnlicher Wahrnehmung – eine Gelegenheit, sich vorübergehend frei von körperlichem Schmerz, körperlicher Krankheit oder körperlicher Behinderung zu erfahren.

Man stelle sich bloß das behinderte Mädchen vor, das niemals laufen wird, wie es die Grenzen seines physischen Körpers plötzlich mühelos hinter sich lassen kann, oder den Blinden, der niemals sein eigenes Gesicht sehen wird, wie er auf einmal imstande ist, Dinge jenseits der Grenzen physischer Sehkraft wahrzunehmen. Die Möglichkeiten sind atemberaubend.

Die Vorteile außerkörperlicher Entdeckungsreisen übersteigen bei weitem unsere momentane medizinische und naturwissenschaftliche Vorstellungskraft. Die Mediziner blicken auf eine langjährige Geschichte zurück, in der sie sich hauptsächlich auf die körperlichen Aspekte von Krankheit und Behinderung konzentriert haben. Deshalb und wegen der entsprechenden Ausbildung ist die Erforschung erweiterter menschlicher Leistungsfähigkeit und Wahrnehmung zum Nutzen körperlich benachteiligter Menschen in unserer Gesellschaft bedauerlicherweise völlig zu kurz gekommen.

Unsere natürliche Fähigkeit, über unseren physischen Körper hinauszugehen, gestattet uns, jede Art von körperlicher Beschränkung, die wir momentan vielleicht erfahren, vorübergehend hinter uns zu lassen. Mit der richtigen Anleitung, Vorbereitung und Technik kann fast jeder zum Meister außerkörperlicher Entdeckungsreisen werden und die unglaubliche Freude schrankenloser Freiheit erleben.

Man muss die aufregende Realität dieser einzigartigen Form von Erkundung erfahren haben, um ihr unbegrenztes Potenzial begreifen und richtig würdigen zu können. Logisches Denken und Analyse können uns diese Erkenntnis nicht verschaffen – wir müssen ihre Wahrheit *selbst erfahren*. Meine kühnste Hoffnung ist, dass wir diesem neuen Potenzial menschlichen Wachstums und menschlicher Entwicklung mit Herz und Kopf aufgeschlossen gegenüberstehen werden. Wir haben nichts zu verlieren außer der von allen am weitesten verbreiteten Behinderung – der Unwissenheit.

Körperlich benachteiligte Menschen haben, wenn sie außerkörperliche Entdeckungsreisen unternehmen, oftmals einen beträchtlichen Vorteil gegenüber anderen: Der brennende Wunsch, ihren körperlichen Beschränkungen zu entrinnen, erzeugt häufig einen mächtigen Ansporn für Veränderung. Dieser Wunsch und diese Motivation sind die wichtigsten Aspekte für außerkörperliche Erforschung.

Beim Folgenden handelt es sich um eine außerkörperliche Erfahrung, von der ein Mann berichtet, der seit zwanzig Jahren querschnittsgelähmt ist.

> Ich sitze in meinem Rollstuhl und lese ein Buch über außerkörperliche Erfahrungen. Als dreiundsechzigjähriger Mann, der eine traditionelle Erziehung genossen hat, bezweifle ich ernsthaft, ob an dieser Sache etwas dran ist. Es klingt zu sonderbar, um wahr zu sein.
>
> In dem Buch gibt es eine Visualisationsübung, die recht einfach erscheint. Ich finde ... Verdammt nochmal, es tut nicht weh, es auszuprobieren. Ich beginne mir die Wohnung meiner Tochter vorzustellen. Ich tue so, als stünde ich vor ihrer Wohnung und öffnete die Eingangstür. Im Geiste betrete ich das Wohnzimmer und fange an, mir Möbel, Teppich, Fenster, Bilder und sogar die Pflanzen vorzustellen. Irgendwie bin ich überrascht, wie einfach es ist und wie viel Spaß die Sache macht. Ich tue so, als ginge ich hinüber zum Couchtisch, und ich versuche, ihn zu spüren. Ich setze mich in einen Sessel und versuche die Beschaffenheit der Polsterung zu erfühlen.
>
> Die nächste Sache, an die ich mich erinnere, ist ein Traum, in dem ich über eine schöne Wiese hinwegfliege. Dann fühle ich ein seltsames Vibrieren im ganzen Körper. Das Geräusch wird immer lauter, bis mir bewusst wird, dass ich direkt über meinem Rollstuhl schwebe. Zuerst bin ich erschrocken, aber aufmerksam und bewusst. Das Gefühl zu schweben ist wundervoll. Ich denke daran, mich zur Tür zu bewegen, und auf der Stelle schwebe ich dorthin. Ein Gefühl der Freude durchströmt mich, als ich durch die Tür und quer durch mein Haus schwebe. Ich scheine mich zu bewegen, wohin ich möchte.

Ich fasse Mut und beschließe, einen Flugversuch zu unternehmen. Während ich daran denke, dreht mein Körper sich in der Luft. Ich breite die Arme aus und stelle mir vor, wie ein Vogel zu fliegen. Auf der Stelle gleite ich dahin wie ein Adler am Himmel. Ich fliege über mein Wohnviertel und kann die Häuser unter mir sehen. Zum ersten Mal im Leben erkenne ich, was echte Freiheit wirklich ist. Ich denke an meinen physischen Körper und bin plötzlich wieder in meinem Rollstuhl.

Mir klopft das Herz vor Aufregung, während ich diese Zeilen niederschreibe. Das Hochgefühl dieser Erfahrung ist unbeschreiblich. Ich wünschte nur, ich hätte schon zwanzig Jahre früher davon erfahren.

Welchen Nutzen wir aus außerkörperlicher Erfahrung ziehen können

- Man entdeckt und erkennt selbst die Antworten auf die ältesten Rätsel der Menschheit: Existieren wir nach dem Tod weiter? Was ist der Sinn des Lebens?
- Man beantwortet die Grundfragen seiner Existenz: Wer bin ich? Warum bin ich hier? Was ist mein Zweck?
- Man lüftet das Geheimnis seiner endgültigen Bestimmung: Wohin gehen wir im Tod? Gibt es einen »Himmel«? Wie sieht er aus? Warum ist er ein Geheimnis?
- Man nimmt gegenwärtige physische Probleme von einem »höheren Blickwinkel« aus wahr und löst sie von dieser Warte aus.
- Man begreift die Herausforderungen und Lektionen, die man Tag für Tag erlebt, besser.
- Man nimmt wahr, welche unglaubliche, unsichtbare Kraft die Energie unseres Denkens besitzt, und versteht sie.
- Man überwindet das Labyrinth der Anschauungen und entdeckt selbst die Wahrheit.

- Man beschleunigt seine persönliche Entwicklung über die beschränkten Grenzen der Materie hinaus.
- Man stellt sich seinen persönlichen Ängsten und räumt sie aus.
- Man gelangt zu einem sehr viel klareren Verständnis seines Lebens, seiner Beziehungen und seiner Welt.
- Man sieht und erlebt die großartige Schönheit unseres mehrdimensionalen Universums.
- Man macht sich sein unbegrenztes persönliches Potenzial und seine grenzenlose Kraft bewusst.
- Man erkennt und begreift die unsichtbaren Gründe für die früheren und gegenwärtigen Ereignisse in seinem Leben.
- Man genießt absolute Bewegungsfreiheit, ohne Grenzen.
- Man gelangt zu einem sehr viel besseren Verständnis moderner Religionen.
- Man entdeckt und erlebt aus erster Hand die absolute Bestätigung seiner persönlichen Unsterblichkeit.
- Man nimmt die feinen Energieströme, die das eigene Leben und die eigene Welt formen, wahr und versteht sie.
- Man erlangt das Wissen und die Einsicht, die nur aus Erfahrung erwachsen.
- Man erkennt falsche Meinungen, Überzeugungen und Glaubenssysteme und löst sich davon.
- Man erkennt den universellen Plan deutlicher.
- Man nimmt den natürlichen Prozess von Geburt und Tod wahr und begreift ihn.
- Man sieht, erlebt und erkundet selbst den biblischen »Himmel«.

Welche Freuden wir durch außerkörperliche Erfahrung erleben

- den Nervenkitzel eines aufregenden neuen Abenteuers
- die absolute Freude, seine persönliche Unsterblichkeit zu erfahren

- das Hochgefühl von Erlebnissen und Erkundungen jenseits des Gewöhnlichen
- das überwältigende Gefühl persönlicher Leistung
- die reine Freude, ein nicht erfasstes, unentdecktes Gebiet zu erkunden
- die Aufregung, Pionier auf einem neuen Forschungsfeld zu sein
- die Freude, jenseits aller Anschauungen und Annahmen die Wahrheit der eigenen Existenz zu entdecken
- die intensive persönliche Befriedigung, Sinn und Zweck der eigenen Existenz aus erster Hand zu erkennen
- das unglaubliche Gefühl, zu wissen statt zu hoffen
- die Freude, neue Ebenen individuellen Wachstums und persönlicher Entwicklung zu entdecken
- die mit beschleunigter persönlicher Entwicklung verbundenen überwältigenden Empfindungen
- die intensive innere Freude, uralte Rätsel zu lösen und selbst die Antworten zu entdecken

Diese Vorteile erwarten Sie, und noch viel mehr; doch es ist an Ihnen, die Realität all dessen selbst zu erkunden und zu erfahren. Die außerkörperliche Erkundung verschafft Ihnen die seltene Gelegenheit, zu erkennen und zu begreifen statt zu hoffen und zu glauben. Diese Gelegenheit haben Sie heute.

KAPITEL 5

Die eigene natürliche Fähigkeit entwickeln

Setzen Sie sich vor die Tatsache hin wie ein kleines Kind und seien Sie bereit, jede vorgefasste Meinung aufzugeben, folgen Sie demütig, wohin und zu welchem Abgrund auch immer die Natur sie führt, oder Sie werden nichts lernen.

T. H. HUXLEY

Bleiben Sie die ganze Zeit aufgeschlossen für den Wandel. Heißen Sie ihn willkommen. Machen Sie ihm den Hof. Nur durch Prüfung und nochmalige Prüfung Ihrer Meinungen und Vorstellungen machen Sie Fortschritte.

DALE CARNEGIE

Unsere Vorstellungen von Realität neu bewerten

Viele psychologische Fragen betreffen unsere Fähigkeit zu außerkörperlichen Erfahrungen. Die Vorstellung, die wir von uns haben, und die Art und Weise, wie wir diesen Gegenstand betrachten, üben einen gewaltigen Einfluss auf die Ergebnisse aus, die wir erhalten. Es ist vollkommen normal, dass unsere persönlichen Grenzen, Ängste und Überzeugungen die Fähigkeit zum Erlebnis und Genuss unseres uneingeschränkten Potenzials hemmen. Das gilt ganz besonders, wenn wir uns auf eine neue Form von Erkundung begeben.

Die »Selbsteinschätzung«, die Sie unten finden, gibt einen Überblick über Themen und Fragen, die Ihre Fähigkeit zu einer außerkörperlichen Erfahrung beeinflussen können. Ihre Antworten können nützliche Einblicke in Ihre persönlichen Anschauungen, Annahmen und Überzeugungen hinsichtlich dieser einzigartigen Form der Erkundung gewähren.

Prüfen Sie Ihre emotionalen und intellektuellen Antworten auf jede Frage so objektiv wie möglich. Wenn Sie einen Bereich entdecken, der eine mögliche Beschränkung oder einen Konflikt birgt, nehmen Sie sich Zeit und befassen Sie sich eingehend damit; suchen Sie nach dem tiefer liegenden Grund für Ihre momentanen Anschauungen.

Sind Sie bereit, Ihre Vorstellungen neu zu bewerten, so ist das einer der wichtigsten Schritte zur Vorbereitung der Außerkörperlichkeit. Ich habe festgestellt, dass bewusste und unterbewusste Ängste, Beschränkungen und irrige Annahmen die häufigsten Hindernisse darstellen, denen wir uns bei der außerkörperlichen Erkundung gegenübersehen. Die Erkenntnis unserer persönlichen Grenzen und Ängste ist ein bedeutender Schritt nach vorn, wenn wir Blockaden, auf die wir möglicherweise stoßen, auflösen wollen. Nehmen Sie sich alle Zeit, die Sie brauchen, und wenden Sie sich ruhig jedem Gegenstand zu, den sie für relevant halten. Ich empfehle Ihnen, die Antworten so ausführlich wie nötig aufzuschreiben.

Selbsteinschätzung

1. *Selbstbild:* Wofür halten Sie sich? Wie sehen Sie sich? Schildern Sie ausführlich die Vorstellung, die Sie von sich selbst haben.
2. *Persönliche Standpunkte:* Wie sind Ihre Vorstellungen und Empfindungen hinsichtlich außerkörperlicher Erfahrungen? Halten Sie sie für ein Abenteuer?
3. *Motivation:* Besteht Ihre persönliche Motivation darin, Antworten zu erhalten? Ein Rätsel oder ein Problem zu lösen? Ist es Neugier? Suchen Sie irgendeine Art persönlicher Bestätigung? Seien Sie genau.
4. *Sicherheit:* Halten Sie eine außerkörperliche Erfahrung für vollkommen sicher? Haben Sie irgendwelche Befürchtun-

gen, dass Sie sich beispielsweise verirren oder dass Sie sterben könnten? Seien Sie genau.

5. *Besondere Fähigkeit oder Talent:* Glauben Sie, dass außerkörperliche Erlebnisse eine besondere Fähigkeit oder Talent erfordern?
6. *Bedeutung:* Betrachten Sie diese Erkundung als wichtig für Ihre persönliche Entwicklung? Wie wichtig ist sie – auf einer Skala von 1 bis 10?
7. *Wunsch:* Besitzen Sie den inneren Wunsch und Antrieb, die Sache durchzuziehen? Welche Vorteile oder Informationen versprechen Sie sich von dieser Erfahrung? Wie stark ist Ihr Wunsch?
8. *Engagement:* Sind Sie bereit, die Zeit und Mühe zu investieren, die notwendig sind, damit Sie Ihr Ziel erreichen? Sind Sie bereit, einen Monat lang jeden Tag dreißig Minuten zu opfern?
9. *Ängste:* Sind Sie besorgt oder ängstlich wegen dieser Art von Erfahrung? Fürchten Sie das Unbekannte, das Dunkel oder neue Herausforderungen? Sind Ihre Ängste logisch nachvollziehbar oder die Folge fehlender Information?
10. *Religiöse Überzeugungen:* Wie passt die außerkörperliche Erkundung zu Ihren religiösen Anschauungen und Vorstellungen? Halten Sie sie für eine spirituelle Erfahrung?
11. *Schwierigkeitsgrad:* Halten Sie diese Erfahrung für natürlich, und glauben Sie, sie sei leicht oder schwer zu meistern? Warum empfinden Sie so?
12. *Zutrauen:* Sind Sie zuversichtlich, dass Sie Ihre gewünschten Ziele erreichen werden?
13. *Erwartungen:* Erwarten Sie positive Ergebnisse? Welches sind Ihre persönlichen Erwartungen?
14. *Persönliche Probleme oder Grenzen:* Sind Ihnen irgendwelche persönlichen Probleme bewusst, die Ihre Fähigkeit zu einer außerkörperlichen Erfahrung vielleicht beeinträchtigen? Wenn ja, notieren Sie sie.

15. *Ziele:* Haben Sie sich diese Entdeckungsreisen persönlich fest vorgenommen? Haben Sie dieses Ziel aufgeschrieben? Ist es ein wichtiges Ziel? Genießt es höchste Priorität?

Viele der in dieser Selbsteinschätzung abgedeckten Punkte erfordern keine Erläuterung. Doch ein paar Bereiche bedürfen vielleicht einer weiteren Klärung.

Engagement und Ziele

Ihre positive Einstellung zur außerkörperlichen Erkundung und Ihr diesbezügliches Engagement sind entscheidend für Ihren Erfolg. Wenn Sie diese Reise nur halbherzig durchführen, werden die Ergebnisse entsprechend ausfallen. Auf der anderen Seite werden Sie garantiert erfolgreich sein, wenn Sie leidenschaftlich, entschlossen und engagiert an die Sache herangehen.

Vor allem müssen Sie dieser Erkundung eine bestimmte Zeit lang persönlichen Vorrang einräumen. In meinen Kursen empfehle ich ein Minimum von dreißig Tagen uneingeschränkten Engagements. Ich weise alle Kursteilnehmer/innen an, die Zeit einzuplanen, die notwendig ist, um täglich mindestens eine Außerkörperlichkeits-Technik zu praktizieren. Richten Sie dreißig Tage lang so viel geistige und emotionale Energie, wie Sie aufbringen können, auf Ihr Ziel: die bewusste außerkörperliche Erfahrung. Vielen Menschen hilft die tägliche schriftliche Ausarbeitung des Ziels dabei, dass es im Geiste feste Gestalt annimmt, und das Aufschreiben unterstreicht seine Bedeutung. Schreiben Sie beispielsweise jeden Abend vor dem Zubettgehen zwanzig Mal: »Jetzt habe ich eine außerkörperliches Erfahrung«, »Jetzt habe ich eine vollkommen bewusste außerkörperliche Erfahrung« ... oder »Jetzt bin ich außerkörperlich« ...

Wenn Sie dieser Erkundung persönliche Priorität einräumen und schriftliche Ziele damit verbinden, intensiviert sich Ihr Engagement weiter. Tatsächlich leiten Sie eine beinahe mystische Kette von Ereignissen ein – Ihr inneres Engagement und Ihr

Wunsch prägen allmählich Ihr Unterbewusstsein. Häufig können Sie sich besser an Ihre Träume erinnern und diese Träume werden immer klarer. Oft wird von Träumen, die eine Bewegung wie das Fliegen beinhalten, berichtet. Diese Träume sind ein Hinweis, dass unser Unterbewusstsein darauf reagiert, wie sehr wir uns für eine außerkörperliche Erfahrung engagieren. Diese Träume und die mit ihnen verbundenen inneren Signale sind oftmals ein wirkungsvolles Sprungbrett zu einer vollkommen bewussten Erfahrung.

Schreiben Sie noch heute Ihre Ziele auf und verpflichten Sie sich persönlich, die Sache mit Engagement zu verfolgen.

Schriftlich festgehaltene Ziele

In einem meiner jüngsten Kurse fragte mich eine Frau, welches einzelne Ereignis oder Erlebnis meine Fähigkeit zu außerkörperlichen Erfahrungen am stärksten beeinflusst habe. Nach einigem Nachdenken wurde mir bewusst, dass vor allem anderen der Entschluss, meine persönlichen spirituellen Ziele – zum Beispiel »Ich löse mich leicht von meinem physischen Körper« und »Ich erlebe jetzt mein höheres Ich« – schriftlich festzuhalten, eine große Wirkung gehabt hatte.

So seltsam es klingen mag, aber meine Ziele schriftlich festzuhalten war von durchschlagender Wirkung für die Ergebnisse, die ich erfuhr. Bei jeder außerkörperlichen Erfahrung schienen meine persönlichen Ziele mir just im richtigen Augenblick durch den Kopf zu schießen, sodass ich ihnen gemäß handeln konnte. Mit den Fortschritten, die ich machte, entwickelten sich meine Ziele. Häufig pflegte ich meine Erfahrung nach der Rückkehr von einem außerkörperlichen Abenteuer aufzuschreiben, und mir wurde jedes Mal bewusst, dass ich jetzt weitere Ziele und Fragen hatte. Es ist, als verstärkte jede Erfahrung sich selbst. Die Wirkung, wenn man feste, schriftliche Ziele setzt, ist offenkundig; sie bündeln unsere Gedanken, die bewussten wie die unbewussten. Alles Physische und Nichtphysische beginnt als Gedanke, und je genauer unsere Gedanken sind, desto größer ist die Wahrscheinlichkeit, dass sie sich manifestieren.

Während der ersten Sekunden einer außerkörperlichen Erfahrung sind unsere Gedanken entscheidend für die unmittelbaren Ergebnisse, die wir erfahren. Es ist vollkommen normal, dass der erste konzentrierte Gedanke uns in eine nichtphysische Umwelt oder Situation befördert, welche direkt mit diesem Gedanken verbunden ist.

Genaue und schriftliche Ziele prägen sich dem Unterbewusstsein stark ein und werden mit größerer Wahrscheinlichkeit von unserem nichtphysischen Bewusstseinszustand umgesetzt. Werden sie korrekt angewendet, so können unsere außerkörperlichen Abenteuer auf einen bestimmten Zweck oder ein genaues Ziel hin programmiert werden. Die Bedeutung dessen darf man nicht verkennen: Es ist der erste Schritt, um den Zustand der Außerkörperlichkeit bewusst zu kontrollieren. Das ist der tiefer liegende Grund für die Wirksamkeit von Affirmationen und Visualisationen.

Ängste und Grenzen

Ängste und Grenzen üben eine erstaunliche Kontrolle über unser Leben aus. Persönliche Anschauungen, Grenzen und Ängste errichten unsichtbare Mauern der Furcht und Besorgnis um uns herum. Diese besorgten und ängstlichen Empfindungen manifestieren sich als die Grenzen, auf die wir im alltäglichen Leben stoßen.

Furcht, Sorge und die daraus resultierenden Beschränkungen sind die dem Erfolg in erster Linie entgegenstehenden Hindernisse, denen wir uns stellen müssen. Tagtäglich sind wir mit Entscheidungen und Möglichkeiten konfrontiert, aufgrund derer wir handeln müssen. Diese Entscheidungen bestimmen den Verlauf unseres Lebens und die Ergebnisse, die wir erfahren.

Schaut man sich das Leben erfolgreicher Menschen an, so wird man feststellen, dass ihnen ein Merkmal vorrangig gemeinsam ist: Alle mussten sich ihren Ängsten und Grenzen stellen und sie überwinden, um ihre gewünschten Ziele zu erreichen. Die introvertierten Schauspieler, Musiker und Redner, die ihr starkes Lampenfieber besiegt haben; Piloten, die einst unter Höhenangst litten, und sogar das Kind, das sich vor dem Dunkel fürchtet, sind Beispiele dafür.

Jede Furcht und Sorge in unserem Leben ist ein persönliches Hindernis, das wir überwinden müssen, eine persönliche Barriere, die uns von unseren ersehnten Zielen trennt. Man kann das Leben selbst als Aufeinanderfolge von Herausforderungen und Hindernissen betrachten, denen wir uns schließlich stellen und die wir überwinden müssen. Die Art und Weise, wie wir auf jede Schwierigkeit reagieren, bestimmt die persönlichen Erfüllungen, die sich im Laufe unseres Lebens manfestieren.

Die Ängste und Grenzen in unserem physischen Leben berühren oftmals auch unsere außerkörperlichen Erfahrungen. Tatsächlich manifestieren sich unsere Ängste als nichtphysische, Freiheit und Mobilität einengende Mauern und Barrieren.

So fühlte ich beispielsweise im dritten Jahr meiner außerkörperlichen Erlebnisse, wie ein großer, schwerer Gegenstand unmittelbar nach dem Austritt schwer auf mir lastete. Ich erkannte in dem Objekt einen prunkvollen Blattgoldspiegel; er war so wuchtig, dass ich unter seinem Gewicht schier erdrückt wurde. Ich begann mit aller Kraft, mich gegen den Spiegel zu stemmen, und versuchte immer wieder, ihn beiseite zu schieben. Ich war vollkommen verzweifelt, als ich feststellte, dass ich dem Gewicht des Spiegels nicht entkommen konnte. Ich gab alle Hoffnung auf und konzentrierte meine ganze Aufmerksamkeit, meine ganze Kraft und Stärke darauf, dieses drückende Gewicht zu bewegen, dabei rief ich laut: »Ich habe die Kraft!« Augenblicklich fühlte ich eine Woge der Stärke; ohne Anstrengung hob ich den Spiegel empor und warf ihn zur Seite.

In diesem Moment verspürte ich ein kraftvolles neues Gefühl von Freiheit und Beweglichkeit. Ich war leicht wie eine Feder und konnte gehen, wohin ich wollte. Zum ersten Mal im Leben fühlte ich mich vollkommen frei, spürte, dass ich Herr der Lage war. Ich konnte mich viel schneller bewegen, konnte rascher wahrnehmen und begreifen. Irgendwie wusste ich, dass ich die Tür zu neuen Ebenen persönlicher Möglichkeiten und Entwicklungen aufgestoßen hatte.

Jede Angst, die wir erleben, und jede Grenze, auf die wir stoßen, ist für uns eine Gelegenheit, zu lernen und uns weiterzuentwickeln. Die Erkenntnis dieser Tatsache hilft uns, jeder neuen Herausforderung zu begegnen.

Glaube

So überraschend es klingen mag, aber man muss nicht an außerkörperliche Erfahrungen glauben, um sie zu machen. Unzählige Menschen weltweit haben von spontanen außerkörperlichen Erlebnissen berichtet. Die meisten von ihnen besaßen weder Vorkenntnisse über außerkörperliche Reisen, noch hatten sie vorher daran geglaubt. Von Raymond Moodey und anderen Autoren sind zur Zeit mehrere Bücher erhältlich, in denen solche Nahtodes- und außerkörperlichen Erfahrungen mitsamt ihren unglaublichen Auswirkungen ausführlich geschildert werden.

Vor vielen Jahren, als ich zum ersten Mal von diesem seltsamen Phänomen hörte, glaubte ich nicht, dass es tatsächlich außerkörperliche Erfahrungen gäbe. Ich war zu dem Schluss gekommen, dass es sich bei den so genannten »außerkörperlichen Reisen« wahrscheinlich um einen unheimlichen Streich, eine von Drogen hervorgerufene Erfahrung oder irgendeine Art luziden Träumens handelte. Aus halbherziger Neugier heraus beschloss ich, diese seltsamen Berichte selbst zu erkunden. In der Rückschau wird mir bewusst, dass Glaube überhaupt nicht notwendig war. Stattdessen war mein wertvollster Aktivposten bei der Untersuchung dieser einzigartigen Form von Erkundung die Neugier.

Körperliche Konditionierung und Indoktrination

Jeder von uns hat von Geburt an die äußerst umfangreiche Konditionierung erhalten, die unsere Gesellschaft und Kultur aufbieten kann. Wir wurden darauf konditioniert, die Annahme zu akzeptieren, wir seien körperliche Geschöpfe – vernunftbegabte Säugetiere.

Diese physische Indoktrination ist größtenteils das Ergebnis einer einzigen, widerspruchslos hingenommenen Schlussfolgerung, die von Generation zu Generation weitergegeben wird: Da wir uns als körperliche Wesen erfahren und wahrnehmen, sei es nur natürlich, zu folgern, dass wir unser Körper sind. Auf der Basis physischer Wahrnehmungen scheint das eine logische Schlussfolgerung zu sein. Was sonst könnten wir sein?

Während wir heranwachsen, sagt man uns immer wieder, wir seien physische Geschöpfe. Familie, Freunde, die Massenmedien und die Gesellschaft im Allgemeinen bekräftigen diese Überzeugung in unserem Leben Tag für Tag. Schließlich bringt man uns ein paar nichtphysische Vorstellungen bei, gewöhnlich in Gestalt religiöser Anschauungen. Diese nichtphysischen Vorstellungen werden uns normalerweise auf sehr doppeldeutige Weise vermittelt. Die meisten Religionen lehren, dass wir eine Seele oder irgendeine Art reinen Geist besäßen – eine unsichtbare, unbeschreibliche Form von Energie. Uns wird gesagt, wir sollten diese rätselhafte Vorstellung glauben, ohne Fragen zu stellen, als Beweis wird uns indes nichts geboten – keine Tatsachen, keine Logik. Uns wird gesagt, wir sollten Vertrauen haben, denn die Antworten lägen in Gottes Händen. Viele religiöse Führer wollen uns unbedingt glauben machen, dass es praktisch nicht in unserer Macht stehe, die Antworten auf die Rätsel unseres Daseins und des Lebens zu erhalten.

Das Ergebnis ist eine gewaltige, zweifache Indoktrination. Zuerst lehrt man uns, wir seien vernunftbegabte Säugetiere; auf der anderen Seite wird uns beigebracht, wir seien machtlose Geschöpfe Gottes, unfähig die Antworten aus eigener Kraft zu erhalten.

Bei diesen Schlussfolgerungen gibt es nur ein Problem – sie beruhen vollständig auf der begrenzten Reichweite unserer körperlichen Sinne. Wie jeder Physiker Ihnen versichern wird, sehen wir nur einen kleinen Ausschnitt der uns umgebenden Energie. Unsere gesamte Vorstellung von Realität einzig auf physische Wahrnehmungen zu gründen ist dazu prädestiniert, zu unvollständigen Schlussfolgerungen zu führen, und zwar nicht nur über uns selbst, sondern über alles um uns herum. Ein klassisches Beispiel ist die frühe Vorstellung, dass die Erde der Mittelpunkt des Universums sei. Tausende von Jahren war es für jedermann offensichtlich, dass die Sonne sich um die Erde drehte. In jüngerer Zeit brachte man uns in den Naturwissenschaften bei, dass das Atom aus winzigen Teilchen bestünde, die sich harmonisch um einen festen, dauerhaften Kern drehen. Der Quantenmechanik zufolge ist dieses saubere, ordentliche Bild subatomarer Realität heute unzutreffend und unvollständig.

Eine der zur Zeit in Schulen auf der ganzen Welt gelehrten Überzeugungen ist die wissenschaftliche Annahme, das biologische Gehirn sei der Ursprung von Bewusstsein. Die Medizin kam vor langer Zeit zu dem Schluss, dass das Gehirn die Quelle allen Bewusstseins sei. Was sonst sollte es sein? Heute jedoch liefern Abertausende von außerkörperlichen und Nahtodes-Erfahrungen den eindeutigen Beweis dafür, dass unser Bewusstsein weiter arbeitet, auch wenn wir von unserem physischen Körper getrennt werden.

Der erste Schritt zur Befreiung von unserer physischen Konditionierung besteht in der Anerkennung ihrer Existenz. Achten Sie fortan auf die vielen Annahmen und Schlussfolgerungen, aus denen Ihr Leben besteht. Beachten Sie all die subtilen Dinge, die in unsere Gesellschaft und in unser Alltagsleben eingebaut sind. Horchen Sie beispielsweise auf alle Aussagen, die sich auf Sie und Ihre Mitmenschen als körperliche Wesen beziehen: mein Haar, meine Haut, seine Arme, ihre Beine. Das mag trivial klingen, aber wir hören diese Art von Aussagen jeden Tag viele Male.

Jede Äußerung, die sich auf uns als physische Körper bezieht, zielt darauf ab, uns auf dieses Selbstbild hin zu konditionieren. In der Hypnose nennt man das »Suggestion«. Es ist erwiesen, dass Suggestionen, wenn sie über einen gewissen Zeitraum hinweg täglich wiederholt werden, unseren Verstand auf äußerst wirkungsvolle Weise umprogrammieren.

Jedes Jahr werden unzählige Menschen durch hypnotische Suggestionen »beeinflusst«, mit dem Ziel, ihre täglichen Gewohnheiten oder Verhaltensmuster zu ändern – häufig in ein oder zwei Sitzungen. Jahrzehntelang wurden Suggestionen erfolgreich angewendet, um jemandem das Rauchen abzugewöhnen oder seine Essgewohnheiten zu ändern. Wenn es möglich ist, den menschlichen Verstand innerhalb von einer Stunde zu konditionieren, um eine lebenslange Gewohnheit wie das Rauchen oder die Völlerei aufzugeben, dann stellen Sie sich bloß vor, welche Auswirkungen ein ganzes Leben sozialer Konditionierung haben mag.

Tatsächlich prägt die Tatsache, dass von uns andauernd als von körperlichen Wesen gesprochen wird, unser Selbstbild dergestalt, dass wir diese Annahme als Realität akzeptieren. Besonders stark ist die Wirkung, wenn wissenschaftliche und medizinische Experten unserer Tage dieselben Annahmen wieder und wieder bekräftigen. Die Folge ist klar: Wir akzeptieren die Vorstellung von uns, dass wir in der Tat körperliche Wesen seien. Zweifelsohne ist das die größte Unwahrheit, die unsere Spezies beherrscht. In Wahrheit ist der physische Körper einfach ein vorübergehendes biologisches Vehikel, das wir benutzen, um uns in einer dichten Umwelt auszudrücken. Das ist der hauptsächliche Grund, warum Millionen von Menschen, die Nahtodes- und außerkörperliche Erfahrungen gemacht haben, durch ihr Erlebnis so grundlegend verändert wurden. Statt es zu glauben oder zu hoffen, erleben diese Menschen, häufig zum ersten Mal, dass sie spirituelle Wesen sind, die in einem vorübergehenden biologischen Vehikel »wohnen«. Diese Erkenntnis ist durchschlagend und lebensverändernd und mit Worten allein schwer zu vermitteln. Stellen Sie sich nur einen Augenblick lang vor, Ihr gesamtes Selbstbild würde radikal und unverzüglich ein für allemal verändert. Viele Menschen reden über solche Erfahrungen überhaupt nicht, weil sie einfach weit über die gegenwärtigen physischen Vorstellungen von Realität hinausgehen.

Ich glaube, dass der tiefer liegende Zweck von Nahtodes- und außerkörperlichen Erfahrungen darin liegt, jedem von uns einen Einblick in seine spirituelle Natur zu gewähren. Nur wenn wir unser unkörperlich-spirituelles Ich erleben, können wir den einschränkenden Einfluss unserer massiven körperlichen und sozialen Indoktrination überwinden. Nur wenn wir uns von unseren engen physischen Beschränkungen befreien, können wir unsere eigene Wahrheit und die Wahrheit des Universums erkennen.

Aufbau einer außerkörperlichen Erfahrung

Ebenso wie in Nahtodes-Erfahrungen immer wieder bestimmte Elemente zu finden sind, kennt auch die außerkörperliche Erfahrung mehrere Phasen, von denen übereinstimmend berichtet wird. Bei den folgenden handelt es sich um die am häufigsten erwähnten.

1. *Schwingungszustand.* In diesem Zustand fließen Energieschwingungen durch den ganzen Körper. Im Verein mit gelegentlicher Taubheit und Katalepsie (Bewegungsunfähigkeit) begleiten summende, brummende oder tosende Geräusche häufig die Schwingungen. Die Bandbreite und Intensität der Schwingungen und Geräusche ist enorm; sie kann von leicht und besänftigend bis zu intensiv und aufregend reichen. Im Schwingungszustand wird unser Bewusstsein zu unserem nichtphysischen Energiekörper verlagert. Die Schwingungen und Geräusche (inneren Signale) sind keine körperlichen Ereignisse, wie manche glauben, sondern sie bedeuten das be-

wusste Erkennen unseres Körpers höherer Frequenz, während er sich von unserem physischen Körper löst (den Gleichklang mit ihm verlässt).

2. *Ablösungsstadium.* Wenn der feine Energiekörper aus dem physischen Körper heraustritt, wird im Allgemeinen ein deutliches Gefühl des Gehobenwerdens, Schwebens oder Aus-dem-Körperlichen-Rollens erlebbar. Nachdem die Ablösung vollendet ist, lassen die Schwingungen und Geräusche sofort nach.
3. *Erkundungsstadium.* Sobald wir uns erst einmal vom physischen Körper entfernen und bewusst unabhängig von ihm existieren, können wir mit der Entdeckung der nichtphysischen Umwelt beginnen. Der Energiekörper wird oft als Abbild des physischen Körpers, jedoch aus einer Form von Energie höherer Frequenz bestehend, erfahren. Wegen seiner feinen Struktur reagiert der Energiekörper äußerst empfindlich auf Gedanken. Wir können uns bewegen, wie immer es uns beliebt: Wir können gehen, rennen, fliegen, schweben. Um die Erkundung weiterzuführen, müssen wir unsere Aufmerksamkeit auf die neue Umgebung und den neuen Energiekörper richten, auf die wir stoßen.
4. *Wiedereintrittsstadium.* Der Wiedereintritt – die neuerliche Integration des feinen Energiekörpers in den physischen Körper – erfolgt automatisch, indem man einfach an den physischen Körper denkt. Gelegentlich wird die Integration beider Körper beim Wiedereintritt von vorübergehenden Schwingungen, Taubheit und Katalepsie begleitet. Diese Empfindungen vergehen rasch, wenn wir wieder mit unserem physischen Körper vereinigt und in Gleichklang mit ihm gebracht werden.

Vier Schritte zum Erfolg

Der erste Schritt zu einer erfolgreichen, selbstbestimmten außerkörperlichen Erfahrung besteht darin, geistig und emotional ruhig zu bleiben, wenn Sie in Ihrem Bewusstsein irgendeine

Bewegung oder Verlagerung zu erkennen beginnen. Ihre Fähigkeit, die Ruhe zu bewahren, ist entscheidend dafür, dass Sie im Zustand der Außerkörperlichkeit überhaupt irgendwie die Kontrolle erlangen und sie auch behalten. Die mit außerkörperlichen Erfahrungen eingangs verbundenen Empfindungen können für Anfänger überraschend und aufregend sein. Das gilt besonders dann, wenn sie auf das Erlebnis nicht vorbereitet sind. Oftmals wird diese Beunruhigung von den starken Gefühlen und Geräuschen hervorgerufen, die kurz vor und beim Austritt auftreten können. Manche Menschen geraten durch diese inneren Geräusche und Gefühle derart in Aufregung oder sogar Panik, dass sie sofort an ihren physischen Körper denken. Dadurch »schnellen« sie augenblicklich in die Körperlichkeit zurück. Der Schlüssel liegt darin, den ungewöhnlichen Schwingungen und Geräuschen freudig zu begegnen und dabei so ruhig wie möglich zu bleiben.

Der zweite Schritt besteht darin, sich die Gewohnheit automatischer Selbstkontrolle zu eigen zu machen. Wann immer Sie irgendwelche mit außerkörperlichen Erlebnissen verbundenen Gefühle oder Geräusche erleben, bestärken Sie diese Gefühle oder Geräusche darin, sich auf Ihr ganzes Sein auszudehnen. Wenn Sie beispielsweise ein starkes Summen oder eine ungewöhnliche Schwingung verspüren, geben Sie diesem Gefühl oder Geräusch Raum, damit es sich weiter ausbreiten kann. Richten Sie Ihre ganze Aufmerksamkeit auf die Freude an Ihrer neuen, höheren Schwingungsfrequenz. Bestärken Sie die Schwingungsempfindungen oder die Geräusche sodann im Geiste darin, Ihr gesamtes Sein zu durchdringen.

Wenden Sie sich in einem dritten Schritt von Ihrem physischen Körper ab. Das gelingt Ihnen leicht durch einen verbalen oder geistigen inneren Dialog, der Sie von Ihrem physischen Körper entfernt und die Distanz aufrechterhält. Zum Beispiel: »Ich schwebe empor, immer weiter ...« oder »Ich werde immer leichter ...« oder »Ich bewege mich jetzt zu meinem Wohnzimmer [oder zum Hinterhof oder zu irgendeinem anderen von Ihrem Körper entfernten Ort]«. Jeder Satz, der Sie von Ihrem physischen Körper wegführt und Sie von ihm trennt, wird seine Wirkung tun. Und achten Sie darauf, in keiner Weise, in keiner Gestalt oder Form, an Ihren physischen Körper zu denken oder ihn zu erwähnen. Selbst zufällige Gedanken an Ihren physischen Körper können zu einer abrupten Rückkehr führen.

Lenken Sie in einem vierten Schritt Ihre Aufmerksamkeit für einige Zeit gänzlich von Ihrem physischen Körper ab. Das gelingt Ihnen am leichtesten, wenn Sie Ihren Körper vorläufig vergessen und sich vollständig auf die neue Umgebung einlassen, auf die Sie stoßen. Erfolg und Dauer Ihrer außerkörperlichen Erfahrung werden ganz und gar davon abhängen, worauf Sie Ihre Aufmerksamkeit richten. Gedanken oder Gefühle, die mit Ihrem physischen Körper zusammenhängen, befördern Sie auf der Stelle in ihn zurück.

Denken Sie stets daran, dass wir starke nichtphysische Geschöpfe sind, die vorübergehend ein fleischliches Vehikel »bewohnen«. Die Fähigkeit zur Kontrolle unserer außerkörperlichen Erfahrungen ist ein natürlicher Teil unserer persönlichen Entwicklung. Jede Erfahrung ist ein aufregendes Entdeckungsabenteuer. In Wirklichkeit erkunden wir unsere wahre Identität und Heimat und entdecken sie wieder.

Den Schwingungszustand erkennen und darauf reagieren

Innere Schwingungen und Geräusche sind häufig Anzeichen einer kommenden nichtphysischen Erfahrung. Ich bezeichne die inneren Geräusche und Schwingungen als »Schwingungszustand«. Diese Schwingungen beginnen gemeinhin im Nacken und breiten sich anschließend rasch über den ganzen Körper aus. Sie sind häufig von Taubheit und einem Summen oder Brummen begleitet.

Nach einer umfangreichen landesweiten Studie zur Außerkörperlichkeit, die Dr. Stuart Twemlow im Jahr 1979 in den USA durchführte, berichteten von 339 Beteiligten 55 Prozent über ein »Gefühl der Kraft« während ihres außerkörperlichen Erlebnisses. Zusätzlich gaben 50 Prozent an, dass sie Schwingungen im Körper verspürt, und 38 Prozent, dass sie zu Beginn ihres Erlebnisses Geräusche vernommen hätten. Die häufigsten vermeldeten Geräusche waren Summen (29 Prozent), Tosen (19 Prozent) und Musik oder Gesang (16 Prozent).

Zu Beginn ist es hilfreich, allen inneren Signalen Beachtung zu schenken, die man im Schlaf oder in Träumen und beim Aufwachen erlebt. Achten Sie genau darauf, wenn Sie Schwingungen verspüren oder Geräusche vernehmen, sollten diese auch nur schwach und leise sein. Viele Menschen spüren regelmäßig Schwingungen und hören Geräusche, schenken ihnen jedoch keinerlei Beachtung, weil sie glauben, sie hingen mit Träumen zusammen, oder weil sie sie für ungeklärte physische Phänomene halten.

Davon, dass Sie diese Empfindungen und Geräusche erkennen und darauf angemessen reagieren, hängt es ab, wie erfolgreich Ihr Trennungsprozess sich gestaltet. Manche Menschen sind von den Gefühlen und Geräuschen so erregt, dass sie an ihren physischen Körper denken. Dadurch kehren sie auf der Stelle in die Körperlichkeit zurück.

Ihre positive Reaktion auf die mit den außerkörperlichen Entdeckungsreisen verbundenen anfänglichen Empfindungen und Geräusche wird Ihnen helfen, jede Gelegenheit zu nutzen, sich von Ihrem physischen Körper zu trennen und das höchste Abenteuer zu erleben. Je erfahrener und besser vorbereitet Sie sind, desto erfolgreicher sind Sie wahrscheinlich. Den Schwingungszustand erkennen und darauf reagieren – beides sind wichtige Schritte zur Vorbereitung. Die folgende Liste kann Ihnen helfen, die mit den Anfangsphasen einer außerkörperlichen Erfahrung verbundenen inneren Signale zu erkennen:

- brummende, summende oder tosende Geräusche
- ein ungewöhnliches Prickeln oder ein Gefühl der Kraft
- Stimmen, Gelächter oder das Ausrufen Ihres Namens
- Schwere oder ein Sinken
- Taubheit oder Lähmung in irgendeinem Teil Ihres Körpers
- Schwerelosigkeit oder sich ausbreitende Leichtigkeit
- alle außergewöhnlichen inneren Schwingungen
- ein quasi elektrisches Kraftgefühl
- Schritte oder andere Geräusche, die auf die Anwesenheit einer Person hindeuten
- inneres Schaukeln, Drehen oder irgendeine Art von Bewegung
- Arme oder Beine, die sich heben, während Sie schlafen
- eine Woge von Energie, die Ihren Körper durchflutet
- jedes außergewöhnliche Geräusch: der Wind, ein Motor, Musik, Glocken usw.

Zur Zeitsind Ursache und Natur der mit außerkörperlichen Erfahrungen verbundenen Schwingungen Thema unserer Theorien. Ich allerdings glaube, dass die Schwingungen die unmittelbare Folge der Ablösung des nichtphysischen Körpers höherer Frequenz vom physischen Körper und der Aufgabe des Gleichklangs zwischen beiden sind. Ich bin zu diesem Schluss gekommen, weil die Intensität der Schwingungen nach vollständigem Ablösen sofort nachlässt. Die Art und Weise, wie wir auf diese Schwingungen reagieren, bestimmt häufig die Effektivität unserer Ablösung vom physischen Körper. Im folgenden finden Sie ein paar grundlegende Richtlinien, wie Sie auf den Schwingungszustand reagieren sollten:

1. Bleiben Sie ruhig. Schwingungen, Geräusche, Taubheit und Katalepsie sind eine normale Erfahrung.
2. Lassen Sie zu, dass die Schwingungen sich überall in Ihrem Körper ausbreiten, und wehren Sie sich nicht dagegen. Nicht

bewegen oder an Ihren physischen Körper denken, denn jede körperliche Bewegung beendet den Schwingungsprozess.

3. Während Sie zulassen, dass die Schwingungen sich ausbreiten, stellen Sie sich vor, Sie bewegten sich von Ihrem physischen Körper weg in einen anderen Teil Ihrer Wohnung hinein. Diese Visualisation können Sie verstärken, indem Sie sich im Geiste einen Gedanken wiederholen: »Jetzt bewege ich mich durch die Tür [oder zu irgendeinem anderen von Ihrem Körper entfernten Ort].«
4. Nach der vollständigen Trennung lassen die Schwingungen sofort nach. An diesem Punkt ist es wichtig, Ihre ganze Aufmerksamkeit von Ihrem physischen Körper abzulenken und diese Distanz aufrechtzuerhalten.

Ich habe festgestellt, dass einer der Schlüssel zur Kontrolle der außerkörperlichen Reisen darin liegt, viel über den Schwingungszustand zu wissen, ihn zu erkennen und positiv darauf zu reagieren. Im ersten Jahr meiner außerkörperlichen Erfahrungen war ich oft sehr aufgeregt und manchmal sogar verängstigt ob der Heftigkeit des Schwingungszustands. Wenn ich zurückblicke, wird mir bewusst, dass ich Lehrgeld bezahlen musste. In den Siebzigern gab es zu diesem Gegenstand nur wenige Informationen und in Aufsätzen und Büchern wurde das Thema »Schwingungen und Geräusche« kaum erwähnt.

Nachdem ich im Schlaf, im Traum und beim Praktizieren von Außerkörperlichkeits-Techniken wiederholt Schwingungen und summende Geräusche erlebt hatte, wurde mir allmählich bewusst, dass diese seltsamen Schwingungen ein natürliches Vorspiel zur außerkörperlichen Erfahrung waren. Die ungewöhnlichen Schwingungen und Geräusche gehörten zu den Anzeichen, dass ich bereit war, mich von meinem Körper abzulösen. Nach mehreren Erfahrungen begann ich, die Schwingungen zu genießen, und freute mich sogar auf sie. In der Rückschau wird mir bewusst, dass meine Einstellung gegenüber dem Schwingungszustand eine große Wirkung auf meine Fähigkeit hatte, meine außerkörperlichen Erfahrungen einzuleiten und zu kontrollieren. In dem Maße, wie meine Besorgnis hinsichtlich der Schwingungen und Geräusche sich in positive Erwartung verwandelte, wuchsen meine persönlichen Fähigkeiten beträchtlich. Am Ende gelangte ich an den Punkt, wo dieser Zustand ein willkommener Freund wurde, der den Auftakt zu einem aufregenden Abenteuer ankündigte.

Nach mehr als einjähriger Anstrengung hatte ich bei dem ganzen Prozess schließlich ein angenehmes Gefühl. Von diesem Moment an bestärkte ich jedes Mal, wenn ich innere Schwingungen verspürte, innere Geräusche oder Stimmen hörte oder irgendeine andere außergewöhnliche Form von Energie verspürte, diese Empfindungen sofort darin, sich zu steigern. Anschließend stellte ich mir jedes Mal vor, wie ich mich von meinem physischen Körper weg und auf die Schlafzimmertür zubewegte.

Diese Kombination war bemerkenswert erfolgreich. Ich begann Schwingungen und Geräusche im Schlaf, im Traum und bei der Meditation zu erkennen. Die Intensität der Schwingungen und Geräusche variierte; manchmal waren sie unaufdringlich und schwach, ein anderes Mal überwältigend. Außerdem stellte ich fest, dass ich mich, wenn ich schwache Schwingungen erlebte, auf sie konzentrieren und sie darin bestärken konnte, dass diese Schwingungen zunehmen und sich über meinen ganzen Körper ausbreiten. Beispielsweise wachte ich bei einer Gelegenheit mitten in der Nacht mit einem leichten Vibrieren im Nacken auf. Ich schloss die Augen, entspannte mich völlig und konzentrierte mich darauf, wobei ich das Gefühl darin bestärkte, sich zu steigern und sich vom Nacken über meinen ganzen Körper auszudehnen. Die Schwingungen schienen sich langsam das Rückgrat hinabzubewegen und sich dann nach außen zu wenden, dabei Rumpf und Glieder umfangend. Es kam mir wie mehrere Minuten vor, bis die Schwingungen ihren Höhepunkt erreichten und ich mich einfach durch Willenskraft in den Zustand der

Außerkörperlichkeit beförderte, indem ich mir vorstellte, dass ich mich zur Schlafzimmertür bewegte. Binnen Sekunden stand ich an der Tür meines Schlafzimmers und war für das Abenteuer bereit.

Dieses Verfahren ist vollkommen natürlich und äußerst angenehm, wenn man sich erst einmal daran gewöhnt. Zusätzlich lassen die neugefundene Kontrolle und das neue Verständnis des Schwingungszustands die Fähigkeit reifen, jede sich bietende Gelegenheit zur außerkörperlichen Erkundung wahrzunehmen. Denken Sie immer daran, dass die Empfindungen und Geräusche des Schwingungszustands wichtig sind, dass sie Ihnen bei der Verbesserung Ihrer Fähigkeit zu kontrollierten außerkörperlichen Erfahrungen ein gutes Stück weiterhelfen können.

Der hypnagogische Zustand

Tag für Tag erleben wir einen Bewusstseinszustand, der einem Halbdunkel zwischen Schlaf und vollem Wach-Bewusstsein ähnelt. Dieser Übergang wird häufig als »hypnagogischer Zustand« bezeichnet. Während wir einschlafen, erleben wir ihn normalerweise als kurzen, aber bewussten traumähnlichen Zustand.

Ähnlich der Hypnose, ist der hypnagogische Zustand ein äußerst kreativer Bewusstseinszustand, in dem unsere geistigen Vorstellungen klar und präsent sind, beinahe wie ein sich in unserem Kopf ständig verändernder Film. In diesem Zustand verfügen wir über die Fähigkeit, einen Grad an bewusster Kontrolle auszuüben, und können unsere innere Vorstellungswelt tatsächlich für bestimmte Zwecke nutzen. Vielen Menschen dient dieser Zustand als ausgezeichnetes Sprungbrett zu außerkörperlichen Reisen.

Künstler und Erfinder haben sich des hypnagogischen Zustands bedient, um ihre Arbeit zu befruchten. Thomas Edison zum Beispiel war bekannt für sein tägliches Nickerchen. Er entwickelte eine Methode, mittels der er seinen hypnagogischen Zustand aufrechterhalten konnte, während er an seinen vielen Erfindungen arbeitete. In einem Lieblingssessel sitzend, benutzte er eine Form von Meditation und Entspannung, um in den hypnagogischen Zustand zu gelangen. Um diesen empfindlichen Zustand zwischen Schlaf und Wachsein zu kontrollieren, pflegte Edison ein paar Kugellager in der geschlossenen Hand mit der Handfläche nach unten zu halten, während sein Arm auf der Sessellehne ruhte. Direkt unter seine Hand stellte er eine Metallschüssel. Sollte er einschlafen, würde seine Hand sich öffnen, und die Kugellager würden in die Metallschüssel fallen und ihn aufwecken. Es wird berichtet, dass er diese Methode so oft zu wiederholen pflegte, bis er die Inspiration oder Information erhielt, die er suchte.

Da der hypnagogische Zustand der tiefen Hypnose sehr ähnlich ist, können wir ihn auf wirkungsvolle Weise dazu nutzen, uns für eine unmittelbar bevorstehende oder künftige außerkörperliche Erfahrung zu programmieren. Schenken Sie von jetzt an beim Einschlafen oder Aufwachen dem Übergangsstadium Beachtung, das sie jede Nacht und jeden Morgen durchlaufen. Für viele Menschen ist es in den letzten Minuten wachen Bewusstseins unmittelbar vor dem Einschlafen besonders offenkundig. Die folgende Technik kann sowohl beim Einschlafen als auch im Moment des Erwachens angewandt werden:

Beginnen Sie bewusst, dem hypnagogischen Zustand unmittelbar vor dem Einschlafen Aufmerksamkeit zu schenken. Um das Bewusstsein dieses Zustands zu schärfen, kann es hilfreich sein, mündlich oder schriftlich eine Bitte oder ein Ziel kundzutun: »Ich bleibe aufmerksam, während ich einschlafe.«

Richten Sie Ihre ganze Aufmerksamkeit beim Einschlafen auf die Vorstellungen und Bilder, die Ihnen durch den Kopf gehen.

Ordnen und kontrollieren Sie die wechselnden geistigen Bilder und Szenen, die auftauchen, so weit wie möglich bewusst. Stellen Sie sich vor, Sie schwebten nach oben und verließen Ihren Körper. Dieses Emporschweben könnten Sie sich als Heißluftballon, als Fahrstuhl oder als Flugzeug vorstellen, der bzw. das sich nach oben bewegt, oder stellen Sie sich vor, Sie seien eine schwebende Wolke. Alles, was Sie sich bequem und leicht vor Ihrem geistigen Auge ausmalen können, wird funktionieren. Schweben Sie zu den Empfindungen und Bildern in Ihrem Kopf; vergnügen Sie sich mit der Visualisation und lassen Sie Ihre Vorstellungskraft abheben.

Während Sie sich weiter ohne abzuschweifen auf Ihre innere Vorstellungswelt konzentrieren, wiederholen Sie für sich selbst: »Jetzt bin ich außerkörperlich.«

Das Ergebnis dieser Technik ist identisch mit anderen Außerkörperlichkeits-Methoden. Entweder Sie schlafen ein und erwachen im Schwingungszustand oder Sie erwachen und schweben über oder in der Nähe Ihres Körpers. Der Schlüssel liegt darin, ruhig und offen zu bleiben; sorgen Sie dafür, dass Ihre ganze Aufmerksamkeit von Ihrem physischen Körper abgewandt bleibt.

Auf den ersten Blick mag diese Technik schwierig erscheinen, aber in der Praxis hängt es bloß daran, dass Sie so lange wie möglich aufmerksam bleiben, während Sie allmählich einschlafen. Unsere natürliche Fähigkeit zum Erkennen und zur Steuerung unseres Bewusstseins wird lediglich von unseren vorgefassten Meinungen begrenzt. Viele von uns haben niemals versucht, ihr Bewusstsein über das Wach-Bewusstsein hinaus zu erweitern; wenn der Schlaf sich nähert, überlassen sie sich einfach den Schlaf-Empfindungen und verlieren langsam das Bewusstsein. Ich hoffe, dass Sie künftig, wenn Sie einschlafen, den Prozess des »Einschlafens« in anderem Licht sehen. Wenn Sie mit dem hypnagogischen Zustand experimentieren, werden Sie feststellen, dass es besser ist, Ihre Aufmerksamkeit zu steuern, statt einfach zuzulassen, dass Ihr Geist in die Bewusstlosigkeit entschwindet. Außerdem werden Sie, wenn Sie den Vorstellungen, die Sie sehen, Aufmerksamkeit schenken, ein paar interessante neue Erkenntnisse über sich selbst gewinnen: über Ihre Motivationen, Leidenschaften, Ängste und Fähigkeiten. Richtig erkannt und angewandt, kann der hypnagogische Zustand ein wirkungsvolles und kreatives Instrument sein, unsere Vorstellungen über unsere physischen Grenzen hinaus auszuweiten. So wie Edison diesen Bewusstseinszustand nutzte, um sich zu seinen zahlreichen Erfindungen inspirieren zu lassen, können auch wir ihn nutzen, um unser Bewusstsein über das Physische hinaus zu erweitern.

Die folgende Visualisation kann für Einzelne und für Gruppen nützlich sein. In meinen Kursen wird sie häufig vor einer Außerkörperlichkeits-Technik zur Entspannung und Vorbereitung angewandt.

VORBEREITUNGSTECHNIK

Machen Sie mehrere tiefe Atemzüge und entspannen Sie sich voll und ganz. Schließen Sie die Augen und stellen Sie sich vor, Ihre Schädeldecke würde sich öffnen und ein Strom weiß schimmernder flüssiger Energie würde sich in Ihren Kopf ergießen. Die Flüssigkeit ist warm und beruhigend, während sie langsam von oben durch Ihren Kopf und vorbei an Stirn, Augen und Mund fließt. Entspannen Sie sich völlig und spüren Sie, wie all Ihre Spannungen in die warme, schimmernde Flüssigkeit ausströmen. Die Flüssigkeit nimmt Ihre Spannungen und Ängste auf. Die warme Flüssigkeit fließt langsam durch Ihren Kopf und Ihre Kehle hinunter. Nehmen Sie wahr, wie diese warme Energie Ihr Herz durchströmt und sich über Ihren ganzen Körper ausbreitet. Achten Sie auf ihre Wärme und Kraft, während sie Ihnen den Rücken herabströmt. Während sie Ihre Arme und Beine restlos ausfüllt, absorbiert sie Ihre Spannungen, Ihren Kummer, Ihre Ängste und Ihre Beschränkungen. Nehmen Sie wahr, dass Ihr ganzer Körper angefüllt ist mit dieser wundervollen, weißen flüssigen Energie. Jede Zelle, jede Faser, jedes Organ und jeder Muskel badet in dieser warmen, weißen Flüssigkeit.

Spüren Sie nun, wie die flüssige Energie noch wärmer wird. Sie vibriert und wird zu einem flüssigen Schwamm, einem flüssigen Magneten. Sie zieht Ihre negativen Schwingungen an und nimmt sie auf. Sie nimmt Ihre ängstlichen und wütenden Empfindungen auf; sie absorbiert all das Anhaftende an Ihren Körper. All Ihre Ängste, Besorgnisse, Beschränkungen und Ihre ganze Wut werden von dieser warmen, vibrierenden flüssigen Energie aufgenommen. Spüren Sie den Fluss; er entfernt die negativen Schwingungen aus Ihrem Körper, Ihren Gefühlen, Ihrem Kopf. Nehmen Sie ihn auf jeder Ebene Ihres Seins wahr.

Sehen und fühlen Sie, wie die leuchtende, warme Flüssigkeit allmählich dunkler wird, während sie all Ihre negativen Schwingungen absorbiert. Jede Zelle, jede Faser und jedes Organ, jedes Energiesystem Ihres Körpers: Sie alle läutern sich von ihren Unreinheiten, geben ihre negative Programmierung auf, lassen ihre Furcht und ihre Beschränkungen los. All Ihre negativen Schwingungen schwinden und lassen ihre Energie in die warme, weiße Flüssigkeit ausströmen, die Sie durchfließt. Spüren Sie das auf jeder Ebene Ihres Seins. Ihre emotionalen Mauern stürzen ein. Ihr Anhaften an Ihrem Ego und Ihrem Körper entströmt allmählich in die warme, flüssige Energie.

Sehen Sie, während Ihre negativen Energien in die warme Flüssigkeit ausströmen, wie diese Flüssigkeit immer dunkler wird. Spüren Sie, wie sie die Unreinheiten aus Ihrem Körper, Ihren Empfindungen und Ihrem Kopf entfernt. All Ihre Unreinheiten strömen in die Flüssigkeit aus.

Stellen Sie sich nun Ventile unten an Fersen und Handflächen vor. Öffnen Sie die Ventile langsam und lassen Sie die warme, braune Flüssigkeit allmählich aus Ihrem Körper abfließen. All Ihre negativen Empfindungen – Ihre Ängste und Ihre Beschränkungen – tropfen aus Ihrem Körper und von ihm ab. Sehen und spüren Sie lebhaft, wie Ihre negativen Empfindungen und Schwingungen Ihren Körper vollständig verlassen.

Spüren Sie, wie jeder Teil Ihres inneren Wesens, Ihres inneren Ich mit dem zunehmenden Abfluss Ihrer negativen Energien und Gedanken aus Ihrem Körper immer reiner und klarer wird. Sehen und fühlen Sie so deutlich wie möglich, wie Ihre Ängste, Beschränkungen und negativen Energien Ihrem physischen, Ihrem emotionellen und Ihrem intellektuellen Körper entströmen. All Ihre negativen Energien fließen durch Ihre Fersen und Hände ab.

Sehen Sie deutlich, wie all Ihre Sorgen, Beschränkungen und Anhänglichkeiten aus Ihrem Körper entweichen. Fühlen Sie, wie gut es ist, von Ihren negativen Energien gereinigt zu werden. Noch nie zuvor hatten Sie eine vollständige innere Reinigung und Sie fühlen sich vollkommen frisch und rein. Sie sind leicht wie eine Feder, frei von den dichten negativen Grenzen und Empfindungen, die Sie an die Materie binden.

Erkennen Sie innerlich an, dass all Ihre negativen Energien für immer aus Ihrem Körper gespült werden, für immer aus Ihrem physischen, emotionalen und intellektuellen Körper gespült werden. Spüren Sie die Kraft dieser Reinigung, während Körper und Geist mit neuen Kräften ausgestattet werden und vollständig von allen negativen Programmierungen, Beschränkungen und Ängsten gesäubert werden. Seien Sie absolut gewiss, dass all Ihre negativen Energien ein für allemal hinweggespült werden.

Spüren Sie tief drinnen, wie Ihre Schwingungsfrequenz steigt; Sie sind leicht und körperlos. Fühlen Sie die Freude, während Sie Ihre neue, höhere Schwingung, Ihr höheres Ich erfahren. Entspannen Sie sich und genießen Sie Ihre höheren, feineren Schwingungen, während Sie immer leichter und leichter werden. Sie werden leicht wie eine Feder und schweben einfach, schweben mühelos, Sie schweben leicht wie eine Wolke nach oben und fort von Ihrem Körper.

Ablösung

Ein Gutteil der gegenwärtigen Literatur über außerkörperliche Erfahrungen deutet darauf hin, dass wir automatisch, wie durch eine Art Zauberei, unserem Körper entschweben oder ihm entsteigen. Nach meiner eigenen Erfahrung und nach Informationen, die ich von mehr als zweihundert Menschen bekommen habe, ist dies unzutreffend. Recht häufig tritt man in den Schwingungszustand ein, ohne sich vom Körper zu trennen. Das passiert gelegentlich sogar erfahrenen außerkörperlich Forschungsreisenden. Warum wir uns manchmal während der Schwingungsphase nicht vom physischen Körper trennen können oder wollen, ist unklar. Beliebig viele Gründe könnten angeführt werden: energiemäßige oder psychische Verhaftung ans Körperliche; Ängste; falsche Ausrichtung der Schwingungen oder einfach mangelnde Informationen hinsichtlich der Reaktion auf die Erfahrung. Ich glaube, dass der letztgenannte der bei weitem häufigste Grund ist.

Es gibt eine Reihe von Dingen, die Sie tun können, um diese Situation zu bewältigen. Richten Sie zunächst Ihre Gedanken und Ihre Vorstellungskraft unablässig auf das Gefühl, sich von Ihrem Körper fortzubewegen. Stellen Sie sich vor, Sie seien woanders als Ihr Körper oder Sie bewegten sich durch eigene Willensanstrengung fort von ihm. Ersuchen Sie zweitens, falls erforderlich, um die völlige Ablösung vom Körperlichen; indem Sie beispielsweise sagen: »Jetzt bewege ich mich zur Tür.« Wenn das nicht klappt, bitten Sie einfach um Hilfe: »Ich bitte um Hilfe, damit ich meinen Körper verlassen kann.« Wenn Sie um Beistand bitten, ist es wichtig, dass Sie für den Empfang dessen, worum Sie ersuchen, vollkommen offen sind.

Das Thema »Ablösung und Schwingungszustand« ist von entscheidender Bedeutung und verdient mehr Gewicht, als Parapsychologen und Autoren ihm bislang eingeräumt haben. Und eingedenk seiner Bedeutung darf es nicht übersehen werden.

Ablösungsmethoden

1. *Entschweben.* Da der innere Energiekörper nach physischen Maßstäben schwerelos ist, ist es normalerweise ganz leicht, seinem physischen Körper einfach zu entschweben. Diese Trennungsmethode scheint die am häufigsten verwendete zu sein. Der Schlüssel liegt darin, sich auf das Gefühl des Schwebens

zu konzentrieren und sich nach oben vom eigenen Körper wegtreiben zu lassen.

2. *Aufrecht sitzen und abwarten.* Diese Methode ähnelt der Schwebetechnik, außer dass wir uns einfach aufrecht hinsetzen und dann von unserem physischen Körper abrücken. Es ist die Methode, die ich in den ersten zehn Jahren meiner außerkörperlichen Erfahrungen hauptsächlich angewandt habe. Diese Methode ist im Allgemeinen leichter zu beherrschen als die Schwebe- oder die direkte Methode. Der Moment des Austritts kündigt sich häufig durch den Schwingungszustand an. Ich glaube, dass der bei dieser Methode erlebte relativ langsame Rückzug aus dem physischen Körper die starken Schwingungen und Geräusche hervorruft, von denen so oft berichtet wird.
3. *Herausrollen.* Diese Methode ist äußerst wirksam. Nachdem Sie den Schwingungszustand erkannt haben, machen Sie einfach eine Rolle seitwärts. So seltsam es klingen mag, aber mit der Zeit macht es Spaß. Mehrere Praktizierende haben mir erzählt, dass sie aus ihrem physischen Bett gerollt und in sich hinein lachend auf den Boden gefallen seien. Diese Methode wird von vielen Menschen erfolgreich angewandt; Autor Robert A. Monroe erklärt in seinem Buch *Der zweite Körper,* dass er sich häufig einer Rolltechnik bediene, wenn er sich von seinem ersten Energiekörper trenne und in seine zweite Energieform umziehe.
4. *Um Trennung ersuchen.* Verlangen Sie einfach die Ablösung vom Körper, wenn Sie in den Schwingungszustand eintreten: »Ich löse mich jetzt« oder »Ich bewege mich ins nächste Zimmer«. Jede entschlossene Bitte, die Sie von Ihrem physischen Körper wegbringt, ist wirksam. Verlangen Sie wie bei allen nichtphysischen Bitten energisch nach unmittelbarer Ausführung. Denken Sie stets daran, dass Ihre ganze Aufmerksamkeit unablässig von Ihrem physischen Körper abgelenkt bleibt; alles Gedachte oder Gesprochene, das mit Ihrem Körper zusammenhängt, befördert Sie auf der Stelle in ihn zurück.

5. *Sich herausziehen.* Sie können das bewerkstelligen, indem Sie Ihren nichtphysischen Arm ausstrecken und sich irgendeinen großen Gegenstand schnappen, um anschließend den Rest Ihres Energie-Ich aus Ihrem physischen Körper zu ziehen. Diese Methode kann interessant werden, weil Sie rasch lernen, dass Ihr innerer Energiekörper nicht dieselben Grenzen hat wie Ihr physischer Körper. Mit anderen Worten, unser Energiekörper besitzt die Fähigkeit, sich unseren Gedanken anzupassen. Vor etwa zehn Jahren entdeckte ich das zufällig, als ich, während ich in einem Himmelbett schlief, in den Schwingungszustand eintrat. Meinen Energiearm vor mir ausstreckend, beschloss ich spontan, ein Experiment auszuprobieren, und versuchte, das Kopfende des Bettes zu ergreifen. Zu meiner Überraschung streckte mein Arm sich über eineinhalb Meter aus, und ich bekam das Kopfende des Bettes zu fassen. Nun zog ich meinen gesamten nichtphysischen aus meinem physischen Körper. Nachdem ich stand, blickte ich auf meine Hand; sie war zu ihrer normalen physischen Größe zurückgekehrt. Erstaunt erkannte ich, dass die nichtphysische Form meines Arms vollständig von meinen Gedanken abhing. Diese Erkenntnis ist wichtig, gestattet sie uns doch, unsere Fähigkeiten auf mehrere kreative Arten zu erweitern.
6. *Direkte Methode.* Gemeinhin als »direkte oder unmittelbare Projektion« bezeichnet, ist diese Technik fortgeschrittener als andere – häufig findet man sich vollkommen bewusst in einer völlig neuen Umgebung wieder. Der plötzliche Übergang vom Liegen im Bett zum Stehen oder Schweben an einem anderen Ort kann aufregend sein, wenn man nicht darauf gefasst ist. Meist verspürt man nur ein schwaches oder gar kein Gefühl der Bewegung, man hat lediglich die plötzliche Erkenntnis, an einem völlig neuen Ort oder in einer völlig neuen Umgebung aufzuwachen. Es wird berichtet, dass diese Art des Ablösens häufig bei der Traum-Technik vorkommt. Es ist die bevorzugte Methode vieler erfahrener außerkörperlich Reisender.

7. *Hilfe erbitten.* Manchmal kann sich die Ablösung aus unbekannten Gründen schwieriger gestalten. Als ich vor mehreren Jahren auf eine Schwierigkeit stieß, fand ich einen einfachen Ausweg. Ich trat in den Schwingungszustand ein und war bereit, auszusteigen, aber aus irgendeinem Grund kam mir mein Energiekörper schwer und wie festgenagelt vor. Aus Verzweiflung streckte ich den Arm aus und bat mündlich um Hilfe. Binnen Sekunden spürte ich den Griff einer Hand, die mich aus meinem Körper zog. Die Hand fühlte sich überraschend fest und wirklich an. Beim Verlassen meines physischen Körpers sah ich mich eifrig um, konnte aber niemanden sehen.

In meinen Kursen haben mehrere Teilnehmer ähnliche Geschichten darüber erzählt, wie ihnen geholfen worden sei. Deswegen und aufgrund anderer Anhaltspunkte halte ich es für wahrscheinlich, dass jedes Mal, wenn wir eine vollkommen bewusste außerkörperliche Erfahrung machen, jemand in unserer Nähe unseren Fortschritt beobachtet. Dieser Beobachter, ganz gleich ob Führer, Freund oder geliebter Mensch, ist bereit, zu helfen, falls nötig. Ich bin mir sicher, dass uns jederzeit Hilfe zugänglich ist, aber es ist an uns, den Beistand zu erbitten. Ohne ein solches Ersuchen wird ein spiritueller Freund oder Führer normalerweise nicht in unsere Erfahrungen bei der persönlichen Entwicklung eingreifen. Ich denke auch, dass Führer außer Sichtweite bleiben, weil sie wissen, dass ihre sichtbare Anwesenheit unseren natürlichen Fortschritt stören würde. Rückblickend wünschte ich mir, ich hätte öfter um Hilfe gebeten. Möglicherweise hätte ich raschere Fortschritte gemacht, vor allem aber hätte ich meiner Ansicht nach die Tatsache zu schätzen gewusst, dass wir bei unseren Erkundungen nicht allein sind. Aus dem Wissen, dass uns jederzeit Hilfe zur Verfügung steht, wenn wir darum bitten, erwächst ein wundervolles Gefühl der Beruhigung und Sicherheit. Dieses Wissen hilft uns, jeder Angst oder Sorge, die wir bei der Erkundung einer neuen Energieumwelt vielleicht erleben, erfolgreich entgegenzutreten.

Handeln

Wenn Sie auf Ihr Leben zurückblicken: Hat Zaudern Sie jemals einem Ziel näher gebracht? Hat Untätigkeit Ihnen jemals größeren Erfolg, stärkere Erfüllung oder persönliche Entwicklung beschert?

Wir alle sind Gewohnheitstiere. Wir wiederholen dieselben vertrauten Gedanken und Handlungen, weil sie uns vertraut sind, uns nicht fordern und wir sie für sicher halten. Wir folgen einfach *unserem* Weg des geringsten Widerstands. Für viele von uns ist die Neigung, sich nicht zu verändern, zum zentralen Element ihrer persönlichen Gewohnheiten und ihres Lebens geworden.

Viele von uns halten den Wandel – jeden Wandel – für eine negative Erfahrung. Wie stehen ihm argwöhnisch gegenüber und er wird als Bedrohung unserer bestehenden Denkmuster und Anschauungen betrachtet. Das Endergebnis ist häufig eine Fortsetzung unserer persönlichen Tatenlosigkeit aus Gewohnheit.

Am Ende müssen wir uns fragen, ob wir restlos damit zufrieden sind, unser Leben lang nach denselben Denk- und Handlungsgewohnheiten zu leben. Sind Sie damit zufrieden, die in Ihrer Gesellschaft vorherrschenden Ideen und Anschauungen blind, ohne Überprüfung, zu akzeptieren? Genügt es Ihnen wirklich, sich mit Meinungen, Hoffnung und Glauben statt mit persönlicher Erfahrung und Wissen zufrieden zu geben?

Fragen Sie sich, was Sie heute glauben würden, wären Sie im Iran oder im Irak geboren? Welche religiösen und gesellschaftlichen Anschauungen und Überzeugungen wären Ihnen lieb? Für welche Überzeugungen würden Sie sterben?

Wenn Sie Antworten auf die Rätsel Ihres Lebens wollen, dann ist es jetzt Zeit, zu handeln: Die außerkörperliche Entdeckungsreise kann die Antworten schenken, nach denen Sie suchen.

KAPITEL 6

Erkundungstechniken

Genie bedeutet wenig mehr als die Fähigkeit zu unorthodoxer Wahrnehmung.

William James

Heute entdecken Millionen von Menschen die Techniken, die angewandt werden, um außerkörperliche Erkundungen anstellen zu können. Die Vielfalt der zur Verfügung stehenden Methoden ist atemberaubend. Die ganze Geschichte hindurch hat praktisch jede religiöse Gruppe und mystische Ordnung ein System oder eine Methode entwickelt, um sich auf Entdeckungsreisen jenseits der Grenzen der Materie zu begeben. Viele dieser Juwelen der Weisheit waren tausende von Jahren von einem Schleier des Geheimnisses umgeben, überdeckt von den Insignien des religiösen Rituals. Beispielsweise liefert das Tibetische Totenbuch Vorbereitung und Anleitung für eine uralte Außerkörperlichkeits-Methode. Weil diese Technik jedoch in langwierige religiöse Zeremonien eingebettet war, die über mehrere Tage hinweg vollzogen wurden, blieb sie, wie viele andere alte Techniken, jahrhundertelang verborgen.

Um diese verwirrenden und oftmals missverstandenen Informationen zu erhellen, habe ich die Außerkörperlichkeits-Techniken in fünf Kategorien eingeteilt: Visualisationen, Traum-Technik, Affirmationen, Hypnose und Klang. Die von mir hier erörterten Methoden haben sich als äußerst wirkungsvoll und leicht zu erlernen erwiesen.

Wegen ihrer Leichtigkeit und weiten Verbreitung werden die Techniken der Visualisation als Erste vorgestellt. Viele Menschen haben festgestellt, dass diese Techniken ein natürlicher Weg zur

Initiierung ihrer ersten außerkörperlichen Erfahrung sind. Haben Sie eine Technik entdeckt, dann wiederholen Sie diese mindestens dreißig Tage lang täglich. Ihr Engagement, Wunsch und Bemühen bestimmen die Resultate, auf die Sie stoßen.

Denken Sie stets daran, dass Sie sich der außerkörperlichen Erkundung am besten nähern, wenn Sie sich Ihre spielerische Einstellung bewahren. Haben Sie Freude beim Ausprobieren der Methoden und genießen Sie die Ergebnisse.

Die passende Technik auswählen

Eine der wichtigsten Entscheidungen, vor denen Sie bei der außerkörperlichen Reise stehen, ist die Auswahl der Technik, die Sie verwenden. Im Allgemeinen gilt: Wenn Sie eine gute Vorstellungskraft besitzen, konzentrieren Sie sich auf die Techniken der Visualisation. Wählen Sie die Methode, die für Sie am angenehmsten ist, und bleiben Sie dabei.

Wenn es Ihnen schwer fällt, sich etwas vorzustellen, dann möchten Sie vielleicht die Affirmations-Techniken wählen. Doch vergessen Sie nicht, dass die Ziel-Technik (eine Form der Visualisation) sich für viele Menschen als wirkungsvoll erwiesen hat, die behaupten, dass es ihnen an Vorstellungskraft mangele. Ich glaube, ihre Wirksamkeit verdankt sie der Tatsache, dass sie so lange wiederholt werden kann, bis die inneren Bilder allmählich auftauchen. Viele Menschen finden es leichter, sich einen Gegenstand oder Platz bei sich zu Hause als irgendwo anders vorzustellen.

Unterschätzen Sie Ihre Fähigkeiten nicht; wenn Sie neuen Erfahrungen und Wahrnehmungen gegenüber aufgeschlossen sind, werden diese sich auch einstellen. In meinen Kursen haben Teilnehmer mir immer wieder erzählt, dass sie sich überhaupt nichts vorstellen könnten. Ich habe festgestellt, dass Menschen, wenn sie mündlich um die Fähigkeit bitten und aufgeschlossen zu üben beginnen, eine rasche Verbesserung ihrer natürlichen Fähigkeiten erleben. Vergessen Sie nicht, bei der Wahl Ihrer Methode sowohl flexibel als auch geduldig zu sein.

Visualisation

Einer der einfachsten und wirkungsvollsten Wege zu außerkörperlichen Erfahrungen ist der Rückgriff auf die eigene kreative Vorstellungskraft. Jeder von uns besitzt die natürliche Fähigkeit, sich im Geiste einen Gegenstand oder einen Ort vorzustellen. Wir tun es tagtäglich auf tausenderlei verschiedene Arten. Die meisten von uns haben wenig Schwierigkeiten, sich ihren Lieblingsferienort, ihr Lieblingsauto, ihr Lieblingshaus oder einen Menschen, der Ihnen sehr wertvoll ist, vorzustellen. Der Gebrauch unserer Vorstellungskraft ist einfach, sobald wir einmal erkannt haben, wie natürlich es ist.

Um zu erfahren, wie einfach Visualisieren sein kann, probieren Sie das Folgende aus:

> Schließen Sie die Augen und stellen Sie sich den Ferienort vor, an dem Sie sich am wohlsten fühlen. Suchen Sie sich einen Ort aus, den Sie schon einmal besucht haben und den Sie gut kennen. Entspannen Sie sich einfach und fangen Sie an, sich dieses Urlaubsgebiet so deutlich wie möglich vorzustellen. Stellen Sie sich die Bäume vor, die Gebäude, die Menschen – all die kleinen Details, die mit Ihrem Urlaub verbunden sind. Lassen Sie sich so weit wie möglich auf den Schauplatz ein und nehmen Sie alle mit Ihrem Lieblingsurlaub verbundenen Sinneseindrücke lebhaft mit Auge und Ohr auf. Wenn Sie es für angebracht halten, können Sie Menschen, Farben und Klänge hinzufügen.
>
> Führen Sie diese Szene nun einen Schritt weiter und stellen Sie sich vor, Sie beträten Ihr Lieblingsurlaubsparadies. Sie sehen und fühlen klar und deutlich, dass Sie sich an

> einem bestimmten physischen Ort befinden. Stellen Sie sich alle mit dem Ort verbundenen Farben, Klänge und Sinneseindrücke vor. Nehmen Sie Kontakt mit den Menschen und der Umgebung auf, die Sie erblicken. Nutzen Sie so weit wie möglich all Ihre Sinne; tauchen Sie ein in die Geräusche, Anblicke und Sinneseindrücke Ihres Urlaubs. Nehmen Sie sich Zeit und genießen Sie die Erfahrung.

Techniken der Visualisation sind einfach und unterhaltsam, wenn man sich entspannt und sich zum besseren Konzentrieren einen Ort, einen Gegenstand oder eine Person auswählt, der bzw. die einem angenehm ist. Was immer Sie in den Mittelpunkt Ihrer Aufmerksamkeit rücken, es sollte ein konkreter physischer Gegenstand oder Ort sein. Der Schlüssel zu sämtlichen Visualisations-Methoden liegt darin, dass man geistig in eine reale physische Umwelt eintaucht. Je stärker Sie sich konzentrieren, umso größer der Erfolg, den Sie erleben.

Vorstellungskraft

> *Ihre Vorstellungskraft ist Ihre Vorschau auf die kommenden Attraktionen des Lebens.*
>
> Albert Einstein

Eines der wirksamsten Instrumente, über das wir bei außerkörperlichen Erkundungen verfügen, ist die natürliche Fähigkeit, unsere Vorstellungskraft zu benutzen. Schöpferisch eingesetzt, kann die Vorstellungskraft uns helfen, jedes Ziel zu erreichen, auf das wir uns konzentrieren, oder jeden Wunsch zu verwirklichen. Überall um uns herum zeigt sich das auf anschauliche Weise. Betrachten wir unsere physischen Besitztümer, so machen wir eine erstaunliche Entdeckung: Alles, was wir besitzen – Auto, Möbel, Haus, Stereoanlage, Fernseher, selbst unsere Beziehung –, haben wir uns einst im Geiste vorgestellt. Wenn Sie beispielsweise sehen, wie ein Haus gebaut wird, denken Sie bloß an die ungeheure Vorstellungskraft, die mit der Schaffung des Bauwerks beschäftigt war: Zuerst fangen ein paar Menschen an, sich ein neues Zuhause für sich vorzustellen; dann sprechen sie mit anderen über ihre Ideen. Als Nächstes wird ein Architekt hinzugezogen, um die vorgestellten Ideen zu Papier zu bringen. Dann stellt sich ein Architekt den Bau des Hauses vor. Langsam fusioniert die Zusammenarbeit mehrerer Fantasien und Gedanken, um eine Idee, einen Plan, eine Konstruktion und schließlich ein physisches Haus zu entwickeln. Natürlich nehmen wir das als selbstverständlich hin, weil wir nur die physischen Ergebnisse dieses geschäftigen Denkens um uns herum sehen.

Doch wenn wir das nichtphysische Innere des Universums erkunden, passiert etwas Erstaunliches: Wir beginnen zu erkennen, dass unsere Vorstellungskraft und unser Denken sich auf die feineren Energiefrequenzen der inneren Dimensionen auswirken. Wir beginnen zu verstehen, dass unsere Fantasie eine gewaltige schöpferische Kraft ist, welche die unsichtbare Energie um uns herum formt. Im Zustand der Außerkörperlichkeit formen unsere Gedanken und unsere Vorstellungskraft mit unglaublicher Geschwindigkeit und Präzision unsere unmittelbare Energieumwelt. In einem sehr realen Sinne errichten unsere Gedanken das unsichtbare Energiefundament unserer äußeren physischen Existenz.

Während wir in der physischen Welt leben, sehen wir nur einen kleinen Bruchteil der Realität. Wir nehmen lediglich die Resultate unserer Gedanken und Handlungen wahr, die eine hohe Dichte aufweisen. Die reine Macht unserer Fantasie und unseres Denkens bleibt häufig unerkannt, da wir uns auf das tägliche Überleben und das Anschaffen physischer Objekte konzentrieren. Für viele Menschen ist die Zeitspanne zwischen der vorgestellten Idee und den physischen Ergebnissen eine lange, beschwerliche Straße. Sie sehen oder begreifen nur selten, dass sie es waren, die die feinen Energieformen und -strukturen prägten, die sich schließlich in ihrer physischen Umwelt offenbart haben.

Ob es uns bewusst wird oder nicht, unsere Vorstellungskraft formt die feine Energie um uns herum. Mit jedem Gedanken bauen wir unsere Zukunft. Deshalb funktionieren kreatives Visualisieren und positives Denken so effektiv. Je stärker wir unsere Vorstellungskraft bündeln, desto schneller stellen sich die Ergebnisse ein, die wir erfahren.

Ich kann gar nicht genug betonen, wie wichtig dieser schöpferische Prozess für unser Dasein ist. Es handelt sich nicht um irgendeine hypothetische Anschauung oder eine Theorie, sondern um eine absolute, wahrnehmbare energetische Reaktion, die sich ständig um uns herum ereignet. Durch Anwendung der in diesem Buch vorgestellten Techniken können wir es persönlich überprüfen. Die schöpferische Energiereaktion ist unablässig dabei, die uns umgebende feine Energie zu formen. So ist zum Beispiel ein mediales »Reading« nichts weiter als die Empfindlichkeit der Psyche für die unsichtbaren Energieformen, die einen anderen Menschen umgeben. Dies ist kein sonderbares oder rätselhaftes Ereignis, wie manche glauben, sondern eine einfache Erkenntnis der zarten Energien in der Nähe eines Menschen. Tatsächlich ist das gesamte Phänomen der außersinnlichen Wahrnehmung in Wirklichkeit der natürliche Prozess, dass Menschen empfindlich auf nichtphysische Denkenergie und Gedankenformen reagieren.

Im Zuge unserer Entwicklung wird unsere Erkenntnis dieser Energiereaktion immer wichtiger. Unsere angeborene Fähigkeit zur Strukturierung unserer Energieumwelt und unseres Lebens trägt uns über die tierischen Instinkte hinaus in neue Sphären persönlicher Kreativität und Verantwortung. Das Endergebnis ist, dass jede/r von uns zum kreativen Schöpfer ihres/seines Lebens wird. Jeder konzentrierte Gedanke und jedes geistige Bild wird zur kreativen Form unserer persönlichen Realität. An diesem Punkt können wir mit dem bewussten Erschaffen der Realität beginnen, die wir erleben möchten. Statt das machtlose Produkt unserer Umwelt zu sein, beginnen wir, Verantwortung für unser Leben und unser Schicksal zu übernehmen. Am Schluss gelangen wir dann zu der Einsicht, dass unsere schöpferischen Fähigkeiten nur durch unsere Vorstellungskraft begrenzt werden.

Einer der Vorteile der Visualisations-Methode ist die Vielfalt der Möglichkeiten, die sie eröffnet. Es gibt keine Einschränkungen, also fühlen Sie sich frei, Ihre eigene Technik zu entwickeln und zu benutzen. Generell kann alles wirksam sein, wodurch Ihr Interesse und Ihre Aufmerksamkeit für einige Zeit von Ihrem physischen Körper abgelenkt wird. Bei vielen Menschen führt die Vorstellung einer lieben Freundin bzw. eines lieben Freundes, einer/eines Geliebten oder des Lieblingsortes beim Einschlafen zu beeindruckenden Ergebnissen. Ich kenne beispielsweise einen Anstreicher, der außerkörperliche Erfahrungen herbeiführt, indem er sich vorstellt, er klettere eine Leiter hoch und streiche sein Haus. Der Schlüssel, erklärt er, liege darin, sich beim Einschlafen vorzustellen, er befände sich an einem bestimmten physischen Ort. So detailliert wie möglich empfindet er, wie er beim Hinaufsteigen Hand über Hand auf die Sprossen der Leiter setzt. Er fühlt mit den Händen den Griff und die Beschaffenheit der Leiter und kann sogar spüren, wie die Leiter bei jedem Schritt leicht zittert. Dann stellt er sich in allen Einzelheiten so lebhaft wie möglich vor, er würde sein Haus streichen. Wie bei allen Visualisationen ist seine Methode am wirkungsvollsten, wenn er vollständig in die Sinneseindrücke und Geräusche eintaucht, die mit der Tätigkeit verbunden sind.

Visualisieren leicht gemacht

Der Schlüssel zur außerkörperlichen Erfahrung ist, dass Sie Ihre ganze Aufmerksamkeit beim Einschlafen aus dem physischen Körper herausverlagern. Am leichtesten gelingt Ihnen das, wenn Sie Ihre ungeteilte Aufmerksamkeit auf eine Person, einen Ort oder einen Gegenstand in einiger Entfernung von sich richten. Es kann ein geliebter Mensch sein, von dem Sie getrennt sind; ein Feriendomizil, an dem Sie sich besonders wohl gefühlt haben, oder ein Geschenk, das eine besondere Bedeutung für Sie hat. Ganz gleich, was Sie sich aussuchen, es sollte ein konkretes physisches Objekt sein, das Sie kennen, kein imaginärer Ort oder kein Mensch. Wählen Sie das Objekt oder den Ort aus, den Sie sich am leichtesten vorstellen können und der für Sie am interessantesten ist.

Bei vielen funktioniert es, sich einen geliebten Menschen vorzustellen. Stellen Sie sich einfach so lebhaft wie möglich die Person vor, bei der Sie sein möchten. Es hilft, gefühlsmäßig ganz präsent zu sein, also wählen Sie einen Menschen aus, mit dem Sie gern Ihr ganzes Leben lang zusammen wären. Wählen Sie jemanden, den Sie wirklich kennen, keine Fantasieperson. Versinken Sie vollständig in der Gegenwart dieses Menschen und spüren Sie tatsächlich, dass Sie bei ihm oder ihr sind. Wenn Sie möchten, machen Sie irgendein Rollenspiel, um gefühlsmäßig engagiert zu bleiben.

Stellen Sie sich diese Person so lange wie möglich vor, während Sie Ihrem physischen Körper gestatten, sich vollkommen zu entspannen und einzuschlafen. Es ist wichtig, dass Sie sich, wenn Sie einschlafen, ein genaues Bild des Menschen und Ihres Zusammenseins bewahren. Versuchen Sie, beim Einschlafen Ihre emotionale und visuelle Verbindung mit ihm so weit wie möglich zu verstärken.

Zur Schlafenszeit ist diese Methode eine ausgezeichnete Visualisierung. Denken Sie daran, dass sie effektiver ist, je stärker Sie gefühlsmäßig beteiligt sind. Haben Sie Freude dabei und lassen Sie Ihrer Vorstellungskraft freien Lauf.

Die Ziel-Technik

Die Fähigkeit, Ihre Aufmerksamkeit ohne abzuschweifen von Ihrem physischen Körper wegzulenken, wird verbessert, wenn Sie Ihre ungeteilte Aufmerksamkeit auf einen bestimmten Gegenstand oder Ort richten. Die Ziel-Technik ist eine ausgezeichnete Übung, die Ihnen hilft, diese Fähigkeit zu entwickeln.

Suchen Sie sich zu Hause drei Ziele aus. Es sollten physische Dinge sein, die Sie sich relativ leicht vorstellen können. Ihre Ziele sollten sich nicht in dem Raum befinden, den Sie normalerweise für Ihre Außerkörperlichkeits-Techniken benutzen.

Als erstes Ziel könnten Sie sich beispielsweise Ihren Lieblingssessel aussuchen. Als zweites wählen Sie ein Geschenk, das eine besondere Bedeutung für Sie hat. Wählen Sie drittens das Objekt aus, das Sie visuell am stärksten anregt, zum Beispiel ein Bild, ein Kristallglas oder eine Skulptur. Die drei Ziele sollten sich im selben Zimmer befinden.

Nachdem Sie Ihre Ziele ausgewählt haben, gehen Sie körperlich nacheinander zu allen hin und untersuchen Sie jedes Detail. Studieren Sie jedes Objekt aus unterschiedlichen Perspektiven und achten Sie auf alle Unvollkommenheiten oder Unregelmäßigkeiten. Lassen Sie sich Zeit mit den Objekten und prägen Sie sich das Aussehen und die Beschaffenheit, die mit jedem Ziel verbunden sind, ein. Versichern Sie sich beim Gehen all Ihrer Sinne, besonders Ihres Sehvermögens und Ihres Tastsinns. Wiederholen Sie das mehrmals, bis Sie sich ohne Schwierigkeit an die kleinsten Einzelheiten jedes »Zielbereichs« erinnern können. Achten Sie genau auf alles, einschließlich Farben, Gewicht, Struktur, Lichtreflexionen, Kälte und Hitze. Empfinden Sie beim Gehen von einem Ziel zum anderen die Gefühle, die da sind, und prägen Sie sie sich ein. Mit anderen Worten: *Lassen Sie sich voll und ganz darauf ein!* Genießen Sie alles, was Ihre Sinne empfangen.

Diese Technik hilft Ihnen, sich beim Einschlafen ohne abzuschweifen auf etwas anderes als Ihren physischen Körper zu konzentrieren. Wenn Sie ausdauernd sind, werden die Resultate ungeheuerlich sein. Um diese Übung zu verfeinern, nehmen Sie sich Zeit und wiederholen Sie dies täglich dreißig Tage lang. Zeigen Sie für jedes Ziel das gleiche Interesse – seien Sie voll dabei.

Diese Technik ist ein großartige Methode zur Stärkung Ihres Konzentrations- und Vorstellungsvermögens und sie nimmt nur etwa zwanzig Minuten in Anspruch.

Es ist wichtig, Ziele auszuwählen, die Sie sich leicht vorstellen können. Viele Menschen suchen sich persönliche Dinge aus, die einen sentimentalen Reiz für sie besitzen. Haben Sie einmal eine Wahl getroffen, dann bleiben Sie dabei; die Wiederholung Ihrer Visualisation erhöht deren Wirksamkeit enorm.

Ich persönlich bevorzuge diese Technik, seit ich vor mehr als zwanzig Jahren darüber stolperte; ich fing an, mir Objekte in der Wohnung meiner Mutter vorzustellen. Ich bin fest davon überzeugt, dass diese Technik bei jedem funktionieren kann, der bereit ist, die erforderliche Zeit und Mühe zu investieren. Der Schlüssel liegt darin, sich Zielobjekte auszusuchen, die leicht vorstellbar, aber interessant genug sind, die Aufmerksamkeit zu fesseln. Dinge, die Sie selbst gemacht haben, wie ein Gemälde, eine Skulptur, ein Seidenblumengesteck oder sogar Vorhänge, können äußerst effektive Zielobjekte sein. Wenn Sie Fortschritte mit dieser Technik machen, können Sie die Anzahl und Vielfalt der Ziele, die Sie auswählen, steigern. Wenn Sie sich dann mit ein paar Objekten wohl fühlen, können Sie Ihre Visualisation ausweiten und ein ganzes Zimmer mit einschließen. Diese Technik ist äußerst wirkungsvoll, aber es ist an Ihnen, tatsächlich etwas zu tun. Die Zeit, die Sie investieren, wird Ihnen reich vergolten werden.

Zusätzlich zu den oben erwähnten Zielen können Sie vielleicht darüber nachdenken, sich beim Visualisieren auf ein paar der folgenden Objekte zu konzentrieren:

Sehvermögen

- ein Lieblingssessel, -sofa oder ein anderes Lieblingsmöbelstück
- jedes Objekt, das Sie sich gut vorstellen können
- ein Geschenk oder persönlicher Gegenstand von besonderer Bedeutung

- jedes selbst geschaffene Objekt oder Kunstwerk
- ein besonderes Bild, Gemälde oder Porträt

TASTSINN

- jedwede Art strukturierten Stoffs oder Tuchs
- ein Möbelstück
- eine Tür, ein Teppich, ein Lichtschalter, eine Skulptur oder ein hölzernes Geländer
- Schmuck, Aschenbecher, Kerze
- jeder Gegenstand von einzigartiger oder auffälliger Form oder Beschaffenheit

GERUCHSSINN

- Frischluftspender
- frische Blumen
- Seifen oder Lotionen
- Lieblingsparfüm
- Zederntruhe oder Wandschrank
- Weihrauch

DIE SPIEGEL-TECHNIK

Die Spiegel-Technik ist eine wirkungsvolle Methode zur Verbesserung Ihrer Vorstellungskraft und zur persönlichen Vorbereitung auf die außerkörperliche Erfahrung.

> Stellen Sie als Erstes einen lebensgroßen Spiegel in dem Zimmer auf, das Sie sich für die außerkörperliche Erkundung ausgesucht haben. Der Spiegel sollte so platziert werden, dass Sie sich vollständig darin sehen können, ohne sich bewegen zu müssen.
>
> Beginnen Sie, während Sie in den Spiegel schauen, Ihr Bild zu studieren und es sich einzuprägen. Seien Sie dabei so objektiv wie möglich: Betrachten Sie Ihr Spiegelbild als Objekt, das im Geiste zu malen Sie sich anschicken. Ach-

ten Sie besonders auf die kleinen Details Ihres Körpers und Ihrer Kleidung. Lassen Sie sich Zeit und prägen Sie sich alles ein, was Sie sehen.
Schließen Sie die Augen und entwickeln Sie eine möglichst detailgetreue Vorstellung von sich. Wiederholen Sie dieses Verfahren so oft, bis Sie eine klare und deutliche Vorstellung von sich am anderen Ende des Zimmers haben.
Stellen Sie sich mit geschlossenen Augen vor, Sie stünden am entgegengesetzten Ende des Zimmers. Stellen Sie sich nun Ihr imaginäres Ich vor. Lassen Sie sich Zeit, wobei Sie langsam Finger und Hände Ihres Ebenbildes bewegen und dann langsam seine Arme. Stellen Sie sich vor, Ihr Spiegelbild bewegte Zehen, Füße und Beine. Lassen Sie sich gefühlsmäßig so weit wie möglich in Ihr Spiegelbild hineinziehen. Nehmen Sie das Bewegungsgefühl wahr, das in Ihren Gliedmaßen spürbar wird. Erleben Sie das Vergnügen, sich ohne einen physischen Körper zu bewegen. Versinken Sie ganz in den Bewegungen, tauchen Sie in sie ein.
Spüren Sie, während Sie tiefer in die Bewegungen Ihres Bildes eintauchen, wie Sie aufstehen und langsam im Zimmer umherzulaufen beginnen. Achten Sie beim Laufen auf alle mit der Bewegung verbundenen Gefühle.
Beginnen Sie wahrzunehmen und stellen Sie sich vor, wie Sie Ihre imaginären Augen öffnen. Fühlen Sie so deutlich wie möglich, wie Ihr Bild sich im Zimmer umschaut. Zuerst mag es Ihnen vorkommen, als täuschten Sie vor, Ihr Zimmer aus einem neuen Blickwinkel zu sehen. Das ist schön; lassen Sie sich einfach mit all den visuellen Eindrücken treiben, die Sie empfangen. Nach einiger Übung werden Sie merken, wie sich Ihre Fähigkeit, jenseits der Grenzen Ihres Körpers zu sehen, verbessert.
Lassen Sie sich Zeit und genießen Sie die unterschiedli-

chen Elemente dieser Methode. Wenn es Ihnen schwer fällt, Ihr Sehvermögen zu übertragen, konzentrieren Sie sich so stark wie möglich auf Ihre anderen Sinne, etwa den Tastsinn. Vergessen Sie, während Sie einen Großteil Ihres Wahrnehmungsvermögens auf Ihr imaginäres Ich übertragen, Ihren physischen Körper völlig, indem Sie sich ausschließlich auf Ihre neuen Sinneseindrücke und die neuen Anblicke konzentrieren. Entspannen Sie sich ganz und gar und lassen Sie Ihren physischen Körper einschlafen. Während Ihr Körper langsam in Schlaf fällt, erleben Sie einen Übergang oder eine Verschiebung Ihres Bewusstseins von Ihrem physischen zu Ihrem nichtphysischen Körper. Während das geschieht, denken Sie daran, Ruhe zu bewahren, und genießen Sie Ihre neue Wahrnehmungsfähigkeit.

Diese Technik ist eine hervorragende Methode zur Verbesserung Ihrer Vorstellungskraft. Viele Menschen sind überrascht, wie leicht sie sich nach kurzer Übung etwas vorstellen können. Nehmen Sie sich Zeit und genießen Sie die Ergebnisse.

Die Traum-Technik

Träume sind ein wirksamer Zugang zu außerkörperlicher Erkundung. Für viele Menschen ist Träumen ein natürlicher Weg, ihr Bewusstsein sanft von ihrem körperlichen Bewusstseinszustand zu lösen und allmählich andere Bewusstseinszustände zu erkennen und zu erfahren.

Seit Anbeginn der Zivilisation haben Gesellschaften und Kulturen überall auf der Welt Träume als Eingang in eine andere Welt betrachtet. Die Bedeutung von Träumen wird in den ältesten überlieferten Schriften der Menschheit dargestellt, darunter die Upanischaden, die Bibel, das Ägyptische Totenbuch und der Koran. Von den verschwenderischen Traumtempeln des alten

Griechenland bis zu den Traumtherapie-Techniken moderner Psychologen und Psychiater liefern Träume nach wie vor wertvolle Einblicke in unser Unterbewusstsein.

Richtig genutzt, können Träume als wirkungsvolle Auslöser oder wirksame Signale für außerkörperliche Reisen fungieren. Ein paar der häufigsten Signale hierfür finden Sie später in diesem Kapitel. Einer der besten Wege, eine außerkörperliche Erfahrung einzuleiten, besteht darin, in einem Traum aufmerksam oder klar zu werden. Dazu müssen wir die Einstellung gegenüber unseren Träumen ändern.

Erkennen Sie erstens endlich an, dass Ihre Träume im alltäglichen Leben von Bedeutung sind. Behandeln Sie sie als wertvolle Einblicke ins und als Botschaften aus dem Unterbewusstsein. Halten Sie sie tatsächlich für eine Form der Kommunikation, genauso real wie Ihre physischen Erfahrungen.

Beginnen Sie zweitens täglich über Ihre Träume Buch zu führen. Schreiben Sie jeden Traum auf, an den Sie sich erinnern können, selbst die kleinsten Bruchstücke. Sie sollten das sofort nach dem Aufwachen tun; nehmen Sie Papier und Stift oder sprechen Sie auf Band. Achten Sie genau auf die Gefühle, Emotionen und Sinneseindrücke, die Sie in Träumen erlebt haben.

Geben Sie drittens energisch Ihrem Wunsch nach größerer Klarheit und schärferem Bewusstsein in Ihren Träumen Ausdruck. Ersuchen Sie beim Einschlafen klar darum, dass Ihr Bewusstsein in Ihren Träumen uneingeschränkt gegenwärtig sein möge. Verpflichten Sie sich beim Einschlafen energisch, jeden einzelnen Traum zu erkennen, sich an ihn zu erinnern und ihn bewusst zu erleben.

Wiederholen Sie viertens sich selbst gegenüber Abend für Abend beim Einschlafen eine starke Affirmation. Zum Beispiel: »Wenn ich einschlafe, bleibe ich aufmerksam« oder »Jetzt habe ich ein vollkommen bewusstes außerkörperliches Erlebnis« oder »In meinen Träumen werde ich aufmerksam«.

Bringen Sie Ihre Affirmationen mit Nachdruck und positiv vor, in der berechtigten Erwartung, dass Ihre Bitte gewährt werde. Legen Sie, wie bei allen Außerkörperlichkeits-Affirmationen, Ihre ganze emotionale und geistige Energie in jede einzelne Affirmation. Wenn Sie einschlafen, ist es wichtig, dass Sie sich konzentrieren und Ihre Affirmationen als letzten bewussten Gedanken behalten.

Der Übergang Ihres Bewusstseins kann rasch erfolgen, also ist es entscheidend, dass Sie ruhig bleiben und jegliche Veränderung Ihres persönlichen Blickwinkels, Ihrer Umgebung, Ihrer Energie oder Ihres Standortes genießen.

Beim folgenden handelt es sich um einen Traum, den ich vor einigen Jahren erlebte;

Im Traum befand ich mich in einer Tierhandlung. Als ich mich umschaute, bemerkte ich in der Nähe meiner Füße einen kleinen Einsiedlerkrebs auf dem Boden. Als ich den Krebs beobachtete, sprang er anderthalb Meter hoch direkt in die Luft. Zuerst war ich erschrocken und trat zurück; dann, als ich genauer hinsah, wurde klar, dass der Krebs versuchte, mich auf sich aufmerksam zu machen. Wieder sprang er, und mir wurde bewusst, dass ich wohl träumte. In diesem Moment sagte ich laut: »Ich träume wohl.« Sofort verspürte ich ein seltsames Kribbeln im Körper und erkannte, dass ich beim Träumen in den Schwingungszustand eingetreten war. Ich richtete meine ganze Aufmerksamkeit darauf, aus meinem physischen Körper heraus nach oben zu schweben. Binnen Sekunden konnte ich spüren, wie ich mich aus meinem Körper hob und aufs Wohnzimmer zu bewegte.

Diese Art von Traum-Technik ist leicht zu realisieren, falls wir bereit sind, den ganzen Prozess zu erkennen und zu akzeptieren. Das wichtigste Element ist unsere Reaktion in dem Augenblick, wo wir in unserem Traum bewusst aufmerksam werden.

Lebhafte oder luzide Träume sind nicht notwendigerweise unbewusste außerkörperliche Erfahrungen; es kann sich um psychische Äußerungen, ähnlich inneren Projektionen, handeln. Die ungewöhnlichen oder unglaublichen Erfahrungen in unseren

Träumen sind Schöpfungen unseres Unterbewusstseins, die dazu da sind, unsere Aufmerksamkeit zu erregen und zu binden. Ich habe festgestellt, dass diese Art luzider Traum regelmäßig vorkommt, sobald wir uns entschieden darauf festgelegen, auf außerkörperliche Entdeckungsreisen zu gehen. Tatsächlich bemüht unser Unterbewusstsein sich nach Kräften, uns dabei behilflich zu sein, unser Ziel einer bewussten außerkörperlichen Erfahrung zu erreichen. Natürlich ist das ein weiterer Grund dafür, warum schriftliche Ziele so wichtig sind. Je genauer unsere Zielvorstellungen, umso eher ist unser Unterbewusstsein bereit und in der Lage, uns zu helfen.

Diese Art luzider Traum kann buchstäblich alles von der Norm Abweichende sein: ungewöhnliche Umgebungen oder Menschen; absonderliche Farben oder Formen; seltsame Gebäude, Haustiere oder andere Tiere. Ich habe festgestellt, dass luzide Träume sich häufig als ein einzelnes sonderbares Ereignis in einem ansonsten relativ normalen Traum offenbaren: irgendeine seltsame, unlogische oder unpassende Person oder ein ebensolcher Orte oder ein solches Ding, kurz, alles, was offenkundig von der Norm abweicht. Zum Beispiel wird aus einer typischen Familienlimousine vielleicht ein hellroter Sportflitzer. Ein normales Haus wird vielleicht zur Burg. Ein zahmes Haustier wird möglicherweise zum Löwen oder Adler. Ein einzelnes Objekt oder Ereignis in einem Traum kann plötzlich völlig fehl am Platze und haarsträubend erscheinen: ein springender Krebs, eine sprechende Katze, ein fliegender Hund. Egal, was es ist, es ist etwas so Befremdliches, dass es unsere ganze Aufmerksamkeit erregt und fesselt.

Der Schlüssel zum erfolgreichen Träumen ist unser bewusstes Erkennen und positives Reagieren auf die Vorkommnisse unserer luziden Träume. Haben Sie in Ihrem Traum erst einmal ein sonderbares oder unlogisches Ereignis erkannt, dann richten Sie Ihre Aufmerksamkeit so stark wie möglich auf das ungewöhnliche Vorkommnis. Bezeichnen Sie das unlogische Ereignis in dem Traum genau mit Worten: »Ich kann gar nicht fliegen« oder »Ich wohne in keiner Burg« oder »Seltsam, mein Auto ist gar nicht rot«.

Bestätigen Sie, während Sie in dem Traum zunehmend bewusster (klarer) werden, verbal, dass Sie wissen, dass Sie träumen. Sagen Sie laut irgendetwas, das Ihr Bewusstsein wissentlich bestätigt: »Ich weiß, dass ich träume«, »Ich bin in meinem Traum wach« oder »Ich bin jetzt aufmerksam«.

Der nächste Schritt besteht in der Bereitschaft zum Übergang bzw. Umzug Ihres Bewusstseins von Ihrem Traumzustand in Ihren nichtphysischen Körper. Seien Sie auf einen raschen Bewusstseinswandel gefasst. Es ist möglich, dass Sie im Schwingungszustand erwachen, während Sie sich noch im physischen Körper befinden, oder dass Sie sich als nicht im Gleichklang mit Ihrem physischen Körper erfahren. Bleiben Sie ruhig und lenken Sie Ihr inneres Ich, Ihr Bewusstsein weg von Ihrem physischen Körper.

Lassen Sie die inneren Sinneseindrücke sich entwickeln, während Sie Ihre ganze Aufmerksamkeit weiterhin von Ihrem physischen Körper ablenken. Richten Sie all Ihre Gedanken auf die Vorstellung, in einen anderen Bereich Ihres Zuhauses umzuziehen. Es ist unerlässlich, dass Sie Ihre Aufmerksamkeit weiterhin konsequent von Ihrem physischen Körper weglenken; jeder Gedanke an Ihren Körper befördert Sie in ihn zurück.

Ersuchen Sie jedes Mal, wenn Ihr Bewusstsein oder Ihr Sehvermögen nicht mehr ideal ist, um Klarheit. »Ich bitte augenblicklich um völlige Klarheit« oder »Klarheit. Sofort!« Bringen Sie Ihre Bitte stets mit energischer, präziser Forderung nach sofortiger Erfüllung vor.

Dieser Prozess ist sehr natürlich. Ich bin heute mehr denn je davon überzeugt, dass Träume entstehen und darauf angelegt sind, uns in unserer persönlichen Entwicklung zu unterstützen. Wir haben die Wahl, sie zu erkennen oder zu ignorieren. Wofür wir uns auch entscheiden, unser Unterbewusstsein wird seine Traumbotschaften weiterhin an unser Bewusstsein senden. Vielleicht ist die Zeit reif, zuzuhören und von den Bildern, die wir jede Nacht in unseren Träumen empfangen, zu lernen.

Traumsignale

- Sie spüren oder sehen sich im Innern oder in der Nähe eines beliebigen Fahrzeugs – eines Autos, Schiffes oder Flugzeugs beispielsweise. Außerdem jedes Traumerlebnis, zu dem ein Fahrzeug gehört, wie beispielsweise ein Raumflug oder ein Schiffsabenteuer.
- Sie erkennen eine Veränderung in Ihrer tagtäglichen Umgebung, Ihr Haus wird zum Beispiel zu einer Burg, einem Palast oder einer Blockhütte. Außerdem jede Veränderung hinsichtlich Lage, Struktur oder Farbe der Umgebung.
- Sie verspüren Taubheit, Lähmung, Wogen von Energie oder von der Norm abweichende Geräusche.
- Sie erkennen irgendein Ereignis, eine Situation, eine Fähigkeit, die von der Norm abweichen, wie die Fähigkeit, zu fliegen, zu schweben oder sich auf andere unkonventionelle Weise fortzubewegen.
- Sie erleben, wie Sie fallen oder sinken. Dazu gehört die Aufundabbewegung auf Treppen, in Fahrstühlen und auf Rolltreppen.
- Sie haben ein Erlebnis, bei dem Sie und Ihr außerkörperlicher Partner zusammen sind.
- Sie befinden sich in irgendeinem Umfeld, das sich rasch verändert (das heißt, Dinge tauchen schnell auf oder verschwinden schnell).
- Sie finden sich in einem Umfeld wieder, das sie leicht manipulieren oder kontrollieren können. Sie erkunden eine neue Umwelt, beispielsweise eine Wüste, einen Wald oder eine schneebedeckte Landschaft.
- Sie erkennen eine Problem oder einen Konflikt – Sie fahren zum Beispiel mit einem Auto bergab und die Bremsen funktionieren nicht.

- Sie erkennen eine Brücke, einen Tunnel oder irgendeine Art von Öffnung. In Ihrem Traum ermöglicht diese Öffnung Ihnen vielleicht, ein Hindernis oder eine Sperre zu überwinden – eine Mauer oder einen Fluss beispielsweise.
- Sie werden auf irgendeine Weise unterrichtet oder angeleitet oder sind mit einem Gefährten zusammen, der als Führer zu fungieren scheint. Oftmals befindet sich dieser Gefährte neben Ihnen, bleibt indes außer Sichtweite.
- Sie treffen sich in einer Klassenzimmer- oder Konferenzraum-Atmosphäre mit kleinen Gruppen von Menschen.
- Sie begegnen mehreren Ebenen oder Stockwerken jeglicher Art: in Parkhäusern, Bürogebäuden, Schiffen usw.
- Sie lesen ein Buch oder Computerprogramm, das ungewöhnliche oder anspruchsvolle Informationen enthält.

Das Folgende ist ein Beispiel für einen Traum, den einer meiner Kursteilnehmer erlebte. Er ereignete sich einen Tag nach einem sechsstündigen Kurs.

> Ich lag an diesem Morgen im Bett und überlegte, ob ich meinen Morgen beginnen oder noch ein Weilchen länger liegen bleiben und mich ausruhen sollte. Kurz darauf schlief ich ein.
>
> Träumend fand ich mich in einem Klassenraum in einer Schulbank sitzend wieder. Es waren noch andere Schüler in dem Raum. Eine Lehrerin lief vor der Klasse auf und ab. Sie hatte blondes Haar und schien sehr nett zu sein. Ich war nur kurz in dem Raum, dann fand ich mich in meinem Elternhaus wieder. An diesem Punkt wurde der Traum luzid.
>
> Ich lag auf der Couch im Wohnzimmer meiner Eltern, dachte über außerkörperliche Erfahrungen nach und fasste den Vorsatz, selbst eine solche Erfahrung zu machen. Zuerst verspürte ich ein Kribbeln, dann eine Bewegung.

Ich ließ mich treiben. Plötzlich stellte ich fest, dass mein Oberkörper aufrecht auf dem Boden und abseits von dem unteren Teil dasaß, der noch auf der Couch lag. Von der Taille abwärts steckte ich noch in meinem Körper. Ich bat um Hilfe, um die Erfahrung zu vervollständigen; nun schlüpfte der Rest von mir aus meinem Körper und auf den Boden. Ich fühlte mich sehr schwer und konnte nicht aufstehen. Alles um mich herum erschien verschleiert und undeutlich. Mir fiel ein, was Bill im Kurs gesagt hatte, und ich rief meine ganze Energie zu mir zurück. Sobald ich das tat, spürte ich Leichtigkeit und konnte aufstehen und mich hin und her bewegen.

Ich war sehr aufgeregt, dass ich es geschafft hatte. Ich erinnere mich, dass ich sagte: »Ich habe es getan! Ich kann es nicht glauben! Das ist großartig!« Ich wollte es jemandem erzählen, der es verstehen würde. Mein Bruder war im Zimmer und lag auf der anderen Couch in der Nähe. Ich ging ins Schlafzimmer meiner Eltern, um meiner Mom zu erzählen, was ich getan hatte, und sah meinen Vater aus dem Zimmer gehen. Er schien mich zu sehen, sagte aber nichts. Ich betrat das Zimmer und stand neben dem Bett meiner Mutter. Ich brannte darauf, es ihr zu erzählen, aber sie schlief noch. Ich überlegte, ob ich sie wecken sollte, als jemand neben ihrem Bett auftauchte und mir sagte, ich solle sie nicht aufwecken. Ich willigte ein. Als ich die Augen aufschlug, war ich zurück in meinem Körper und es war neun Uhr zwanzig.

Affirmationen

Im Laufe der letzten zwanzig Jahre haben Affirmationen ihre Wirksamkeit unter Beweis gestellt. Heute sind sie Bestandteil von Kursen und Seminaren weltweit. Eine Affirmation ist im Wesentlichen eine in die Gegenwartsform gekleidete energische, positive

Feststellung, die einen selbst betrifft. Das lateinische Stammwort *affirmare* bedeutet »bekräftigen, bestätigen«; es ist eine Methode zur Festigung eines Gedankens oder einer Vorstellung in uns selbst. Affirmationen sollten immer als positive Feststellungen formuliert werden; so sind beispielsweise Äußerungen wie »Ich bin ein positiver Mensch«, »Ich verdiene Liebe« oder »Ich werde von Minute zu Minute, von Tag zu Tag besser« weithin gebräuchliche Affirmationen.

In jedem Augenblick unseres Lebens geht uns ein nie abreißen wollender Strom von Gedanken durch den Kopf. Unsere Gedanken beeinflussen ununterbrochen unsere physische und nichtphysische Realität. Der intellektuelle, der emotionale und schließlich der physische Zustand unseres Bewusstseins sind das direkte Ergebnis unserer Gedanken.

Affirmationen erlauben uns, unsere Gedanken zu bündeln und einigen der von uns akzeptierten negativen Vorstellungen entgegenzuwirken. Die Formulierung von Affirmationen ermöglicht uns, den Prozess der Ersetzung negativer oder einengender Gedanken durch unverbrauchte, positive einzuleiten. Es handelt sich um eine wirksame Methode, die uns hilft, uns neu auf positive Veränderung und persönlichen Erfolg zu programmieren.

Affirmationen können leise, laut oder schriftlich wiederholt werden; sogar in Form eines Liedes oder Gedichts kann man sie ausdrücken. Bei der außerkörperlichen Erkundung werden sie im Allgemeinen leise, mit zunehmendem Gewicht auf den letzten Augenblicken vor Beginn des Schlafes, wiederholt. Das Ziel lautet, beim Einschlafen vollkommen auf den Wunsch nach einer unmittelbaren außerkörperlichen Erfahrung ausgerichtet zu sein.

Wenn Sie bei irgendeiner Außerkörperlichkeits-Technik Affirmationen benutzen, sollten Sie um der maximalen Wirksamkeit willen vier Dinge tun: Steigern Sie erstens so weit wie möglich beim Einschlafen Ihr emotionales und geistiges Engagement bei Ihrer letzten Affirmationen. Wiederholen Sie zweitens die Affirmationen, bis Sie einschlafen. Sorgen Sie dafür, dass die letzten

Gedanken vor dem Einschlafen Ihren konzentriertesten außerkörperlichen Affirmationen gelten. Stellen Sie sich drittens vor, Ihre Affirmationen seien derart verbindlich, dass Sie ihre Erfüllung *jetzt sofort*, ohne Wenn und Aber, erwarten! Und seien Sie viertens so aufgeschlossen wie möglich für den Empfang der unmittelbaren Resultate Ihrer Affirmationen.

Es gibt eine unendliche Anzahl und Vielfalt möglicher Affirmationen. Nachstehend finden Sie ein paar Beispiele:

- Jetzt bin ich außerkörperlich!
- Ich erlebe bewusst eine außerkörperliche Reise. Sofort!
- Ich genieße außerkörperliches Bewusstsein. Sofort!
- Ich bleibe aufmerksam, während mein Körper einschläft.
- Ich bleibe bewusst aufmerksam, während mein Körper einschläft.
- Ich trenne mich bewusst von meinem physischen Körper, nachdem er eingeschlafen ist.
- Während mein Körper einschläft, mache ich eine vollkommen bewusste außerkörperliche Erfahrung.
- Jetzt mache ich eine außerkörperliches Erfahrung.
- Jetzt trenne ich mich von meinem Körper!

Affirmationen können verwendet werden, um

- im Zustand der Außerkörperlichkeit die Klarheit der Wahrnehmung zu beteuern. Die Klarheits-Technik ist im Grunde eine starke Affirmation, um klarer wahrzunehmen;
- die unmittelbare Absicht kundzutun, eine außerkörperliche Reise zu erleben;
- Angst abzubauen und die Kontrolle zu verstärken;
- die Traum-Technik und das Erinnerungsvermögen zu verbessern;
- irgendeine der anderen Außerkörperlichkeits-Techniken zu verbessern und zu verstärken;

- sowohl vor als auch während einer außerkörperlichen Erfahrung das Denken zu kontrollieren;
- zu helfen, negative oder einengende Vorstellungen und Meinungen von sich im Zusammenhang mit außerkörperlicher Erkundung auszuräumen;
- das Unterbewusstsein neu auf Erfolg zu programmieren;
- zu helfen, die Vorstellung von sich über den physischen Körper hinaus zu erweitern;
- die Fähigkeit zu verbessern, sich während der ersten Sekunden einer Ablösung von Ihrem physischen Körper zu entfernen. Etwa: »Ich ziehe in das andere Zimmer um« oder »Ich schwebe auf und davon«.

Visualisation mit Affirmationen

Affirmationen können mit anderen Techniken verknüpft werden, um ihre Wirksamkeit insgesamt zu erhöhen. Sie können außerdem hilfreich dabei sein, Ihre wissentliche Aufmerksamkeit unablässig auf das Ziel einer außerkörperlichen Erfahrung zu richten, während Ihr Körper einschläft. Das Folgende ist ein Beispiel:

> Legen Sie sich auf den Rücken und machen Sie es sich so bequem wie möglich. Schließen Sie die Augen, entspannen Sie sich und atmen Sie tief, langsam und natürlich. Beim Entspannen wiederholen Sie eine Affirmation wie »Jetzt bin ich außerkörperlich« oder »Ich trenne mich jetzt in vollem Bewusstsein von meinem Körper«. Fahren Sie mit dieser Affirmation fort, bis Sie langsam müde werden.
>
> Während Sie diese Affirmation im Geiste wiederholen, fangen Sie an, sich einen vertrauten Ort vorzustellen: ein Zimmer bei sich zu Hause oder irgendeinen anderen Platz, den Sie gut kennen und den Sie sich vollkommen klar und deutlich vorstellen können. Malen Sie sich den Raum im Geiste aus. Stellen Sie sich so lebhaft wie mög-

> lich die Einzelheiten des Zimmers vor – fühlen Sie den Teppich unter Ihren Füßen, den Stoff der Vorhänge und die Möbel. Stellen Sie sich die Muster in der Tapete vor und spüren Sie die Struktur der Oberfläche der Möbel. Achten Sie auf die Gemälde, die Bücher ... sämtliche kleinen Details, und erforschen Sie sie. Tauchen Sie ein in die Einzelheiten des Zimmers. Spüren Sie, wie Sie in dem Zimmer umhergehen. Wie schön, wie angenehm das ist. Benutzen Sie, so weit möglich, all Ihre Sinne.
> Suchen Sie sich einen Gegenstand in dem Zimmer aus. Nehmen Sie ihn in die Hand und befühlen Sie seine Beschaffenheit, spüren Sie sein Gewicht. Stellen Sie sich dieses Objekt so deutlich wie möglich vor und spüren Sie seine Gegenwart. Lassen Sie sich vollständig darauf ein. Setzen Sie Ihre Affirmationen fort, während Sie einschlafen.

Der Schlüssel zu dieser Übung besteht darin, Ihr Interesse so lange ununterbrochen auf etwas außerhalb Ihres Körpers zu verlagern, bis Ihr Körper einschläft. Die Kombination von Affirmationen mit dieser Art von Visualisation ist äußerst wirkungsvoll.

Frühmorgendliche Technik

Eine der besten Zeiten, um eine außerkörperliche Erfahrung herbeizuführen, ist der frühe Morgen, nachdem zwei oder drei REM-Phasen (drei bis fünf Stunden) verstrichen sind.

Im Schlaf beginnt alle neunzig bis einhundert Minuten eine Traumphase, die als *rapid eye movement* (REM-Phase) bezeichnet wird. Die Bewegung unserer Augen im Schlaf ist der körperliche Hinweis darauf, dass wir in einen Traum oder, in manchen Fällen, in einen veränderten Bewusstseinszustand eintreten. Wissenschaftlich bedarf der Zusammenhang zwischen REM-Phasen und außerkörperlichen Erfahrungen noch einer Bestätigung; doch Berichte, welche beide verbinden, sind alltäglich.

Die folgende Technik ist extrem wirkungsvoll, erfordert allerdings ein gewisses Maß an Selbstdisziplin. Viele Menschen haben festgestellt, dass die zusätzliche Mühe sich lohnt:

> Stellen Sie sich den Wecker für ungefähr drei bis vier Stunden Schlaf. Begeben Sie sich nach dem Aufwachen an einen anderen Ort in Ihrer Wohnung – zum Beispiel zu einem bequemen Sessel oder einem Sofa.
>
> Suchen Sie sich, während Sie es sich an Ihrem neuen Platz bequem machen, die Außerkörperlichkeits-Technik aus, mit der Sie sich am wohlsten fühlen. Entspannen Sie sich ganz und gar und beginnen Sie mit Ihren Affirmationen, entweder allein oder in Kombination mit der Visualisations-Technik. Wiederholen Sie Ihre Affirmationen – zuerst laut, dann leise und zu sich selbst gewandt.
>
> Verlagern Sie, je mehr Sie sich entspannen, Ihre ganze Aufmerksamkeit auf Ihre Affirmationen und weg von Ihrem physischen Körper. Versuchen Sie, die emotionale und geistige Wirkung Ihrer Affirmationen beim Einschlafen so weit wie möglich zu verstärken. Verpflichten Sie sich bei wachsender Intensität Ihren letzten Affirmationen verbindlich auf eine unmittelbare außerkörperliche Erfahrung. Wichtig ist, dass der letzte Gedanke vor dem Einschlafen Ihren außerkörperlichen Affirmationen gilt. Seien Sie dabei vollkommen offen für die sofortige Erfüllung Ihrer Bitte.
>
> Denken Sie daran, all Ihre Gedanken und Gefühle auf die Affirmationen zu richten. Ihre Intensität und Ihre persönliche Verpflichtung sind am allerwichtigsten.

Viele Menschen berichten, dass sie unmittelbar nach dem Einschlafen eine außerkörperliche Erfahrung gehabt hätten, als sie diese Technik anwendeten. Falls Sie die Zeit haben, können Sie diese Technik mehrmals wiederholen, bevor der Morgen anbricht. Während der ersten paar Versuche kann es passieren, dass sie einfach wieder einschlafen; doch bei wiederholter Übung kann die Technik unglaubliche Ergebnisse zeitigen.

Sollten Sie Schwierigkeiten bei der Entwicklung Ihrer Vorstellungskraft haben, so kann ich Ihnen diese Technik als beste Alternative nur wärmstens empfehlen. Sie zählt zu den wirksamsten Methoden und setzt keine geschulte Vorstellungskraft voraus.

Ich glaube, dass die Wirksamkeit dieser Technik wenig mit der Tageszeit zu tun hat. Was wirklich zählt, ist Ihr mentaler Zustand: Nach drei oder vier Stunden Schlaf sind Ihr Körper und Ihr Geist halbwegs erfrischt und vollkommen entspannt. Dieser geistig wache und körperlich entspannte Bewusstseinszustand ist der ideale Ausgangspunkt für jede bei der außerkörperlichen Erkundung angewandte Technik.

Ich entdeckte diese Technik per Zufall, mehrere Jahre nachdem ich mit außerkörperlichen Erkundungen begonnen hatte. Eines Nachts wurde ich, nachdem ich etwa vier Stunden geschlafen hatte, unerwartet wach und beschloss, aufzustehen und zu lesen. Spontan schrieb ich außerkörperliche Affirmationen auf ... nach fünfzehn Minuten wurde ich furchtbar müde. Ich suchte mir zwei Affirmationen aus und fuhr fort, sie (an mich gewandt) zu wiederholen, während ich mich auf dem Sofa ausruhte. Beim Einschlafen wiederholte ich fortwährend diese Affirmationen: »Jetzt mache ich eine vollkommen bewusste außerkörperliche Erfahrung. Jetzt bin ich außerkörperlich!« Ich legte meine ganze Kraft in jede Affirmation, wobei ich mir alle Mühe gab, dass meine Affirmationen die letzten bewussten Gedanken wären, wenn ich einschlief. Das folgende Erlebnis trug sich um viertel nach drei morgens zu, unmittelbar nachdem mein physischer Körper eingedöst war.

> *Tagebucheintrag vom 7. März 1984*
> Ich spüre, wie starke Energiewellen mich durchströmen. Ich fühle Bewegung – enorme, zunehmende Bewegung.

Augenblicklich befinde ich mich in einem Haus mit Meerblick. Ich höre nichts als das Dröhnen der Brandung. Alles in dem Haus wirkt weiß und verschwommen, also sage ich laut: »Klarheit. Sofort!«
Als ich mich umschaue, schälen sich Formen heraus. Ich stehe vor einem großen, rechteckigen Tisch, fünfeinhalb Meter lang. Der Raum ist voller strahlender Menschen. Jede Pore ihrer Körper scheint Licht auszustrahlen.
Sieben Männer und ein Frau kommen nach vorn, um mich zu begrüßen. Als die Frau sich nähert, kann ich ihr Lächeln erkennen. Als sie mich anschaut, gehen mir lebhafte Bilder durch den Kopf. Die Bedeutung jedes einzelnen Bildes wird sofort klar: »Es ist schön, dich wiederzusehen. Du warst beschäftigt.« Deutlich kann ich ihre Herzlichkeit spüren.
Die Gruppe versammelt sich um den Tisch, und ich weiß, es ist Zeit, sich zu setzen. Als ich mich in dem Raum umsehe, scheint er sich zu vergrößern. Ich höre immer noch die Wellen rauschen und möchte den Ozean sehen. Klar und deutlich vernehme ich: »Du wirst den Ozean noch früh genug erleben. Lass uns anfangen.«
Automatisch erwidere ich: »Der Ozean klingt wunderbar heute.«
Bald geht mir ein anderer Gedanke durch den Kopf: »Ja, der Ozean ist wunderbar. Wir nehmen ihn als selbstverständlich hin. Unsere Besucher sind normalerweise ohne Bewusstsein. Wir werden uns umstellen.« Es folgt eine kurze Pause, dann eine Fortsetzung der Denkenergie vom anderen Ende des Raumes: »Es wird viel Energie in die Regionen höherer Dichte gelenkt. Die in den harten Körpern leben, beginnen zu reagieren. Es gibt viel zu tun. Die aus dem Schlaf erwachen, suchen nach Antworten – suchen draußen. Kein Wunder, dass es so viel Verwirrung gibt. Wir wissen, wie widerstandsfähig die physischen Vehikel

sein können; wir alle sind dort gewesen. Die höchste Prüfung besteht darin, die Wahrheit zu erkennen, während man von dichten Illusionen umgeben ist.«
Spontan antworte ich mit einem Gedanken: »Es wird zu viel erwartet und zu wenig Anleitung geboten. Warum muss es so anstrengend sein?«
Ein anderes Bild geht mir durch den Kopf. Irgendwie weiß ich, dass es weiblich ist. »Die Schule ist hart, aber gerecht. Jeder schafft sich die Lektionen, die er braucht.«
Ich schaue in ihre Richtung, und meine Gedanken scheinen einfach zu fließen. »Aber warum so viel Unwissenheit und Leid?«
Eine andere Stimme ertönt in meinem Kopf: »Für manche ist die Schule unangenehm, für andere eine Erleichterung. Nur aus Erfahrung entsteht Einsicht. Das Ergebnis ist immer fruchtbar.«
»Trotzdem, es gibt zu wenig Anleitung«, erwidere ich. »Fünf Milliarden Menschen, und alle hoffen und beten darum, dass das, was sie glauben, wahr sein möge. Es kommt mir wie eine fruchtlose Schule vor – all diese Menschen leben im Dunkel.«
Eine weitere Stimme taucht auf: »Du siehst nicht das ganze Bild, mein Freund. Zeit ist eine Illusion. Es gibt keine Hast. Alle sind unsterblich. Das unmittelbare Da-Sein ist Erfahrung und Erfahrung erzeugt Einsicht. Zeit ist nicht das Problem.«
Als ich mich in dem Raum umschaue, ist die Realität der Erfahrung überwältigend. Ich kann den Tisch fühlen und den Raum vollkommen klar erkennen. Vom Geräusch der Wellen abgelenkt, beginne ich ein starkes Zerren zu spüren. Ich werde nach hinten gezogen. Binnen Sekunden befinde ich mich in meinem physischen Körper. Das benommene Gefühl, das Kribbeln und die Desorientierung verfliegen rasch, während ich langsam die Augen öffne.

Hypnose

Hypnose wird zu einem zunehmend beliebteren Instrument, das der persönlichen Entwicklung dient. Regelmäßig angewendet wird sie in der Verhaltenstherapie, bei der Gewichtskontrolle, bei sportlicher Leistungssteigerung, beim Stressabbau und beim Gedächtnistraining sowie bei der Behandlung von Ängsten und Phobien. In jüngster Zeit wurden ein paar wirksame neue Anwendungen für die Hypnose entdeckt. Zu den am stärksten beworbenen und populärsten gehört die Reinkarnationstherapie. Patienten in ein früheres körperliches Leben zurückzuversetzen kann ihnen helfen, ein momentanes Problem, eine Angst oder Phobie durch Vordringen zum Ursprung des Dilemmas aufzudecken, zu durchleiden und aufzulösen bzw. auszuräumen. Eine beeindruckende Anzahl kürzlich veröffentlichter hypnotischer Regressionen soll verifizierbare Informationen aus vergangenen Jahrhunderten, einschließlich Namen, Daten, Orte und Ereignisse, erbracht haben.

Bei mehreren von mir durchgeführten Rückführungen fiel mir auf, dass einige meiner Patienten zu einem kurzen außerkörperlichen Bewusstseinszustand neigten, und zwar im Allgemeinen während des zwischen körperlichen Leben erfahrenen Übergangs. Weitere Untersuchungen machten deutlich, dass man sich der Hypnose bedienen konnte, um ein kontrolliertes außerkörperliches Abenteuer herbeizuführen. Im Großen und Ganzen sind die bei der Reinkarnationstherapie normalerweise angewandten Techniken, die dazu dienen, den Prozess einzuleiten, mit geringfügigen Unterschieden auch bei der außerkörperlichen Erfahrung erfolgreich. Die grundlegende hypnotische Einführung kann beibehalten werden; allein das, was danach folgt, ist anderes.

Millionen von Menschen hat Hypnose im vergangenen Jahrzehnt enorme Vorteile gebracht. Heute kann die moderne Hypnose dazu benutzt werden, eine selbst kontrollierte außerkörperliche Erfahrung hervorzurufen. Ihre Vorteile sind in vier Bereichen besonders augenfällig: Erstens ist Hypnose ein wirksames Mittel, die ideale mentale Verfassung für die außerkörperliche Erkundung (wacher Geist und entspannter Körper) zu erzeugen. Zweitens kann sie im Zusammenhang mit außerkörperlichen Erlebnissen bei der Beherrschung, Reduzierung und Ausschaltung unterbewusster und bewusster Blockaden, Ängste und Beschränkungen helfen. Drittens kann Hypnose zur Verbesserung von Vorstellungskraft und Konzentrationsfähigkeit sowie zur Steigerung meditativer Fähigkeiten verwendet werden. Und schließlich können hypnotische Suggestionen eine wirksame Hilfe sein, um eine vollkommen bewusste außerkörperliche Erfahrung auszulösen. So mögen zum Beispiel die hypnotischen Suggestionen »Ich werde mit wachem Bewusstsein träumen« und »Meine Träume lösen eine bewusste außerkörperliche Erfahrung aus« die Traum-Technik erheblich unterstützen. Suggestionen wie »Nachdem ich eingeschlafen bin, erkenne und erlebe ich ein vollkommen bewusstes außerkörperliches Abenteuer« und »Schlaf löst meine außerkörperlichen Erfahrungen aus« können zur Verstärkung und Verbesserung der Fähigkeit einer/s Einzelnen, positiv auf ihre/seine Außerkörperlichkeits-Techniken zu reagieren, genutzt werden.

Prüfen Sie bei der Auswahl eines gelernten Hypnotherapeuten zuerst die Qualifikationen. Viele US-Bundesstaaten verlangen ein Zertifikat oder eine Lizenz. Fragen Sie als Nächstes nach den Fachgebieten. (Viele Hypnotherapeuten sind Spezialisten auf Gebieten wie »Gewichtskontrolle und Essstörungen«.) Die beste Wahl ist jemand, der sich auf dem Gebiet der Reinkarnationstherapie gut auskennt, jemand, der bewandert ist in Metaphysik und gute Erfahrungen mit außerkörperlichen Reisen hat. Solche Menschen sind im Großen und Ganzen vertrauter mit den im Zustand der Außerkörperlichkeit anzutreffenden nichtphysischen (für das Denken empfänglichen) Umwelten. Zudem sind sie geschickter im Umgang mit den allein bei außerkörperlichen Erkundungen auftretenden Wahrnehmungen und Erfahrungen. Ihre Kenntnis der Metaphysik lässt sie die Motivationen und Ziele von Menschen besser verstehen, die ein außerkörperliches Abenteuer suchen.

SELBSTHYPNOSE

Selbsthypnose ist ein anderes wirksames, neues Instrument, das zur persönlichen Entwicklung beiträgt. Häufig sind unsere Ängste und Grenzen unterbewusst in uns programmiert. Innerlich haben wir eine starre Vorstellung von uns akzeptiert und unseren Fähigkeiten Grenzen gesetzt. Diese unterbewussten Grenzen sind die Mauern, die uns von unserem grenzenlosen Potenzial fern halten. In gewissem Sinne haben wir Mauern um uns herum errichtet.

Einer der wirksamsten Wege zur Überwindung der von uns akzeptierten Grenzen und Ängste besteht darin, sich ihnen direkt zu stellen. Hypnose gibt uns die einzigartige Fähigkeit, auf unser Unterbewusstsein zuzugreifen und unsere Ängste und Grenzen aufzulösen. Außerdem können wir unser Unterbewusstsein neu auf Erfolg bei jedem Unterfangen (einschließlich nichtphysischer Erkundung) programmieren.

Beim Folgenden handelt es sich um eine Anleitung zur Selbsthypnose, die Sie auf Band aufnehmen und zu Hause verwenden können. Lassen Sie sich beim Aufnehmen Zeit und sprechen Sie ruhig und entspannt. Halten Sie bei jeder Pause zwischen den Sätzen ungefähr zwei Sekunden inne. Bemühen Sie sich während der gesamten Bandaufnahme, gleichmäßig zu sprechen. Viele Menschen neigen dazu, schneller zu werden, wenn sie lesen ... also lassen Sie sich Zeit und entspannen Sie sich. Pausen, die länger als zwei Sekunden dauern, werden angezeigt.

Um optimale Ergebnisse zu erzielen, verwenden Sie einen Auto-Reverse-Recorder und eine hochwertige Kassette, die neunzig Minuten oder mehr Spielzeit hat.

Machen Sie es sich bei der Anwendung dieser Selbsthypnose-Technik dort, wo Ihre außerkörperliche Erkundung stattfinden soll, so bequem wie möglich. Setzen Sie sich, wenn möglich, in einen bequemen Sessel oder legen Sie sich auf ein bequemes Sofa. Suchen Sie sich eine Zeit und einen Platz aus, wo Sie eineinhalb Stunden allein sein können. Schalten Sie den Anrufbeantworter ein.

BENUTZEN SIE EIN HYPNOSE-BAND NIEMALS BEIM AUTOFAHREN!

Anleitung zur Ausserkörperlichkeits-Selbsthypnose

Holen Sie mehrmals tief Luft, wehren Sie sich nicht, wenn Ihnen die Augen zufallen, und entspannen Sie sich völlig. Gestatten Sie Körper und Geist einfach, sich vollständig zu entspannen. ... Wenn Sie merken, dass Sie anfangen, sich wohl und entspannt zu fühlen ... überlassen Sie sich einer besonderen Art von Erfahrung. ... Lassen Sie los und entspannen Sie sich ... Holen Sie tief Luft ... und entspannen Sie sich voll und ganz, entspannen Sie sich voll und ganz. ... Entspannen Sie sich jetzt noch mehr. ... Holen Sie nochmals langsam tief Luft ... und lassen Sie dabei allen Stress los ... alle Spannung. ... Spüren Sie, wie mit jedem Atemzug Ihre ganze Anspannung von Ihnen abfällt. ... Entspannen Sie sich einfach ... entspannen Sie sich voll und ganz ...

Stellen Sie sich vor oder fühlen Sie, wie Ihr Kopf in ein weiches, heilendes Licht getaucht wird ... ein Licht, das alle Gedanken zerstreut ... ein Licht, das alle Sorgen zerstreut. ... Ihr Geist ruht in Frieden. ... Dieses weiche, heilende Licht befreit Ihre körperlichen Sinne von ihrer Arbeit. ... Fühlen Sie einfach, wie Kopf und Verstand in dieses Licht gehüllt werden. ... Wehren Sie sich jetzt nicht dagegen, dass dieses heilende Licht sich ein klein wenig ausbreitet ... spüren Sie, wie das Licht sich langsam zu Nacken und Schultern hinabbewegt. ... Jeder Muskel und jede Zelle, die es berührt, lockern sich mehr und mehr ... werden konzentrierter ... harmonieren besser. ... Geräusche, die Sie hören, veranlassen Sie lediglich, tiefer zu gehen ... und tiefer. ... Sie sind friedlicher und entspannter. ... Während dieses ruhige, weiche, heilende Licht Ihren Nacken und Ihre Schultern umhüllt ... ist jede Nervenzelle ... ist jeder Muskel vollkommen locker und entspannt. ... Jede Zelle und jede Faser Ihres Körpers sind vollkommen locker und entspannt. ... Lassen Sie nun zu, dass dieses Licht noch weiter fließt. ... Fühlen Sie es durch Ihre Arme ... Ihre Hände ... Ihre Finger herabfließen ... und spüren Sie, wie es Ihnen noch größere Entspannung bringt. ... Fühlen Sie, wie das Licht Brust und obere Rückenpartie umspült ... Ihre Rippen ... Ihre inneren Organe ... Lunge ... und Herz. ... Jede Anspannung ... jeder Stress, die bzw. der Teil Ihres Körpers ist, fällt von Ihnen ab, während dieses weiche, heilende Licht Sie erfüllt. ... Lassen Sie nun zu, dass das Licht sich noch weiter ausbreitet, bis es Bauch und untere Rückenpartie ausfüllt. ... Spüren Sie, wie jeder Muskel und jede Zelle sich lockern und lösen. ... Das warme, entspannende Licht umgibt Ihre Hüften und hüllt sie ein ... ebenso Ihre Beine. ... Während Sie sich völlig entspannen, stören Sie keine anderen Geräusche mehr. ... Alle Geräusche veranlassen Sie nur, tiefer zu gehen ... und noch tiefer ... herunter ... herunter ... hinein in eine friedlichere und entspanntere Seinsweise. ... Sie sind vollkommen entspannt ... ruhen vollkommen in Frieden. ... Sie fühlen sich völlig sicher ... völlig geschützt. ... Sie können fühlen, wie die lösende Kraft in Ihre Füße strömt. ... Alle Muskeln Ihres Körpers sind jetzt vollkommen locker und entspannt. ... Sie sind so locker, dass Sie sie nicht bewegen können. ... Jeder Muskel ist so locker ... so ungeheuer locker. ... Spüren Sie ... wie Sie tiefer und tiefer ... herunter ... immer weiter herunter gehen ... zutiefst entspannt. ...

Jetzt können Sie die weiche, entspannende Kraft des Lichts spüren, das auf Sie herabscheint. ... Dieses warme Gefühl des Lichts durchstrahlt Ihren ganzen Körper. ... Sie können seine Wärme spüren ... seinen Schutz spüren. ... Während Sie Ihren ganzen Körper vollkommen und angenehm lösen ... dürfen Sie es ein bisschen langsamer werden lassen. ... Gestatten Sie sich einfach, ein wenig langsamer zu werden, und später, wenn wir weitermachen, dürfen Sie noch ein wenig langsamer werden und loslassen. ... Ich werde rückwärts von zehn bis eins zählen; lassen Sie zu, dass Sie mit jeder absteigenden Zahl langsamer werden, und entspannen Sie sich ... und wenn ich bei eins ankomme, werden Sie Ihre eigene Ebene tiefer, tiefer Entspanntheit erreicht haben. Zehn ... herunter, herunter, neun ... tiefer, tiefer, herunter, acht ... herunter, herunter, tiefer, tiefer, sieben ... herunter, sechs ... herunter, fünf ... tiefer, vier ... tiefer, herunter, drei ... tiefer, herunter, zwei ... tiefer, herunter, und ... eins. Jetzt befinden Sie sich auf einer Ebene sehr tiefer natürlicher Entspannung. ... Denken Sie daran ... Sie sind auf allen Ebenen Ihres Geistes uneingeschränkt bewusst und absolut aufmerksam. Diese Reise ist etwas, das Sie wollen, denn Sie sind neugierig, Sie wollen erforschen, lernen. ... Gleich werden wir eine Reihe von Übungen beginnen – für Ihre Wahrnehmung, Ihre Fähigkeit, zu sehen, zu fühlen und vollkommen frei von Ihrem physischen Körper ... von Ihrem vorübergehenden physischen Vehikel ... zu sein.

Fühlen Sie nun den Teil Ihres Körpers, der sich nach etwas mehr sehnt. ... Es gibt einen Teil von Ihnen, der mehr erfahren möchte ... der sich nach Entwicklung sehnt. Spüren Sie, während diese Sehnsucht in Ihnen wächst ... wie sie zu einem Verlangen wird ... einer Leidenschaft, Ihr wahres Ich zu erkennen ... sich selbst vollkommen unabhängig von Ihrem physischen Körper zu erkennen und zu erfahren ... Ihr spirituelles Ich zu erkennen und zu erfahren. ... Fühlen Sie dieses Verlangen. ... Ich möchte, dass Sie den Horizont betrachten und ein weiches Licht sehen oder sich vorstellen ... einen Eingang aus Licht. ... Sie spüren und wissen, dass dieses Licht gut ist. ... Dieses Licht ist voller Liebe und Schutz. ... Bewegen Sie sich nun auf diesen Eingang aus Licht zu. ... Spüren Sie, wie Sie sich auf diesen Eingang aus Licht zubewegen. ... Während Sie diesen Eingang immer näher kommen sehen ... können Sie fühlen, wie Sie vollkommen von dem Licht umfangen sind ... Sie sind vollkommen umfangen und geschützt von dem Licht. ... Das Licht umgibt Sie und fließt durch Ihren Körper ... durch Ihr ganzes Sein. ...

Stellen Sie sich vor oder fühlen Sie, wie Sie sich weiter auf den Eingang zubewegen. ... Und wenn Sie das tun, möchte ich, dass Sie wissen, dass Sie sich von Ihrer körperlichen Hülle entfernen. ... Wenn Sie diesen Eingang aus Licht durchschreiten ... werden Sie Ihren Körper objektiv betrachten und wahrnehmen ... wissend, dass Sie die ganze Zeit über in das weiße, beschützende Licht getaucht sind. ... Als Seele ziehen Sie es vor, sich den Grenzen der Materie zu entziehen. ... Ich möchte, dass Sie jede Einzelheit wahrnehmen. ... Spüren Sie jetzt, wie Sie leichter werden. ... Sie werden immer leichter ... Sie sind leicht wie eine Feder ... leicht wie ein Ballon, als Sie langsam aufsteigen und emporschweben ... immer höher. ... Jetzt können Sie fühlen, wie Sie frei schweben. ...

Genießen Sie beim Schweben all die warmen Empfindungen freien Schwebens ... des völlig von Ihrem physischen Körper losgelösten Schwebens. ... Sie schweben über Ihrem Körper. ... Während Sie die Empfindungen des Schwebens genießen, können Sie wahrnehmen, wie Ihr Bewusstsein sich schärft. ... Sie sind sich bewusster ... sich Ihres neuen, leichteren Energiekörpers bewusster ... sich Ihres leichten Energie-Ich bewusster. ... Jetzt sind Sie sich Ihres Energie-Ich ... Ihres schwebenden Energie-Ich ... vollkommen bewusst. Ihr gesamtes Bewusstsein verlagert sich in Ihr leichtes Energie-Ich. ... Freudig können Sie spüren, wie Sie frei schweben, vollkommen bar aller Beschränkungen ... aller engen Beschränkungen. ... Jetzt sind Sie innerhalb Ihres leichten Ich vollkommen aufmerksam. ... Sie können mit Ihrem gesamten Bewusstsein sehen und spüren ... Ihr gesamtes Bewusstsein befindet sich im Innern Ihres leichten Energie-Ich. ... Sie können die Freude spüren, frei von Ihrem physischen Körper, vollkommen frei von allen Beschränkungen zu sein. ...

Was sehen Sie nun? ... Was bemerken Sie? ... [Fünfzehn Sekunden Pause]

Sie können fühlen und erleben, wie Ihr neues Wahrnehmungsvermögen zunimmt. ... Ihre Sehkraft wird immer besser ... klarer und klarer. ... Ihre Sehkraft ist schärfer, klarer als je zuvor. ... Ihr leichteres Ich verfügt jetzt über eine ausgezeichnete Sehkraft ... Ihr leichteres Ich besitzt einen glasklaren Blick ... ein ausgezeichnetes Wahrnehmungsvermögen. ... Sie können Ihr gesamtes Bewusstsein spüren. ... Ihr gesamtes Bewusstsein befindet sich vollständig in Ihrem leichteren Energie-Ich. ... Sie bündeln Ihre gesamte Energie in Ihrem leichten Energie-Ich. ... Was sehen Sie? ... Wie ist es? ... Können Sie Ihren Körper sehen? ... Beschreiben Sie genau, was Sie sehen. ... Genießen Sie alle Sinneseindrücke und Anblicke. ... Nehmen Sie sich alle Zeit, die Sie brauchen. ... [Drei Minuten Pause]

Kehren Sie jetzt langsam in Ihren physischen Körper zurück. ... Nehmen Sie sich Zeit und kehren Sie langsam zurück. ... Bei Ihrer Rückkehr wissen Sie zweifelsfrei, dass Sie sich mit Leichtigkeit von Ihrem physischen Körper trennen können. ... Sie können Ihren physischen Körper nun vollkommen selbstbewusst einfach beiseite lassen, wann immer Sie wollen. ... Sie wissen, dass Ihr physischer Körper nun ein Träger Ihres Bewusstseins, ein Vehikel ist ... nur einer von vielen Trägern, die Sie besitzen. ... Es ist ein gutes Gefühl, über Ihren Körper hinausgehen zu können, um selbst zu sehen und zu erkennen. ... Von jetzt an können und werden Sie Ihren physischen Körper mit absoluter Leichtigkeit ... absoluter Sicherheit ... verlassen, wann immer Sie möchten.

Atmen Sie jetzt entspannt und bequem tief ein. ... In ein paar Augenblicken werde ich von eins bis drei zählen, sodass Sie, wenn ich »drei« sage, die Augen öffnen können und sich hellwach fühlen. ... Sie werden sich an alles erinnern, was Sie erlebt haben. ... Sie werden plötzlich sogar noch mehr verstehen. ... Sie werden sich gestärkt und belebt fühlen. ... Sie werden verjüngt und ausgeruht sein ... als hätten Sie ein friedliches Nickerchen gemacht. ... Sie werden vollkommen mit sich im Einklang sein. ... Sie werden sich gesünder fühlen ... besser ... und eine bewusste Verbindung zu Ihrem inneren Ich aufrechterhalten. ... Weil Sie sich so tief und so gründlich entspannen konnten, wird Ihr Verstand klar und wach sein. ... Sie werden klarer und kreativer denken können. ... Also, fangen wir an. ... Eins. ... Sie fühlen sich jetzt sehr ausgeruht. ... Ihr ganzer Körper ruht sehr friedlich. ... Sie waren imstande, sich vollkommen und tief zu entspannen, und diese Fähigkeit hat es Ihnen ermöglicht, über Ihren physischen Körper hinauszugehen. ... In Zukunft werden Sie feststellen, dass jede Sitzung noch entspannender und noch lohnender sein wird. ... Zwei. ... Sie spüren jetzt, wie Energie und Leben in jeden Teil Ihres Körpers strömen. ... Sie fühlen sich voller Energie und Kraft. ... Sie erinnern sich an alles, was Sie erlebt haben ... und noch mehr Verständnis wird sich in den kommenden Tagen einstellen. ... Sie fühlen sich ganz wach. ... Sie verspüren ein tiefes Wohlbefinden und Wissen. ... Sie fühlen sich kräftig ... gesünder ... bereit, es mit allem aufzunehmen, was Ihnen begegnen mag. ... Sie fühlen sich erfrischt und ausgeruht, als erwachten Sie aus einem langen Schlaf. ... Drei. ... Ihr ganzer Körper, Ihr Geist und Ihre Seele sind erfrischt. ... Öffnen Sie jetzt mit einem Gefühl vollkommener Frische und voller Energie und Freude die Augen.

Klang

Außerkörperliche Erfahrungen mittels Klang herbeizuführen hat eine jahrtausendealte Geschichte. Die tibetischen Mönche sind berühmt für die Verwendung von Gesängen, Geläut und Glocken, um noch tiefer in meditative Zustände zu gelangen. In den letzten beiden Jahrzehnten wurden Gesang und Mantra zum festen Bestandteil westlicher Meditationskurse. Die Wiederholung bestimmter Geräusche ist eine uralte Praxis, die heute als wirksame Methode, das individuelle Interesse stärker auf einen Brennpunkt zu konzentrieren, weithin bekannt und akzeptiert ist.

KLANGFREQUENZ-TECHNIKEN

Die Praxis der Verwendung von Klangfrequenzen zur Herbeiführung außerkörperlicher Erfahrungen ist von weiten Kreisen der wissenschaftlichen Gemeinschaft noch nicht untersucht worden. Die umfassendsten Forschungen finden zur Zeit am *Monroe Institute for Applied Sciences* in Nelson County, Virginia, statt. Seit mehr als zwanzig Jahren experimentiert der Gründer und Leiter des Instituts, Robert A. Monroe, mit den Möglichkeiten Klang-induzierter veränderter Bewusstseinszustände. In den letzten Jahren entwickelte das *Monroe Institute* einige praktische Methoden, die ein beschleunigtes Lernen durch erhöhte Bewusstseinszustände ermöglichen. Zu diesen Methoden gehört ein System von auditiven Impulsen, die im menschlichen Gehirn eine der Frequenz folgende Reaktion auslösen. Das Ergebnis ist eine Synchronisation von linker und rechter Gehirnhälfte.

Eines der Ziele des Instituts ist es, Menschen, die an der Erkundung der nichtphysischen Dimensionen des Universums interessiert sind, praktische Hilfe zu geben. Zu diesem Zweck stellte das Institut eine Reihe so genannter Audio-Bänder her, die »Hemi-Sync« genannt werden. Die Bänder sollen ein Signal mit einer 100-Hertz-Frequenz ins linke Ohr eingeben und eine 104-Hertz-Frequenz ins rechte Ohr; der Unterschied von 4 Hertz steht für die im Augenblick einer außerkörperlichen Erfahrung vorherrschende Gehirnfrequenz.

Obgleich Klangfrequenz-Techniken noch relativ neu sind, bin ich mir sicher, dass diese revolutionäre Form der Einleitung außerkörperlicher Erlebnisse bei andauernder Forschung und Entwicklung in naher Zukunft alltäglich werden wird. Um Sie in die Klangfrequenz-Techniken einzuführen, stelle ich Ihnen eine von tibetischen Mönchen benutzte uralte Methode vor. Es handelt sich um eine der ältesten Außerkörperlichkeits-Techniken, die aus der Zeit um 1000 v. Chr. stammt.

Klang-Technik

Holen Sie mehrmals tief Luft und entspannen Sie sich völlig. Machen Sie es sich an dem von Ihnen gewählten Ort, an dem Sie diese Erfahrung machen wollen, bequem. Schließen Sie die

Augen und beginnen Sie, sich auf den Bereich direkt über Ihrem Kopfwirbel zu konzentrieren. Richten Sie Ihr ganzes Bewusstsein auf die Stelle über Ihrem Kopf, bis die Empfindungen Ihres Körpers zu schwinden beginnen.

Während Ihre körperlichen Empfindungen allmählich nachlassen, intonieren Sie leise sieben Mal den Klang OMMMMMM... Lassen Sie ihn im oberen Teil Ihres Kopfes nachhallen.

Wiederholen Sie nun den Klang OMMMMMM... im Geiste sieben Mal. Seien Sie sich des in Ihrem Kopf nachhallenden Klangs vollkommen bewusst. Lassen Sie den Klang durch den oberen Teil Ihres Kopfes steigen.

Lassen Sie den Klang langsam zur Decke steigen, indem Sie Ihre ganze Aufmerksamkeit auf den unmittelbaren Kern des Nachhalls richten. Fühlen Sie, wie Ihr Bewusstsein mit dem Klang verschmilzt. Werden Sie so weit wie möglich eins mit dem aufsteigenden Klang, während Ihr Körper sich zusehends entspannt.

Fühlen Sie, wie Ihr Bewusstsein mit dem Klang aufsteigt. Werden Sie eins mit dem Nachhall des OMMMMMM... Genießen Sie den Klang und fließen Sie mit ihm. Spüren Sie, wie Sie immer leichter werden, während Sie mit dem Klang dahintreiben. Erlauben Sie Ihrem physischen Körper, sich auszuruhen und zu schlafen, während Sie sich voll und ganz auf den emporsteigenden Klang konzentrieren. Richten Sie Ihre ganze Aufmerksamkeit ununterbrochen auf den Klang, während Ihr Körper einschläft. Konzentrieren Sie beim Einschlafen Ihr ganzes Bewusstsein auf den aufsteigenden Klang.

Diese Technik kann wirkungsvoll zusammen mit einem Tonband zur Einleitung von Außerkörperlichkeit angewandt werden. Denken Sie daran, sich, wenn Sie ein externes Klangsystem verwenden, auf die Geräusche in Ihrem Innern zu konzentrieren. Der einzige Zweck des äußeren Klangs besteht darin, Ihre eigene Stimme zu verstärken und zur Geltung zu bringen.

Zeremonielle Technik

Bei vielen Gelegenheiten wurde mir erzählt, dass es hilfreich sei, ein sich dauernd wiederholendes System oder Ritual zu schaffen, um sich auf die Außerkörperlichkeit vorzubereiten. Im Grunde haben sich die Betreffenden eine individuelle Reihenfolge sich wiederholender Ereignisse ausgedacht, die zu ihren außerkörperlichen Erfahrungen führen. Möglich, dass sie zum Beispiel bei der Vorbereitung auf die Entspannungsphase und wenn sie mit ihrer Außerkörperlichkeits-Technik beginnen, ein langes, entspannendes Bad nehmen, anschließend ein spezielles weißes Gewand anlegen und rings um ihr Bett oder Sofa brennende Kerzen aufstellen. Während dieses Prozesses konzentrieren sie sich unablässig auf ihren Wunsch nach einer unmittelbaren außerkörperlichen Erfahrung. Viele Menschen berichten, sie hätten mit einem solchen Ansatz beeindruckende Ergebnisse erzielt.

Ich glaube, der Erfolg der rituellen Methode ist dem besonderen Gewicht zu verdanken, das während des gesamten Vorbereitungsprozesses auf das Ziel gelegt wird. Der Verstand registriert das ziemlich langwierige, sich wiederholende Procedere als etwas Besonderes und lenkt zusätzliche unterbewusste Aufmerksamkeit auf das Ziel, auf welches man sich ausrichtet – eine außerkörperliche Erfahrung. Überdies wirkt sich das bloße Wiederholen desselben Ablauf über Wochen hinweg auf das Unterbewusstsein aus. Es gibt eine alte Redensart, dass jede Handlung oder jeder Gedanke, die man einundzwanzig Mal täglich wiederholt, zu einer Gewohnheit werde. Diese Vorstellung beruht auf der Prämisse, dass unser Unterbewusstsein die tägliche Wiederholung zur Kenntnis nimmt und sie als neue Verhaltensnorm anerkennt. Ich glaube, dasselbe Prinzip erklärt, warum die tägliche Wiederholung und die rituelle Methode so wirkungsvoll sind.

Wenn ich heute zurückblicke, wird mir bewusst, dass ich in all den Jahren mein eigenes Ritual entwickelt habe: In den Siebzigern wachte ich zwei Jahre lang jeden Morgen um sieben Uhr auf, ging zu einem Seminar um halb neun ins College, kehrte danach gegen halb zwölf zurück, machte es mir zu Hause bequem und entspannte mich. Jeden Mittag legte ich mich ins Bett und praktizierte auf dem Rücken liegend eine Außerkörperlichkeits-Technik. Das Ganze war äußerst effektiv. Nach mehreren Wochen täglicher Wiederholung hatte ich mich auf außerkörperliche Erfahrungen programmiert. Nach einigen Monaten brauchte ich keinerlei Technik mehr; ich machte einfach mittags ein Schläfchen und automatisch entstieg ich meinem physischen Körper. In der Rückschau bin ich davon überzeugt, dass es sich um eine Form von Selbst-Konditionierung handelte. Erfolg baut auf Erfolg auf, und als mein Bewusstsein und mein Unterbewusstsein das Ritual für außerkörperliche Erfahrungen erst einmal akzeptiert hatten, wurde es zu einem sehr natürlichen Daseinszustand. Nach mehreren erfolgreichen und angenehmen Erfahrungen begann mein Unterbewusstsein, uneingeschränkt mit meinen Wünschen zu kooperieren.

Das ist insofern wichtig, als es den Weg weist zu einem tieferen Verständnis des gesamten Prozesses außerkörperlicher Erkundung. Um zu dem Wissen und der Einsicht zu gelangen, die uns in den nichtphysischen Dimensionen des Universums zur Verfügung stehen, müssen wir über unsere oberflächlichen Wünsche hinausgehen. Um das nichtphysische Erlebnis zu beherrschen, müssen wir willens sein, uns auf Erfolg zu programmieren. Halbherzige Versuche mit Außerkörperlichkeits-Techniken bringen unweigerlich halbherzige Ergebnisse. Im Interesse echten Erfolgs und echter Kontrolle müssen wir willens sein, uns emotional und intellektuell ohne Wenn und Aber für diese Erkundung zu entscheiden. Am leichtesten gelingt uns das, wenn wir die Vorbereitung und Technik zu einem tagtäglich sich wiederholenden Ritual machen. Der Schlüssel liegt darin, es täglich und, wenn irgend möglich, stets zur selben Zeit und am selben Ort zu tun. Die Kombination aus Wiederholung und Entschlossenheit schafft ein effektives System, das verwendet werden kann, um zu erreichen, wonach auch immer es uns außerhalb des Lebens verlangen mag.

Ergebnisse, von denen häufig berichtet wird

Was man zu Anfang bei außerkörperlichen Erfahrungen erlebt, ist individuell verschieden. Im Laufe der letzten zwanzig Jahre habe ich jedoch einige bemerkenswerte Ähnlichkeiten festgestellt. Die Art und Weise, wie wir auf die zu Beginn erlebten Veränderungen reagieren, bestimmt meist unseren Erfolg.

Der rasche Übergang unseres persönlichen Bewusstseins von unserem physischen Körper auf unser nichtphysisches Ich kann ein beunruhigender Schritt sein, wenn man unvorbereitet ist. Eine ungefähre Vorstellung von dem zu haben, was einen erwartet, ist bei Ihren anfänglichen Erkundungen auf jeden Fall eine außerordentliche Hilfe. Je besser Sie auf die Erfahrung vorbereitet sind, umso größer ist die Kontrolle, die Sie ausüben können. Ihre positive Reaktion auf die plötzliche Veränderung Ihrer persönlichen Position und Wahrnehmung sowie Ihres individuellen Standpunktes ist für eine erfolgreich kontrollierte Erfahrung absolut unerlässlich.

Während Sie sich voll und ganz auf Ihre Außerkörperlichkeits-Technik konzentrieren, lockert Ihr physischer Körper sich mehr und mehr. Schließlich wird er seinen Übergang in den Schlaf finden. Wenn dies geschieht, erleben Sie möglicherweise eine enorme Veränderung Ihres gewohnten Schlafrhythmus. Diese Veränderung kann eintreten, unmittelbar nachdem Ihr Körper eingeschlafen ist oder während einer REM-Phase. Die inneren Signale werden am häufigsten aus der Phase dieses Übergangs vermeldet, also achten Sie auf alle ungewöhnlichen inneren Geräusche oder Sinneseindrücke, die vielleicht auftauchen:

Im folgenden finden Sie eine Liste der Dinge, die häufig unmittelbar nach Anwendung einer Außerkörperlichkeits-Technik erlebt werden:

1. Sie schweben, stehen oder liegen unmittelbar außerhalb Ihres physischen Körpers.
2. Sie erleben Ihr Energie-Ich entweder liegend oder sitzend in Ihrem physischen Körper. Begleitend dazu können starke

Schwingungen auftreten, die sich in Ihrem gesamten Energiekörper ausbreiten. Möglicherweise haben Sie das Gefühl, sich nicht mehr im Einklang mit Ihrem physischen Körper zu befinden, und fühlen sich bereit, einfach aus dem physischen Körper »auszusteigen«. Das ist vollkommen natürlich; richten Sie Ihre ganze Aufmerksamkeit einfach auf Ihre neue Schwingungsfrequenz und weisen Sie sich an, von Ihrem physischen Träger Abstand zu nehmen.

3. Sie stehen oder sitzen an einem Ihrer Zielgebiete und beobachten Ihre neue Umgebung. Diese Bewusstseinsverschiebung geschieht schnell, also bleiben Sie ruhig und genießen Sie Ihre neue Schwingungsebene.
4. Sie erleben einen luziden Traum (einen Traum, in welchem Sie Ihre neue Umgebung erstmals bewusst wahrnehmen). In diesem Traum können Sie auf eines oder mehrere Ihrer inneren Signale stoßen. Richten Sie Ihre Aufmerksamkeit auf die Schwingung oder den Klang und entfernen Sie sich durch eigene Willenskraft von Ihrem Körper.
5. Sie stoßen auf eine nichtphysische Umwelt, die sich von Ihrem alltäglichen Umfeld unterscheidet. Bleiben Sie ruhig und genießen Sie Ihre neue Umwelt.

Die ideale innere Einstellung – eine Übersicht

- Machen Sie den Anfang mit einer reinen Weste. Trennen Sie sich so weit wie möglich von Ihren vorgefassten Meinungen, Beschränkungen, Anschauungen und Überzeugungen. Stellen Sie sich vor, Sie begännen Ihr Leben noch einmal von vorn, ohne Ihre Vorstellungen von sich und frei von allen Beschränkungen.
- Vertrauen Sie sich und Ihren Fähigkeiten. Sie sind ein spirituelles Wesen, das kreative Fähigkeiten besitzt und sich ohne Schwierigkeiten von seinem physischen Körper trennen kann.

- Seien Sie offen, zu empfangen. Öffnen Sie sich uneingeschränkt einer neuen Selbstwahrnehmung, einer erweiterten Vorstellung von sich als Mensch mit unbegrenzten Fähigkeiten.
- Seien Sie offen für die Erkenntnis aller persönlichen Barrieren, Blockaden oder Auffassungen, die Ihr Wachstum und Ihre Entwicklung hemmen, und befreien Sie sich davon.
- Seien Sie offen für die Erkenntnis der starken Beeinflussung und Konditionierung, die Ihnen zuteil wurden, und befreien Sie sich davon.
- Seien Sie offen und empfänglich für einen Wandel Ihres Bewusstsein. Begrüßen Sie eine vollkommen bewusste Verschiebung Ihres Bewusstseins von Ihrem Vehikel und Ihren Grenzen relativ hoher Dichte hin zu Ihrem höheren Energie-Ich.
- Spüren Sie stark, wie Ihr inneres Ich Sie drängt, jenseits Ihres physischen Vehikels Erkundungen anzustellen und Erfahrungen zu machen.
- Konzentrieren Sie all Ihre Kraft, Ihre ungeteilte Aufmerksamkeit und Ihr ganzes Begehren auf die persönliche Verpflichtung, sich als unabhängig von Ihrem physischen Vehikel zu erkennen und zu erfahren.
- Erkennen Sie richtig und fühlen Sie in jeder Zelle, jeder Faser, jedem Teil Ihres Seins, dass Sie ein energiereiches, unkörperliches Wesen sind. Trennen Sie sich, weil Sie mehr sind als Materie, mit Leichtigkeit von Ihrem körperlichen Vehikel.
- Fühlen Sie sich vollkommen sicher, geborgen und geschützt, nun aus Ihrem physischen Vehikel auszusteigen.
- Erkennen und akzeptieren Sie ohne Wenn und Aber, dass Zeit und Umgebung für ein außerkörperliches Erlebnis heute ideal sind. Jetzt gleich!
- Lösen und trennen Sie sich von der Erde. Stellen Sie sich lebhaft vor, wie Sie sich von Ihrem Körper abkoppeln und sich dabei von Ihren physischen Beschränkungen befreien.

- Wiederholen Sie, während Sie Ihre Lieblings-Außerkörperlichkeits-Technik praktizieren, die folgende Affirmation: »Ich bin mehr als ein physischer Körper. Und weil ich mehr bin als Materie, trenne ich mich jetzt in vollem Bewusstsein von meinem physischen Körper.«

Techniken im Überblick

1. Bleiben Sie ruhig. Innere Schwingungen, Geräusche und Bewegung sind normale Erfahrungen.
2. Haben Sie keine Angst, denn Sie werden beschützt und sind unsterblich.
3. Verlangen Sie so oft wie nötig vollkommen klares Bewusstsein: »Klarheit. Sofort!«
4. Lenken Sie Ihre Gedanken jederzeit von Ihrem physischen Körper ab und schweifen Sie nicht zu ihm zurück.
5. Konzentrieren Sie sich auf ein bestimmtes gewünschtes Ziel: eine Person, einen Ort oder einen Bewusstseinszustand, den Sie gern erleben würden.
6. Seien Sie, nachdem Sie eine Bitte vorgebracht haben, auf ein Gefühl der Bewegung gefasst.
7. Genießen Sie Ihre neuen Entdeckungsreisen. Das unsichtbare Universum ist Ihr Geburtsrecht und Ihre Bestimmung.

Voraussetzungen für außerkörperliche Erfahrungen

1. Wir sind spirituelle (unkörperliche Energie-)Wesen, die sich zum Zwecke der Erfahrung und um sich auszudrücken vorübergehend biologischer Körper (Vehikel) bedienen.
2. Da es sich beim physischen Körper um ein vorübergehendes Vehikel bzw. einen Träger von Bewusstsein und Energie handelt, ist es nur natürlich, dass wir uns von ihm trennen und unser wahres nichtphysisches Ich erleben können.

3. Gegenwärtig erleben wir ein biologisches Vehikel, sodass wir innerhalb der physischen Dimension Erkundungen anstellen, interagieren und lernen können.
4. Bei außerkörperlichen Erfahrungen handelt es sich um die normale Verschiebung oder Überführung von Bewusstsein von unserem physischen Träger auf unseren nichtphysischen Körper höherer Frequenz.
5. Wir benutzen und kontrollieren gleichzeitig mehrere Energie- (Frequenz-)träger. Jeder dieser Energieträger existiert mit ausgesprochen unterschiedlicher Dichte und Schwingungsfrequenz. Im Idealfall wirken all unsere Energieträger harmonisch zusammen, um uns in unserer persönlichen Entwicklung zu unterstützen.
6. Jeder individuelle Bewusstseinsträger nimmt innerhalb seiner einzigartigen Frequenz das Universum wahr. Um Materie wahrzunehmen und zu erleben, brauchen wir ein Vehikel aus Materie. Um die höheren (weniger dichten) Schwingungsdimensionen bewusst wahrzunehmen und zu erleben, müssen wir uns bewusst des entsprechenden Energieträgers bedienen.
7. Wir sind die schöpferische Quelle unserer Realität und Erfahrung. Durch die Art und Weise, wie wir unsere persönliche Denkenergie bündeln und handhaben, erschaffen wir unsere individuelle Realität. Dieses Prinzip gilt für alle Energie-Ebenen des Universums. Was wir erleben und erfahren, ist von unseren bewussten und unterbewussten Gedanken beeinflusst und arrangiert worden, es hat sich durch unsere Gedanken manifestiert.

KAPITEL 7

Die Erfahrung meistern

Denn wie auf dem tobenden Meere, das, nach allen Seiten unbegrenzt, heulend Wasserberge erhebt und senkt, auf einem Kahn ein Schiffer sitzt ... so sitzt ... ruhig der einzelne Mensch, gestützt und vertrauend auf das principium individuationis, *oder die Weise, wie das Individuum die Dinge erkennt, als Erscheinung. Die unbegrenzte Welt ... ist ihm fremd ... seine verschwindende Person, seine ausdehnungslose Gegenwart ... dies allein hat Wirklichkeit für ihn.*

ARTHUR SCHOPENHAUER

Wenn wir den höchsten verfügbaren Nutzen aus einer außerkörperlichen Erfahrung ziehen wollen, dann ist Kontrolle zwingend erforderlich. Der Schlüssel zur effektiven nichtphysischen Erkundung liegt in der bewussten Kontrolle unseres nichtphysischen Bewusstseinszustandes. Ist ein gewisses Maß an Kontrolle erst einmal erreicht, wächst das Potenzial außerkörperlicher Reisen ins Unermessliche. Unsere Fantasie reicht in der Tat nicht aus, sich alle Möglichkeiten vorzustellen. Die Erfahrung hat mich gelehrt, dass wir umso effektiver in den nichtphysischen Umwelten manövrieren und uns ihnen anpassen können, je besser wir auf unsere Erkundungen vorbereitet sind. Viele Menschen berichten – nach richtiger Vorbereitung – von einem hohen Maß an Kontrolle sogar schon bei den ersten Erfahrungen.

Physikalische Vorstellungen und Energiegesetze sind innerhalb der nichtphysischen Dimensionen des Universums kaum von Belang. Um im Zustand der Außerkörperlichkeit wirklich etwas zu erreichen, müssen wir die nichtphysischen »Regeln der Straße« erlernen. Als Vorbereitung und Hilfe für Sie habe ich eine Übersicht von

Situationen, Ereignissen und Anforderungen zusammengestellt, denen Sie bei Ihren außerkörperlichen Erlebnissen möglicherweise begegnen (siehe unten stehende Tabelle). Diese Informationen sind das Ergebnis persönlicher Erfahrung und der Rückmeldungen, die hunderte von Menschen mir gaben, die im Laufe der letzten zwanzig Jahre außerkörperliche Erfahrungen gemacht haben. Ich habe festgestellt, dass viele der zur Zeit verfügbaren Veröffentlichungen unzulänglich sind; entweder geben sie nur einen einzelnen Standpunkt wieder oder sie sind gefärbt von religiösen Anschauungen und Deutungen. Deshalb habe ich bei dieser Übersicht versucht, kulturelle Vorurteile so weit wie möglich auszuschließen. In einer Welt, die überquillt vor Anschauungen und Theorien, gibt es einen gewaltigen Bedarf an praktischen Informationen aus authentischer eigener Erfahrung. Inzwischen ist mir klar geworden, dass die Antworten auf die Rätsel unseres Daseins nicht verborgen sind; sie warten geduldig darauf, dass wir unser Vorstellungsvermögen über die Grenzen der Materie hinaus erweitern. Die folgenden »Schlüssel zur Kontrolle« werden Ihnen bei dieser Suche behilflich sein.

Schlüssel zur Kontrolle

Situation	*Schlüssel zur Kontrolle*
innere Schwingungen (manchmal stark), begleitet von lautem Brummen, Summen oder tosenden Geräuschen	Sie erleben den Schwingungszustand. Verlagern Sie Ihre ganze Aufmerksamkeit augenblicklich weg von Ihrem physischen Körper.
Katalepsie (Unfähigkeit, Ihren physischen Körper zu bewegen)	Dies ist ein normales, vorübergehendes Phänomen, das unmittelbar vor oder nach einer außerkörperlichen Erfahrung auftreten kann. Ihr Energiekörper höherer Frequenz ist für den Augenblick nicht im Einklang mit Ihrem physischen Körper.

Situation	*Schlüssel zur Kontrolle*
unabsichtliche Rückkehr in Ihren physischen Körper	Normalerweise hervorgerufen durch willkürliche Gedanken, die sich auf Ihren physischen Körper richten. Sie müssen dafür sorgen, dass Ihre ungeteilte Aufmerksamkeit in dem nichtphysischen Umfeld und dem Energiekörper verbleibt, auf die Sie gerade stoßen.
getrübtes Sehvermögen; undeutliches oder traumähnliches Bewusstsein	Ersuchen Sie energisch um Klarheit, bis Ihr Sehvermögen oder Bewusstsein wieder klar ist: »Klarheit. Sofort!« Konzentrieren Sie sich anschließend auf einen bestimmten Gegenstand oder einen Bereich in der Umgebung, die Sie gerade erkunden.
Gefühl der Furcht oder Sorge; Panikattacke	Wiederholen Sie, zu sich selbst gewandt, dass Sie sicher und geborgen sind. Umgeben Sie sich mit einer undurchdringlichen Mauer oder Kugel aus schützendem weißen Licht.
Tunnelerfahrung	Dazu kommt es, wenn die Energiemembran, die zwei große Frequenzebenen (nichtphysische Energiedimensionen) voneinander trennt, sich öffnet. Die Bewegung durch einen Tunnel wird häufig als starke innere Bewegung erlebt. Bleiben Sie ruhig; das Gefühl schneller Bewegung lässt normalerweise binnen Sekunden nach. Das Endergebnis ist Ihr Eintritt in eine andere Energiedimension, in eine neue energetische Umwelt.

Situation	*Schlüssel zur Kontrolle*
Gefühl schneller innerer Bewegung; Erfahrung, als würden Sie tief in unbekannte Bereiche Ihres eigenen Ich hineingezogen	Diese Bewegung ist oft intensiv und kann aufregend sein, wenn Sie nicht vorbereitet sind. Bleiben Sie ruhig; es handelt sich um eine normale Verlagerung des Bewusstseins von Ihrem Energiekörper mit höherer Dichte zu einer Form höherer Frequenz.
unmittelbar nach dem Austritt Schwere oder Unfähigkeit, sich frei zu bewegen	Dazu kommt es, weil es Ihrem nichtphysischen Körper an Bewusstsein mangelt. Bitten Sie mit Nachdruck um Ihr vollständiges Bewusstsein in dem augenblicklich von Ihnen erfahrenen Energiekörper. Bitten Sie um »Bewusstsein. Sofort!« und/oder fordern Sie Leichtigkeit und Beweglichkeit.
lebhafte Erinnerung nach einer Erfahrung fehlt	Ersuchen Sie energisch um bessere Erinnerung an Ihre außerkörperliche Erfahrung: »Ich erinnere mich an alles.« Besonders wirkungsvoll ist diese Bitte, wenn sie im Zustand der Außerkörperlichkeit geäußert wird.
Erfahrung, als sei man form- oder gestaltlose bewusste Energie	So erkennen wir gewöhnlich unser nichtphysisches Ich (Seele).
Extrem lauter Knall (wie ein Pistolenschuss) in der Nähe Ihres Kopfes, den Sie im Augenblick der Ablösung vom Körper vernehmen	Dieses manchmal aufregende Geräusch resultiert wahrscheinlich aus einer plötzlichen Trennung von einem irgendwo im Kopf befindlichen Punkt (eventuell der Zirbeldrüse).
Gefühl, als schauten Sie durch Ihre geschlossenen physischen Augenlider	Dazu kommt es, wenn Ihr Bewusstsein im Innern Ihres Energiekörpers verlagert wird, Sie sich

Situation	Schlüssel zur Kontrolle
	jedoch nicht von Ihrem physischen Körper getrennt haben. Dirigieren Sie sich einfach fort von Ihrem physischen Körper: »Ich bewege mich zur Tür.«
Eintritt in den Schwingungszustand bei gleichzeitiger Unfähigkeit, sich von Ihrem Körper zu trennen	Richten Sie Ihre volle Aufmerksamkeit darauf, sich von Ihrem physischen Körper weg- und auf einen anderen Bereich Ihrer Wohnung zuzubewegen. Es ist von entscheidender Bedeutung, dass Sie sich die ganze Zeit auf etwas von Ihrem physischen Körper Entferntes konzentrieren.
seltsame oder ungewöhnliche Geräusche im Schlaf (Stimmen, Brummen, Glocken, Summen, Musik, Schritte; alle Geräusche, die nicht zu Ihrem momentanen physischen Umfeld passen)	Ungewöhnliche Geräusche sind Anzeichen dafür, dass Ihr Bewusstsein sich bereits von Ihrem physischen auf Ihren nichtphysischen Körper verlagert hat. Ich spreche bei diesen Geräuschen von inneren Signalen.
Betreten einer nichtphysischen Umwelt, die wolkenartige Formen enthält (die manchmal als holografische Bilder von unterschiedlicher Dichte erscheinen)	Sie nehmen nichtphysische Formen von Denkenergie wahr. Diese sind das direkte Ergebnis konzentrierten Nachdenkens über eine nicht übereinstimmende oder natürliche nichtphysische Energieumwelt.
Ihr unmittelbares Umfeld scheint Ihre physische Umwelt zu kopieren	Sie erleben momentan Ihren nichtphysischen Energiekörper niedrigster Frequenz (mit der geringsten Dichte) und nehmen die dem physischen Universum nächste parallele Energiedimension wahr.

Situation	*Schlüssel zur Kontrolle*
Gefühl, im Zustand der Außerkörperlichkeit berührt zu werden (ein Gefühl, das manchmal direkt vor oder nach der Trennung auftritt)	Das kann durch mindestens drei Dinge verursacht werden: 1. durch die Deutung nichtphysischer Energieströme mittels Ihres Verstandes, 2. durch eine Energie-Anpassung Ihres nichtphysischen Körpers oder 3. durch einen nichtphysischen Bewohner oder geliebten Menschen, der Sie berührt. Im Allgemeinen laden wir solche Ereignisse unterbewusst ein.
Ihnen gehen lebhafte Gedanken oder Bilder durch den Kopf	Jemand kommuniziert mit Ihnen. Die Methode nichtphysischer Kommunikation ist direkte Gedankenübertragung. Es könnte auch eine Form der Kommunikation mit einem höheren Aspekt von Ihnen selbst sein.
Sie bemerken oder spüren eine sich nähernde Form von Energie oder Licht	Sie erkennen in Ihrer Nähe ein Energiewesen. Es könnte ein Wesen höherer Frequenz sein: ein Führer, Freund, Engel oder irgendein interdimensionaler Bewohner.
Sie verlaufen sich oder geraten in Verwirrung	Stellen Sie jede Vorwärtsbewegung ein und bitten Sie um Beistand und/oder Klarheit. Suchen Sie sich in Ihrer unmittelbaren Umgebung einen Gegenstand aus und konzentrieren Sie sich darauf.
Sie betreten einen neuen Raum, nur um festzustellen, dass das ganze Umfeld sich verändert hat	Ein weit verbreitetes Vorkommnis. Eintrittswege, Türen und Fenster stehen oft für den Anfang einer anderen Energieumwelt.

Situation	*Schlüssel zur Kontrolle*
Sie begegnen irgendeiner Art von Vehikel	So stellt Ihr Verstand einen nichtphysischen (gestaltlosen) Energiekörper oder Bewusstseinsträger dar. Oftmals handelt es sich um ein Bild Ihres eigenen inneren Energiekörpers (oder eines Energiekörpers höherer Frequenz).
Sie erleben eine Barriere oder Blockade (eine Mauer, einen Fluss, jegliche Art von Energiebarriere)	Eine Barriere symbolisiert gewöhnlich eine Begrenzung in Form von Energie, die Sie selbst akzeptiert oder geschaffen haben; es ist eine Gelegenheit, sich einer persönlichen Energieblockade zu stellen und sie zu überwinden. Eine Barriere kann auch die Grenze zu einer übereinstimmenden Umwelt oder Realität symbolisieren.
Sie bemerken oder treffen auf irgendeine Art seltsamer oder Furcht erregender Form, Kreatur oder irgendein sonderbares, schreckliches Wesen	Im Großen und Ganzen sind Furcht erregende Formen energetische Symbole für innere Ängste – unterbewusst geschaffene Gelegenheiten für Sie, persönlichen Ängsten, Sperren oder Grenzen gegenüberzutreten und sie zu besiegen. Der effektivste Weg, ein Problem oder eine Angst auszuräumen, besteht darin, sich ihm/ihr zu stellen. Wenn Sie Ihren Ängsten mit Liebe begegnen, wird das Ihre Energie zerstreuen.
Rasch wechselnde oder sich verlagernde Schauplätze oder Umfelder	Diese Situation spiegelt gewöhnlich fehlende Konzentration wider. Um sie unter Kontrolle zu bekommen, konzentrieren Sie sich einfach auf eine einzelne Umgebung oder ein einzelnes Objekt. Rasch wech-

Situation	*Schlüssel zur Kontrolle*
	selnde Schauplätze können auch anzeigen, dass Sie sich in einer nicht übereinstimmenden Realität befinden.
ein Ziehen mitten im Rücken	Das ist im Allgemeinen ein inneres Signal, dass Sie zum Physischen zurückkehren sollten.
Sie betreten ein extrem leuchtendes oder energiereiches Umfeld (kann sich als energiereiches Gefühl des Zerdrücktwerdens, begleitet von starkem Licht, manifestieren)	Sie haben eine Energieumwelt von höherer Frequenz betreten als diejenige, die Sie gewohnt sind. Ersuchen Sie mit Nachdruck um eine Anpassung Ihrer persönlichen Schwingungsfrequenz: »Ich passe mich jetzt an!« oder »Ich stelle mich jetzt um!« Oder kehren Sie in Ihren physischen Körper zurück.
Unfähigkeit, sich durch selektive Strukturen hindurchzubewegen	Das könnte entweder eine persönliche Beschränkung oder die Grenze einer übereinstimmenden Umwelt symbolisieren. Die Dichte Ihrer persönlichen Energiefrequenz ist möglicherweise zu hoch, um die Struktur zu durchdringen.
plötzliches oder allmähliches Gefühl der Schwere beim Fliegen oder Schweben	Der Anteil Ihres Bewusstseins, der sich im Innern Ihres Energiekörpers befindet, ist zu gering. Bitten Sie entschieden darum, Ihr Bewusstsein möge uneingeschränkt oder verstärkt anwesend sein.
Verlust der bewussten Kontrolle mitten in einer außerkörperlichen Erfahrung	Verlangen Sie verbal Ihr sofortiges volles Bewusstsein: »Ich bin jetzt bei vollem Bewusstsein!« oder »Bewusstsein. Sofort!« (Erwähnen Sie niemals Ihren physischen Körper, sprechen Sie nicht von ihm,

Situation	Schlüssel zur Kontrolle
	andernfalls kehren Sie augenblicklich in ihn zurück.)
Sie verwickeln sich in einem nichtphysischen Gegenstand, einer nichtphysischen Struktur oder Umgebung (am häufigsten berichtet wird in diesem Zusammenhang von Bettzeug)	Alle physischen Objekte besitzen energetische Abbilder feinerer Frequenz. Bleiben Sie ruhig und entwirren Sie sich oder schweben Sie dem Problem einfach davon. Das Ganze könnte eine Anhaftung an Ihr physisches Umfeld symbolisieren.
doppeltes Bewusstsein (Ihr physischer Körper und Ihr nichtphysischer Energiekörper reagieren zur gleichen Zeit bewusst)	Das passiert gelegentlich. Da Bewusstsein von Natur aus nichtkörperlich ist, besitzt es die angeborene Fähigkeit, sich gleichzeitig mehrerer Energiebereiche bewusst zu sein. Man kann unser Bewusstsein mit einem Energiekontinuum vergleichen, das über die Fähigkeit verfügt, sich innerlich zu bewegen, im nichtphysischen Innern des Universums.

Denkenergie nutzen

Das Denken hat eine gewaltige Wirkung auf unsere nichtphysische Erfahrung und Umgebung, besonders in Form einer mit Nachdruck vorgebrachten Bitte. Konzentrierte Denkenergie beginnt die umgebende nichtphysikalische Energie augenblicklich neu zu strukturieren und zu prägen.

Tatsächlich produzieren unsere Gedanken, bewusste wie unterbewusste, eine Energiegestalt oder »Blaupause«. Unsere Gedanken interagieren mit der feinen Energie der nichtphysischen Umwelt und strukturieren sie entsprechend dem Inhalt unserer Denkmuster neu. Sie werden bald feststellen, dass nur bestimmte Arten von Umwelten unmittelbar auf Ihre Denkenergie reagieren;

Umwelten von hoher Dichte und Festigkeit werden sich jeder Veränderung widersetzen.

Die Kraft des Denkens kann auch für die persönliche Beweglichkeit genutzt werden. Scheuen Sie sich nicht, im Zustand der Außerkörperlichkeit mit verschiedenen Methoden der Fortbewegung zu experimentieren. Welche Methode auch immer die natürlichste oder bequemste sein mag – fliegen, laufen, gleiten –, jede ermöglicht Ihnen, sich ohne Schwierigkeiten zu bewegen, wobei Sie auf keine anderen Grenzen treffen als jene, die Sie selbst sich auferlegen. Sobald Sie sich auf Ihre neuen Fähigkeiten eingestellt haben, wird das außerkörperliche Reisen zu einem absolut aufregenden Abenteuer.

Beim Einstellen auf Ihre nichtphysische Erfahrung und um sie zu kontrollieren, ist es unerlässlich, dass Sie die grundlegenden Prinzipien der Denkenergie kennen. Welche Zweifel Sie auch immer hinsichtlich ihrer Gültigkeit hegen mögen, nach Ihrem ersten außerkörperlichen Abenteuer werden sie rasch verschwinden.

Prinzipien der Denkenergie

1. Denken ist eine Form von Energie.
2. Konzentriertes Denken verfügt über die Fähigkeit, Energie zu beeinflussen, neu zu strukturieren und schließlich zu formen.
3. Je weniger dicht die energetische Struktur oder Umwelt, desto schneller kann die Neustrukturierung erfolgen.
4. Wirksamkeit und Schnelligkeit, mit welcher Denkenergie eine Energieumwelt neu strukturiert, werden von der Intensität des Gedankens und der Dichte der Energie, nach der er sich richtet, bestimmt.

Sich an die nichtphysische Umwelt anpassen

Um uns in den nichtphysischen Umwelten, denen wir im Zustand der Außerkörperlichkeit begegnen, erfolgreich bewegen zu können, ist ein Verständnis jeder neuen nichtphysischen Umwelt und ihrer energetischen Prinzipien unerlässlich. Die erfolgreiche Interaktion mit den feinen Realitäten, die empfindlich auf das Denken reagieren, verlangt von uns, dass wir die schöpferische Kraft unserer Gedanken erkennen und restlos begreifen, dass wir der Motor unserer Erfahrung sind. Über die unsichtbaren Dimensionen gibt es viel zu erfahren, aber vorläufig werden die nachfolgenden Prinzipien uns helfen, unsere Schritte zu leiten.

Grundlegende Energie-Prinzipien

1. Je weiter entfernt von der Materie wir Erkundungen anstellen und je mehr wir uns dabei dem Ursprung der Energie nähern, umso weniger dicht wird das nichtphysische Universum und umso empfindlicher reagiert es auf unser Denken.
2. Als Form schöpferischer Energie zeigen unsere Gedanken eine natürliche Tendenz, mit den nichtphysischen Umwelten, denen wir begegnen, zu interagieren und sie zu prägen. Im Allgemeinen erfolgt diese Reaktion des Denkens auf die Energieumwelt schneller und ausgeprägter, je weiter wir im Innern des mehrdimensionalen Universums Entdeckungsreisen anstellen.
3. Unsere Gedanken, die bewussten wie die unterbewussten, beeinflussen fraglos die nichtphysische Energie, die wir wahrnehmen. Der Grad des Einflusses steht in direktem Verhältnis zur Intensität unserer Gedanken und zur Dichte unserer Umgebung.
4. Die in einer empfindlich auf das Denken reagierenden (übereinstimmenden oder natürlichen) Umwelt wahrgenommene Realität wird bestimmt von der persönlichen Energiefrequenz (Dichte) des Beobachters und den momentanen bewussten und unterbewussten Gedanken dieses Beobachters.

Weil diese Prinzipien sich in überwältigender Weise auf das auswirken, was wir im Zustand der Außerkörperlichkeit wahrnehmen, dürfen sie keinesfalls unterschätzt werden. Was wir sehen und erleben, wird in entscheidendem Maße davon beeinflusst, wie wir die jeweilige nichtphysische Umwelt deuten und in ihr reagieren.

Die frühen außerkörperlich Forschungsreisenden sind anschauliche Beispiele für das Wirken dieser Prinzipien. In der Offenbarung des Johannes werden Begegnungen mit herrlichen Städten, Engeln und Wesen zu Pferde geschildert. Fünf Jahrhunderte später beschreibt Mohammed sich als Reiter eines herrlichen Hengstes, der durch die von ihm so genannten »sieben Himmel« reitet. Dass die Wahrnehmung der Realität dieser Forschungsreisenden aus dem 1. und 5. Jahrhundert das beeinflussten, was sie im Zustand der Außerkörperlichkeit sahen, ist klar. Mit anderen Worten: Unsere Religionsgeschichte und unsere religiösen Anschauungen wurden durch die Art und Weise beeinflusst, wie die frühen Propheten die von ihnen erlebten nichtphysischen Umwelten wahrnahmen und interpretierten.

Die frühen Beobachtungen aller Mystiker, Propheten und Heiligen wurden direkt von der physischen und sozialen Wahrnehmung ihrer Realität beeinflusst. Mohammed würde sich heute wahrscheinlich in einem großartigen weißen Wagen durch die energetischen Dimensionen des Universums fahren sehen. Und statt wie in der Offenbarung festzustellen: »... nahm der Geist Gottes von mir Besitz«, würde der heilige Johannes heute wahrscheinlich sagen: »Ich war außerkörperlich.«

Dieses Wissen mindert die inspirierten Schriften unserer frühen spirituell Forschenden keineswegs; es trägt lediglich zum weiteren Verständnis der unsichtbaren Bedeutung dieser nichtphysischen Erkundungen bei. Viele der frühen spirituellen Führer, die unsere großen Religionen beeinflussten, waren außerkörperlich Reisende. Ihre nichtphysischen Erfahrungen dokumentierten sie ihrer kulturell bedingten Wahrnehmung der Realität entsprechend. Die Bibel ist voll von Aussagen wie den folgenden: »... nahm der Geist Gottes von mir Besitz« (Off. 1,10);

»Nur wer von neuem geboren wird, kann Gottes neue Welt zu sehen bekommen« (Joh. 3,3); »Der Geist nahm mich ...« (Hes. 11,1) und »Trachtet zuerst nach dem Reich Gottes ...« (Matth. 6,33). Diese Aussagen sind eindeutige Anspielungen ihrer Verfasser auf die nichtphysischen (spirituellen) Erkundungen des Universums. Es ist nur natürlich, dass die frühen Forschenden in den nichtphysischen Dimensionen ihre Entdeckung »Himmel« zu nennen pflegten; gewiss ist es ein passender Name für ein auf Denkenergie ansprechendes Universum, das überquillt vor Schönheit und Licht auf unzähligen Energie-Ebenen.

Jeder von uns ist anders, und was wir im Zustand der Außerkörperlichkeit erleben, unterscheidet sich entsprechend unserer sozialen Konditionierung und den von uns energisch verfochtenen Anschauungen. Die Umgebungen und Objekte, denen wir auf unseren außerkörperlichen Reisen begegnen, werden oft durch den Filter unseres Verstandes wahrgenommen. Vergessen Sie keinesfalls, dass Sie bei jeder außerkörperlichen Erfahrung darum ersuchen können, die wahre Energieform des Objektes oder der Umgebung, auf die Sie gerade stoßen, zu sehen. Sollten Sie in Verwirrung geraten oder Fragen hinsichtlich Ihrer Beobachtungen haben, können Sie jederzeit um Klarheit bitten.

Denken Sie daran, dass jede Form Energie ist; das gilt für alle Umwelten, Frequenzen und Dichten innerhalb des Universums (einschließlich des physischen). Die Objekte, Situationen und Umwelten, die wir wahrnehmen, werden zu einem bestimmten Zweck durch Denkenergie geformt und gestaltet. Verstehen wir dieses grundlegende Energie-Prinzip, so hilft uns das, die zahlreichen nichtphysischen Energieformen, auf die wir treffen, zu deuten und sinnvoll auf sie zu reagieren.

Ich habe festgestellt, dass selbst geschaffene nichtphysische Energieformen normalerweise in den denkempfindlichen Regionen hinter der ersten nichtphysischen Dimension auftauchen. Die erste innere Dimension ist eine parallele Energiekopie der physischen Welt und sie ist eine relativ dauerhafte, gegen Denkenergie »immune« energetische Umwelt. Im Allgemeinen sind wahrgenommene Energieformen, wie beispielsweise Strukturen mit mehreren Ebenen, Vehikel oder Körper aus Wasser, ein überzeugender Hinweis darauf, dass man sich nach innen, in die stärker auf das Denken reagierenden Bereiche des mehrdimensionalen Universums vorgewagt hat.

Führer

Es gibt hauptsächlich drei Möglichkeiten, unsere außerkörperlichen Erfahrungen zu steuern und zu kontrollieren. Eine Möglichkeit ist, unsere bewussten Gedanken zu kontrollieren (bestenfalls ein schwieriges Unterfangen); eine weitere besteht darin, einen umfassenderen Teil von uns – unser höheres Ich bzw. unsere Seele um Beistand zu bitten. Der dritte Weg besteht darin, von einem Führer oder Meister, bei dem wir uns wohl fühlen, Hilfe zu erbitten. Jeder, den wir achten, kann als Führer fungieren: Jesus, Buddha, der heilige Paulus, ein Schutzengel, ein Heiliger.

Wenn wir um Führung bitten, werden wir häufig auf das Erlebnis hingelenkt, das unserer geistigen Entwicklung am zuträglichsten ist. Nichtphysische Führer sind selten sichtbar. Stattdessen erleben wir vielleicht einen starken Eindruck von ihrer Anwesenheit oder spüren diese intensiv. In ihrer tiefen Weisheit verstehen sie, dass ihre sichtbare Gegenwart uns nur von unserem persönlichen Ziel ablenken würde. Wenn ein Führer anwesend ist, erleben wir häufig, dass uns ein warmes Gefühl von Liebe und Geborgenheit umfängt. Innerlich wissen wir, dass uns geholfen wird und wir zu der für uns richtigen Erfahrung hingeführt werden.

Ein Führer ist hilfreich in vielerlei Hinsicht: In den Welten höherer Frequenz sind unsere Bedürfnisse transparent; das Stadium unserer geistigen Entwicklung, unsere inneren Sperren, Grenzen, Ängste und Fähigkeiten sind klar ersichtlich. Ein nichtphysischer Führer kann unsere entwicklungsgemäßen Bedürfnisse richtig einschätzen und uns in der Situation, die am besten zu unserer Entwicklung passt, behilflich sein.

Die inneren Welten des Universums sind in Umfang und Vielfalt größer, als wir mit unserem Verstand überhaupt auch nur begreifen können; unendliche Ebenen und Realitäten stehen der Erkundung offen. Ohne Führung gerät man leicht in Verwirrung oder verirrt sich in irgendeiner Umgebung, die auf das Denken anspricht. Hilfe ist stets verfügbar, aber es ist an uns, darum zu ersuchen. Ohne Bitte mischen Führer sich normalerweise nicht ein.

Klarheit

Eine der besten Möglichkeiten zur Schärfung des Bewusstseins im Zustand der Außerkörperlichkeit besteht darin, sich sofort auf eine bestimmte Vorstellung oder ein bestimmtes Ziel zu konzentrieren und davon nicht mehr abzulassen. Sollte Ihre Aufmerksamkeit abzuschweifen beginnen oder Ihr Blick verschwommen oder traumähnlich werden, so ersuchen Sie mit Nachdruck um vollständige Klarheit Ihres Bewusstseins. Der effektivste Weg zur Wahrung und Schärfung von Bewusstsein und Kontrolle besteht darin, beim ersten Anzeichen geistigen Abschweifens um vollständige Klarheit des Bewusstseins zu ersuchen.

Die Bitte um Klarheit des Denkens ist der Schlüssel zu verlängerten außerkörperlichen Erfahrungen. Mithilfe dieser Technik ist es möglich, eine außerkörperliche Erfahrung über mehrere Stunden auszudehnen. Bitten Sie jedes Mal, wenn Ihr Geist abschweift, einfach um Klarheit, indem Sie sagen oder denken: »Klarheit. Sofort!« Häufig ist es notwendig, unmittelbar nach dem Austritt aus dem Körper, beim Umzug in einen neuen nichtphysischen Ort oder beim Reisen zwischen verschiedenen Umwelten oder Dimensionen Klarheit zu verlangen.

Am Anfang kontrollieren und verlängern Sie Ihre außerkörperlichen Erfahrungen am einfachsten, indem Sie sich angewöhnen, alle paar Minuten nach Ihrem klaren Bewusstsein zu verlangen. Wenn Sie schließlich an Erfahrung gewinnen, werden Ihre Wahrnehmungen immer klarer werden.

Für uns ist es wichtig, zu erkennen, dass wir unser Leben durch die Kraft unserer Gedanken ordnen, und zwar physisch und nichtphysisch. Wenn wir meinen, unser Leben sei außer Kontrolle, dann deshalb, weil wir unsere interne Kontrolle anderen überlassen oder uns geweigert haben, unsere persönliche Verantwortung anzunehmen. Vielen von uns fällt es leichter, mit dem Finger auf andere zu zeigen und ihnen die Schuld zu geben, als die Verantwortung für ihre individuellen Gedanken und Handlungen zu akzeptieren. Einige der härtesten Lektionen, die zu lernen wir hier sind, beziehen sich direkt auf die Kontrolle des Denkens und auf persönliche Verantwortlichkeit. Unsere Fähigkeit zur Konzentration und Steuerung unserer Gedanken ist ein zentraler Bestandteil unserer persönlichen Entwicklung. Die Vorteile, die wir erlangen, übertreffen unsere sämtlichen Erwartungen – unser Leben ist unsere Belohnung.

Klarheits-Technik

Um das zusammenhanglose oder verschwommene Bewusstsein zu vermeiden, von dem manche Menschen direkt nach der Trennung vom physischen Körper berichten, ist eine einfache Übung außerordentlich wirkungsvoll: Ersuchen Sie unmittelbar nach der Trennung um völlige Klarheit: »Klarheit. Sofort!«; »Ich verlange vollständige Klarheit!« oder »Bewusstsein. Sofort!« Vermeiden Sie, wenn Sie diese Bitte äußern, jeden Ausdruck, der einen Bezug zu Ihrem physischen Körper oder Ihrem physischen Umfeld enthält. Die Aussage »Ich verlange vollständiges Bewusstsein in meinem Körper« beispielsweise wird Sie augenblicklich in Ihren physischen Körper zurückbefördern.

Denken Sie immer daran, dass Sie im Zustand der Außerkörperlichkeit auf eine Energieform und -umwelt höherer Frequenz und geringerer Dichte stoßen. Ihre neue Umgebung einschließlich Ihres nichtphysischen Körpers ist sehr viel empfänglicher für

Denkenergie als der physische Körper. Bringen Sie Ihre Bitte energisch und bestimmt vor, und die Ergebnisse werden unmittelbar und effektiv sein. Je entschlossener und konzentrierter die Bitte, umso besser die Ergebnisse.

Diese Technik kann auch angewandt werden, um einen luziden Traum zu einer vollkommen bewussten außerkörperlichen Erfahrung auszubauen. Der Schlüssel besteht darin, dieses Verfahren so lange zu wiederholen, bis die Trübnis sich lichtet und Sie über Ihr volles Bewusstsein verfügen.

Diese Klarheits-Technik wende ich unmittelbar im Anschluss an die Ablösung von meinem physischen Körper automatisch an. Zusätzlich wiederhole ich sie jedes Mal, wenn mein Blick oder mein Bewusstsein nicht ganz ideal sind. Ich habe festgestellt, dass es nicht nur die nichtphysischen Wahrnehmungen schärft, sondern auch Kontrolle und Erinnerungsvermögen zunehmen.

Angst abbauen und Kontrolle erlangen

Angst kann einer erfolgreichen außerkörperlichen Erkundung im Wege stehen. Unsere persönlichen Ängste, die bewussten wie die unbewussten, errichten unsichtbare Mauern um uns herum, die uns dann in dem engen Bereich der Behaglichkeit festhalten und daran hindern, unser höchstes Potenzial zu entfalten. Die Entscheidungen, die wir treffen, und das Leben, das wir führen, werden oftmals von der Art und Weise bestimmt, wie wir mit unseren individuellen Ängsten fertig werden.

Als junger Mann hatte ich auf der High School einen Freund, der als einer der besten Baseballspieler in Baltimore galt. Nachdem die Medien auf ihn aufmerksam geworden waren, arrangierte sein Coach für ihn, dass er an einem Probetraining der Ersten Liga teilnehmen konnte. Nachdem Coach und Mitspieler ihm wochenlang Mut gemacht hatten, vertraute er mir ein Geheimnis an: »Ich habe Angst zu versagen. Ich bin einfach nicht gut genug.« Er ging nie zu dem Probetraining. Er hatte mehr

Angst, als er bewältigen konnte. Statt sich für seinen Traum zu begeistern, ergab er sich seiner Furcht.

Viele glauben, dass die Ablösung von ihrem physischen Körper und die Erkundung neuer Sphären des Universums zu einem Abbau ihrer persönlichen Ängste und Grenzen führe. Nach einer außerkörperlichen Erfahrung hört man die Betreffenden gewöhnlich von ihren persönlichen Durchbrüchen erzählen. Manchmal handelt es sich um die Erkenntnis eines inneren Aspekts ihrer Persönlichkeit oder um die Konfrontation damit; ein anderes Mal ist es die Einsicht, dass sie mehr sind als körperliche Wesen. Bei einer Reihe von Gelegenheiten ließ ich mir von solchen Reisenden erzählen, dass sie sich irgendwie mit einem »höheren« Teil von sich verbunden hätten. Wie immer wir es nennen – reiner Geist, höheres Ich oder universeller Geist –, für den Betroffenen ist diese Verbindung absolut real. Diese Erfahrung ist schwer zu erklären, denn sie geht über unsere gegenwärtigen linearen Vorstellungen von Realität hinaus.

Jeder kennt das: Es gibt Momente, die unser Schicksal verändern. Unsere Herausforderung besteht darin, uns diesen Momenten zu stellen und unsere Ängste zu besiegen. Wenn Sie die außerkörperliche Erfahrung kennen lernen, so mag das vielleicht ein solcher entscheidender Moment sein. Möglicherweise ist Ihr Entschluss, jenseits Ihrer physischen Grenzen zu forschen, ein Entschluss, der Ihr ganzes Leben verändert. Ich kann nur sagen, dass er definitiv ein Wendepunkt in meinem Leben war, und ich danke Gott, dass ich mich meinen Ängsten gestellt und mich vorgewagt habe. Eines habe ich gelernt: Alle Ängste sind Illusion. Jeder von uns ist ein unsterbliches Wesen, das ein grenzenloses Potenzial besitzt. Unser wahres inneres Ich kann weder verletzt werden, noch kann es sterben.

Panikattacken

Manche Menschen berichten, was die frühen Phasen einer außerkörperlichen Erkundung anbelangt, von einem starken

Angstschub, einer Panikattacke. Ursache ist im Allgemeinen eine Furcht vor dem Unbekannten und die anfängliche psychische Überraschung angesichts des tatsächlich erfolgten Austritts aus dem physischen Körper. Ausgelöst werden solche Ängste häufig durch die ungewöhnlichen Schwingungen und Geräusche, welche die Verlagerung des Bewusstseins vom dichten molekularen Körper zu seinem energiereicheren Gegenstück begleiten können. Erlebt man sie zum ersten Mal, können diese Schwingungen und Geräusche aufregend, ja bestürzend sein, sodass es wichtig ist, sich daran zu erinnern, dass sie ein natürlicher Bestandteil außerkörperlicher Erfahrung sind. Um jede möglicherweise aufkommende Furcht zu beseitigen oder abzubauen, reicht es oftmals aus, diese ungewöhnlichen Geräusche und Schwingungen zu erkennen und zu verstehen.

Sollte Panik ein wiederkehrendes Problem sein, hilft vielleicht eine einfache, leise Affirmation. Wiederholen Sie beim ersten Anzeichen von Sorge im Geiste: »Ich bin sicher und geborgen« oder »Ich bin geschützt«. Wiederholen Sie die Affirmation so lange, bis die Furcht abklingt. Befolgen Sie danach die normalen Anweisungen, indem Sie sich von Ihrem physischen Körper abwenden – beispielsweise: »Ich bewege mich zur Eingangstür.« Häufig wird berichtet, dass die anfängliche Besorgnis sich zerstreue, sobald die vollständige Trennung vom physischen Körper erfolgt sei.

Vergessen Sie nicht, dass es sich bei außerkörperlichen Erfahrungen um natürliche Bewusstseinsverschiebungen handelt – es gibt schlichtweg nichts zu fürchten! Diese Tatsache wird tagtäglich von den Tausenden von Menschen bestätigt, die außerkörperliche Reisen machen. Meist aber sind Panikattacken kein Problem mehr, wenn man ein erfolgreiches Erlebnis hatte. An diesem Punkt erkennt man selbst, dass es nichts zu fürchten gibt.

Angstabbau-Technik

Wenn Furcht ein wiederkehrendes Problem bleibt, dürfte die folgende Technik hilfreich sein:

1. *Erkennen Sie die Furcht.* Versuchen Sie das Wesen Ihrer Furcht festzustellen. Fürchten Sie sich beispielsweise vor dem Unbekannten? Vor schnellem Wandel? Vor der Möglichkeit, sich zu verirren? Haben Sie Ihre Furcht erkannt, so ist das ein ausgezeichneter Hinweis auf Ihren Fortschritt.
2. *Nutzen Sie die Furcht.* Furcht ist eine Form von Energie. Sie beschleunigt Ihre Atmung, kräftigt Sie und steigert Ihre Konzentrationsfähigkeit. Sie ist ein Instrument der Natur, das Ihnen Energie geben soll, diese soll wiederum Ihre Fähigkeit, mit eventuellen Hindernissen oder Herausforderungen fertig zu werden, verbessern. Sobald Sie Furcht empfinden, versuchen Sie sie zu Ihrem Vorteil zu nutzen. Benutzen Sie die von der Furcht erzeugte Kraft, um Ihre Konzentration ebenso zu stärken wie den Wunsch, Ihr persönliches Ziel einer außerkörperlichen Erkundung zu erreichen.
3. *Streifen Sie die Furcht ab.* Holen Sie tief Luft. Stellen Sie sich beim Ausatmen vor, wie die Furcht aus Ihrem Körper, Ihrem Geist und Ihren Gefühlen vertrieben wird. Im Geiste können Sie zu sich selbst gewandt wiederholen: »Meine Furcht entfernt sich von mir«; »Meine Angst ist weg«; »Ich erhebe mich über meine Angst« oder »Meine Ängste werden hinweggespült«. Stellen Sie sich so lebhaft wie möglich vor, dass die Furcht sich von Ihnen entfernt. Stellen Sie sich vor, sie verflüchtige sich für alle Zeit.
4. *Ersetzen Sie Ihre Furcht.* Ersetzen Sie die Angstgefühle durch eine positive, produktive Kraft wie Hochgefühl, Konzentration, Mut oder die Aufregungen eines Abenteuers. Bedienen Sie sich einer passenden Affirmation wie: »Ich bin sicher und geborgen«, »Ich genieße mein neues Abenteuer« oder »Aufregung fließt durch mich hindurch«.

Die Visualisation vom Heissluftballon

Die folgende Visualisation kann Ihnen helfen, Angst und andere Hindernisse für eine erfolgreiche außerkörperliche Erfahrung zu überwinden:

Holen Sie ein paar Mal tief Luft und entspannen Sie sich vollständig. Stellen Sie sich einen majestätischen, hell orangefarbenen Heißluftballon vor. Während Sie sich dem Ballon nähern, können Sie deutlich sehen, dass er bereit zum Abheben ist. Das vertraute Lächeln Ihres Führers begrüßt Sie zu einem weiteren Abenteuer jenseits der Grenzen der Materie. Als Sie in den Korb klettern, freuen Sie sich auf eine weitere aufregende Reise.

Voll unbändiger Freude machen Sie die Leinen los, die Sie an der Erde festhalten. Mit einem Aufwärtsruck beginnt der Ballon zu steigen. Ein intensives Hochgefühl stellt sich ein, als Sie mühelos immer höher steigen und langsam über die Baumwipfel hinwegtreiben. Die Häuser und Autos unter Ihnen wirken wie Spielzeug – klein und unbedeutend.

Beim Blick über den Rand des Ballonkorbes nach unten bemerken Sie mehrere große Säcke aus Segeltuch. Die Säcke sehen extrem voll und schwer aus. Bei näherer Prüfung erkennen Sie, dass die Säcke gefüllt sind mit Ihren Ängsten und Grenzen. Jeder Sack ist beschriftet: Angst vor dem Unbekannten, Angst vor Veränderung, Angst zu versagen, Angst vor neuen Herausforderungen, Angst vor dem Tod. Auf welche Angst oder Grenze Sie auch immer zur Zeit in Ihrem Leben stoßen, auf den Säcken ist sie klar bezeichnet. Nehmen Sie sich einen Moment Zeit, um Ihre persönlichen Ängste und Grenzen zu erkennen, und sehen Sie sie in den Segeltuchsäcken hängen.

Während Sie über die Baumwipfel treiben, wird Ihnen bewusst, dass Sie aufgehört haben, höher zu steigen. Das Gewicht der Säcke aus Angst und Beschränkungen hält Sie zurück, hält Sie unten. Als Sie über den Rand Ihres Ballons blinzeln, können Sie sehen, dass jeder Sack fest an Ihren Korb angebunden ist. Voll der Freude fangen Sie an, die Angstsäcke einen nach dem anderen loszubinden, und

sehen jeden einzelnen zur Erde fallen. Als alle Angstsäcke losgebunden sind, können Sie spüren, wie Ihr Ballon plötzlich immer höher steigt. Mit kindlicher Aufregung können Sie fühlen, wie jede Furcht von Ihnen abfällt. Sie wissen hundertprozentig, dass jede Furcht für immer fort ist, dass jede Beschränkung der Vergangenheit angehört.
Ein paar der Angstsäcke sind so festgezurrt, dass Sie sie abschneiden müssen. Ihr Führer gibt Ihnen ein Taschenmesser, und voller Vergnügen beginnen Sie, die Leinen, welche die restlichen Säcke sichern, zu durchtrennen. Als alle durchschnitten sind, erleben Sie, wie Leichtigkeit und Freiheit zunehmen. Sie spüren, wie die Aufregung absoluter Befreiung Sie durchströmt, als Sie immer höher steigen. Während Sie sich zu neuen Höhen aufschwingen, sind Ihre Ängste und Grenzen ein für allemal verschwunden.

Kontrolle im Überblick

- Sie besitzen gerade so viel Kontrolle, wie Sie zu besitzen glauben; gerade so viel, wie Sie akzeptieren und durchsetzen können.
- Der Schlüssel zur Verlängerung Ihrer außerkörperlichen Erfahrung liegt darin, sich ununterbrochen auf etwas von Ihrem physischen Körper Entferntes zu konzentrieren. Am besten gehen Sie dazu vollkommen in der nichtphysischen Umwelt, die Sie gerade erkunden, auf und interessieren sich für nichts anderes. Wie Sie bald feststellen werden, befördert jeder Gedanke an Ihren physischen Körper Sie augenblicklich in ihn zurück.
- Sie sind, bewusst oder unterbewusst, der kontrollierende Schöpfer Ihrer Erfahrung. Sie sind bei jeder Erfahrung, in jeder Situation und bei jeder Begegnung Autor/in, Regisseur/in und Schauspieler/in in einer Person. Das gilt für alle Ebenen des Universums.

- Wie Sie sich fortbewegen, das ist allein Ihre Entscheidung. Sie können laufen, schweben, fliegen oder treiben. Sie können die von Ihnen ausgewählte Fortbewegungsart jederzeit wechseln, um sich der Situation, auf die Sie treffen, anzupassen.
- Sollte Ihre Wahrnehmung undeutlich oder verschwommen sein, so können Sie die Klarheit Ihres Blicks schärfen, indem Sie augenblicklich eine bessere Wahrnehmung verlangen: »Klarheit. Sofort!«
- Ihre nichtphysische Energieform ist, was Größe, Gestalt, Struktur und Fähigkeiten anbelangt, äußerst flexibel. Wahrscheinlich werden Sie die Form erfahren, die für Sie am angemessensten ist, die sich am besten anfühlt. Im Allgemeinen ist das eine Kopie Ihres physischen Körpers. Jenseits der zweiten Energiemembran besitzen Sie jedoch die Fähigkeit, Ihre Form bewusst zu verändern und praktisch jeder erwünschten Gestalt anzupassen. Das gelingt Ihnen, indem Sie sich auf einen Wandel Ihres Selbstbildes konzentrieren.
- Angstgefühle sind hausgemacht und generell die direkte Folge eines Informations- oder Wissensdefizits bei der Begegnung mit einer neuen Situation oder Umgebung. Denken Sie stets daran, dass Sie ein starkes, unkörperliches Wesen sind; Sie sind reines Bewusstsein. Sie haben nichts zu fürchten, denn Sie sind unsterblich.
- Versuchen Sie, so weit wie möglich, aufgeschlossen und vorurteilsfrei zu bleiben. Mit Nachdruck geäußerte Meinungen, Überzeugungen und Schlussfolgerungen können sich auf Ihre Erfahrungen und Wahrnehmungen auswirken, so wie sie es in der physischen Welt tun.
- Denken Sie daran, bei jeder Veränderung oder Bewegung Ihres Bewusstseins ruhig und konzentriert zu bleiben.
- Erkennen Sie Ihre Fähigkeit, Ihre Bewegung und Ihre Erfahrung zu kontrollieren. Ihre Gedanken sind Ihr persönlicher Träger und Ihre schöpferische Kraft. Gehen Sie einfach dorthin, wo Ihre Gedanken Sie hinführen.

- Bitten Sie nachdrücklich um das, was Sie erforschen, erreichen oder begreifen wollen, und seien Sie dabei so genau wie möglich.
- Seien Sie auf schnelle Veränderungen und/oder schnelle innere Bewegung gefasst, wenn Sie Wünsche äußern.
- Gehen Sie davon aus, dass Ihre Wünsche erfüllt werden – seien Sie offen für ihre Verwirklichung.
- Bitten Sie um Klärung, wenn das, was Sie wahrnehmen oder erleben, unklar ist. Zum Beispiel: »Was stellt diese nichtphysische Energieform dar?«
- Üben Sie sich in Kontrolle. Tun Sie es einfach – es besteht keine Notwendigkeit, zu zögern oder es sich zweimal zu überlegen.

Ihre Fähigkeit, sich in einer Umwelt zurechtzufinden, die auf Gedanken anspricht, wird größtenteils von der Kontrolle über Ihr Denken, von Ihrem Wissen und Ihrer persönlichen Fähigkeit, im Angesicht rascher Veränderung Ruhe und Konzentration zu bewahren, abhängen. Wie bei allen Dingen, so ist es auch hier: Die Erfahrung ist umso produktiver, je besser Sie vorbereitet sind.

Denken Sie stets daran, Sie erleben das Ausmaß an Kontrolle, das Sie verlangen. Stecken Sie Ihr Ziel hoch.

KAPITEL 8

Fortgeschrittene Erkundungen

Ausgestreckt nach einer neuen Idee, kehrt der menschliche Geist niemals zu seinen ursprünglichen Ausmaßen zurück.

OLIVER WENDELL HOLMES

Das Potenzial außerkörperlicher Erlebnisse ist absolut grenzenlos. Nachdem wir unsere physischen Grenzen hinter uns gelassen haben, gewinnt ein aufregendes Neuland menschlicher Möglicheiten und Erkundungen allmählich an Kontur. Mit der Verwirklichung unseres wahren Potenzials werden alte Grenzen schwinden. Jeder von uns besitzt unsichtbare, ungenutzte Fähigkeiten, welche die modernen Naturwissenschaften gerade erst zu begreifen anfangen. Kontrollierte außerkörperliche Erfahrungen eröffnen den Zugang zu einer neuen Ära menschlicher Entwicklung und Erfahrung; doch es ist an uns, die Wahrheit dieser Tatsache selbst zu erforschen – oder Gefangene unserer physischen Grenzen zu bleiben.

Um Ihnen ein Gefühl für die Entdeckungsreisen zu vermitteln, die möglich sind, finden Sie später in diesem Kapitel eine Liste (»Außergewöhnliche Experimente und Erkundungen«). Um bestimmte Ziele zu erreichen, können Sie aber auch Ihre eigenen Experimente entwickeln und durchführen. Doch denken Sie, wenn Sie irgendwelche Experimente oder Reisen durchführen, stets daran, Ihre Erfahrungen so schnell wie möglich aufzuschreiben. Empfehlenswert ist auch ein Recorder, den Sie während der ganzen Reise eingeschaltet lassen.

Für den Anfang könnten Sie zwei Experimente machen, die den Versuchen ähneln, die am Parapsychologischen Institut der Stanford University durchgeführt worden sind.

Das erste Experiment ist ganz leicht aufzubauen: Legen Sie, bevor Sie mit Ihrer Außerkörperlichkeits-Technik beginnen, einen kleinen Gegenstand, wie eine Büroklammer, einen Bleistift oder eine Münze, auf eine Tischkante. Unternehmen Sie während Ihrer außerkörperlichen Erfahrung den Versuch, Ihre persönliche Dichte zu senken (die Frequenz zu erhöhen) und den Gegenstand zu bewegen. Halten Sie die Ergebnisse fest.

Bei dem zweiten Experiment betrachten Sie im Zustand der Außerkörperlichkeit ein entferntes Ziel. Um diesen Versuch aufzubauen, sagen Sie einer Freundin/einem Freund, sie/er möge sich eine große Ziffer, ein Bild oder ein Symbol (mindestens fünfzehn Zentimeter im Durchmesser) aussuchen, eine Zeichnung davon machen und sie an einem Ort aufstellen, den Sie nicht sehen können. Bitten Sie sie oder ihn, das Ziel an einem deutlich sichtbaren Platz aufzustellen, der Ihnen vertraut ist, zum Beispiel bei Ihrer Freundin/Ihrem Freund zu Hause. Nachdem Sie sich von Ihrem physischen Körper getrennt haben, richten Sie Ihre ganze Aufmerksamkeit auf den Ort, an dem sich das Ziel befindet, und versuchen Sie, das Ziel so genau wie möglich wahrzunehmen.

Das Universum erforschen

Die erste nichtphysische Umwelt, die bei Erkundungen jenseits des physischen Körpers gemeinhin bemerkt wird, ist eine parallele Welt, die aus Energie besteht, deren Dichte um ein Vielfaches geringer ist als die von Materie. Auf den ersten Blick scheint es sich um ein Abbild der physischen Welt zu handeln. Nach näherer Prüfung werden Sie feststellen, dass diese Energieumwelt Ihrem physischen Umfeld ähnelt, jedoch nicht identisch mit ihm ist. Objekte wie Stühle, Türen, Betten und ganze Räume werden häufig ein klein wenig anders aussehen als in Ihrem physischen Umfeld.

Die Ursache dieses Unterschieds ist einfach: Die innerhalb der ersten inneren Energie-Ebene des Universums wahrgenommenen Objekte und Umwelten sind in ihrer Substanz nicht physisch. Sie gleichen energetischen Formen Ihres physischen Umfelds. Jeder nichtphysische Gegenstand, den Sie sehen, existiert vollkommen unabhängig vom physischen Universum.

Zahlreichen Menschen ist der Eindruck vermittelt worden, als nähmen sie ihr physisches Umfeld von einem neuen, günstigeren Standpunkt aus wahr. Sie erwarten, dass ihr nichtphysisches Umfeld identisch mit ihrer physischen Welt sei, und wenn ihre Erwartungen enttäuscht werden, geraten sie leicht in Verwirrung oder verlieren die Orientierung. Die Folge ist, dass einige zu der Überzeugung gelangen, ihre gesamte außerkörperliche Erfahrung sei wohl ein Traum gewesen, nur weil die Umwelt, die sie wahrgenommen haben, nicht ihren physischen Erwartungen entsprach. Zu dieser irrtümlichen Annahme kommt es oft, weil wir darauf konditioniert sind, ausschließlich Formen von hoher Dichte als gültig zu akzeptieren. Folglich neigt unser Verstand dazu, sich auf die einzige Realität zu konzentrieren, die wir kennen und akzeptieren: die Materie.

Da wir in einer physischen Umwelt leben und in einen Ozean physischer Anreize eingetaucht sind, ist eine solche Beeinflussung zu erwarten. Die physische Konditionierung ist natürlicher Teil unseres Sozialisationsprozesses. Der Schlüssel zur Überwindung dieser physischen Beeinflussung liegt darin, sie zu erkennen. Die physische Welt, auf die wir uns konzentrieren, ist nichts weiter als ein winziger Teil des Universums. In Wirklichkeit sind die physischen Formen, die wir um uns herum sehen, bloß die dünne äußere Kruste des Universums – die äußere Schicht des gesamten mehrdimensionalen Universums.

Denken Sie immer daran, dass Wirklichkeit relativ ist; die Umwelt, die wir als real wahrnehmen, wird bestimmt von unserer persönlichen Dichte und Frequenz. Wenn wir uns beispielsweise außerhalb unseres Körpers befinden, ist es ganz normal, dass physische Objekte gasförmig und wie Gespenster wirken. Dazu kommt es, weil die von diesem Punkt höherer Frequenz aus wahrgenommene Materie keine Realität mehr für uns ist. Aus Ihrer neuen Perspektive ist die einzige Realität für Sie die Frequenz (Dichte), die Ihrer eigenen entspricht. Die Kenntnis dieses energetischen Prinzips ist von entscheidender Bedeutung, wenn Sie ein anderes Schwingungsuniversum erkunden, und dieses Wissen wird Ihnen bei der Kontrolle Ihrer Erfahrungen behilflich sein.

Mit dem Fortschreiten Ihrer Erforschungen werden Sie allmählich eine aufregende Wahrheit erkennen: Wenn Sie Ihr Denken konzentrieren, besitzen Sie die Macht, sich im Innern der verschiedenen Energiefelder des Universums zu bewegen. Sie können Ihre Schwingungsfrequenz (Dichte) bewusst erhöhen oder senken; das wahrgenommene Resultat ist eine entsprechende Veränderung in der Sie umgebenden Umwelt. Diese Entdeckung ist wichtig, weil so deutlich wird, dass äußere Bewegung praktisch nicht nötig ist. Im Grunde genommen können Sie jede Frequenz des Universums erforschen, ohne sich vom Fleck zu rühren. Die physischen Vorstellungen von Entfernung, Trennung und Bewegung verlieren jede Bedeutung.

Ein zweiter Vorteil dieser fortgeschrittenen Methode ist eine größere Selbstkontrolle. Es ist einfacher, konzentriert zu bleiben, wenn man sich nicht mit gleichzeitig stattfindenden äußeren und inneren Veränderungen konfrontiert sieht. Außerdem fällt es Ihnen leichter, sich Ihr Gefühl von Stabilität und Klarheit zu bewahren.

Drittens erlaubt diese Methode Ihnen eine effektivere Erkundung der zahllosen Ebenen des Universums. Die seitliche Bewegung im Innern einer gegebenen Energiedimension ist häufig nur auf einen kleinen Teil in dieser Dimension beschränkt.

Und schließlich ermöglicht die Methode Ihnen, Ihr Erkundungs-, Wahrnehmungs- und Vorstellungsvermögen über ihr gegenwärtiges menschliches Verständnis hinaus zu erweitern. Die bewusste Veränderung Ihrer Dichte (Schwingungsfrequenz) macht Ihnen im nichtphysischen Inneren des Universums beinahe alles unbegrenzt zugänglich.

Unsere momentanen Vorstellungen von Bewegung hängen unmittelbar mit unserer physischen Konditionierung zusammen. Am Ende werden wir alle uns bis zu jenem Punkt entwickeln, an dem wir einfach auf jeder Ebene des Universums »sein« können, die wir uns aussuchen. Das ist keine Theorie, sondern eine beobachtbare Tatsache, die durch persönliche Erfahrung bestätigt werden kann.

SICH ZWISCHEN DEN DIMENSIONEN BEWEGEN

1. Gehen Sie unmittelbar nach dem Austritt auf Distanz von Ihrem physischen Körper und bewahren Sie Ruhe und Konzentration. Bitten Sie, falls erforderlich, um vollständiges Bewusstsein oder Klarheit: »Bewusstsein. Sofort!«
2. Verlangen Sie, während Sie außerkörperlich sind, energisch danach, auf die nächste innere Energiestufe zu stoßen. »Ich stoße jetzt auf die nächste innere Ebene (Dimension)!« Oder zeigen Sie genau an, welchen interdimensionalen Bereich Sie gern erkunden würden. Die unmittelbare Folge wird eine starke innere Bewegung sein, die für ein paar Sekunden andauern wird. Bleiben Sie so ruhig wie möglich; das Gefühl innerer Bewegung kann, sollten Sie unvorbereitet sein, intensiv und verwirrend sein. Die Erfahrung ist so ähnlich, als würden Sie nach innen, ins Zentrum Ihres Bewusstseins, gezogen.
3. Nachdem Ihre innere Bewegung abgeklungen ist, sammeln Sie sich sofort, indem Sie energisch um Anwesenheit Ihres vollständigen Bewusstseins ersuchen: »Bewusstsein. Sofort!« Seien Sie vorbereitet: Ihr neues Umfeld und Ihr neuer Standpunkt werden vollkommen anders sein.

Die innere Frequenz erhöhen

Mit dem Fortschreiten Ihrer Erkundungen innerhalb der Energie-Ebenen höherer Frequenz bemerken Sie vielleicht allmählich Veränderungen im Zustand Ihres Bewusstseins. Häufig berichten

Menschen, sie hätten innerlich Energie verspürt, sie erzählen von Visionen oder dass sie Erlebnisse mit Licht gehabt hätten; ebenso belegt ist eine gesteigerte Empfindlichkeit für Energie.

Die Umwelten, denen Sie auf den Energie-Ebenen höherer Frequenz begegnen, werden eine zunehmend stärkere Lichtstrahlung aufweisen. Die Substanz Ihrer Umgebung besteht aus einer höheren Form von Energie. Wenn Sie zum Beispiel eine einfache Blume oder einen Grashalm wahrnehmen, werden Sie sehen, dass er ein starkes Licht- und Farbspektrum ausstrahlt. Ein einzelner Grashalm scheint aus tausenden von Lichtpunkten zu bestehen. Jeder funkelnde Punkt aus Licht ist reines, lebendiges Bewusstsein.

Während wir bei unseren Erkundungen tiefer ins Universum vorstoßen, müssen wir unsere innere Frequenz erhöhen – unser inneres Licht verstärken. Zur erfolgreichen Erforschung der höheren Ebenen des Universums muss unsere Schwingungsfrequenz angepasst werden, damit sie mit der Energiefrequenz übereinstimmt, auf die wir stoßen. Entspricht unsere innere Frequenz nicht der neuen Umwelt, die wir besuchen, erleben wir ein blendendes Licht und ein Gefühl, als würden wir von der auf uns lastenden starken Energie zerdrückt. Dieses Gefühl ist so unangenehm, dass die meisten Menschen sich augenblicklich in ihren physischen Körper zurückziehen.

Wenn wir die höheren Sphären des Universums erkunden, können wir unsere innere Frequenz vermittels einer energischen, aufrichtigen Bitte erhöhen. Tatsächlich können wir, um unsere spirituelle Entwicklung voranzutreiben, um eine Feinabstimmung unserer inneren Energie ersuchen. Diese Feinabstimmung unserer unsichtbaren Energiesysteme ist ein steter Entwicklungsprozess, der sich normalerweise vollzieht, wenn wir schlafen oder träumen. Die meisten Menschen nehmen diese innerlichen Veränderungen nicht bewusst wahr. Wem sie bewusst sind, der empfindet diese Veränderungen oft als innere Energiewellen, die durch den Körper strömen. Dieser Prozess kann Sekunden oder

Minuten dauern, je nach erforderlicher Feineinstellung. Ich habe festgestellt, dass die Erhöhung unserer inneren Frequenz erhebliche Auswirkungen auf unsere nichtphysischen Fähigkeiten hat. Wollen wir die höheren Sphären des Universums erkunden, dann ist es unerlässlich, unsere persönliche Energiefrequenz zu erhöhen. Für die Verstärkung unseres persönlichen Lichts sind wir verantwortlich, sollten wir jemals die Hoffnung hegen, der Illusion der Materie zu entrinnen. Denken Sie stets daran, dass nicht der Himmel sich uns anpasst; vielmehr müssen wir uns ihm anpassen.

Negative Gedanken, Wut, Hass, Anhaftung und Unwissenheit hemmen die natürliche Strahlung unseres inneren Lichts. Destruktive Gedanken und Gefühle sind eine Form von Energie niedriger Frequenz, die wie ein Schleier an unserem inneren Energiekörper hängt. Im Zustand der Außerkörperlichkeit kann man diese negativen Schwingungen im Energiefeld (der Aura) eines Menschen, den man beobachtet, sofort ausmachen. Negative Empfindungen wie Hass, Furcht, Wut und Gier werden zu einem Teil der Person, die sie hervorbringt. Diese negative Energie funktioniert wie ein energiedämpfendes Feld, welches das innere Licht der Seele daran hindert, in seiner vollen Stärke durchzuscheinen. Während der außerkörperlichen Erfahrung ist die Entwicklung jeder Person, die man wahrnimmt, durch die Intensität des von ihr abstrahlenden Lichts klar ersichtlich. Je strahlender das innere Licht, desto entwickelter der einzelne Mensch.

Die Erhöhung unserer persönlichen Schwingungsfrequenz beginnt mit der Beseitigung unserer inneren Energieblockaden. Genau deshalb verbringen fortgeschrittene spirituelle Seelen wie Jesus und Buddha so viel Zeit damit, die Goldene Regel zu lehren: »Liebe deinen Nächsten«; »Wie man sich anderen gegenüber verhält« Sie erkannten richtig, dass unser Licht im mehrdimensionalen Universum heller strahlt und unsere natürliche Schwingungsfrequenz zunimmt, je mehr Energieblockaden wir entfernen.

Die Erkenntnis dieses Prinzips ist wichtig für Ihre unmittelbare Evolution. Wenn Ihr physischer Körper stirbt, begeben Sie sich automatisch auf die Energie-Ebene des Universums, die Ihrer persönlichen Frequenz entspricht. Wie Sie feststellen werden, ist das ein natürlicher Prozess – die Verschiebung des Bewusstseins von einer Frequenz zur nächsten. Jene einzigartigen Menschen, die ihre Energieblockaden erkannt und ausgeräumt sowie ihre persönliche Frequenz erhöht haben, erleben die ganze Großartigkeit und das Licht des himmlischen Reiches.

Den Schwingungszustand verstärken

Es ist möglich, den Schwingungszustand von einem leichten inneren Vibrieren bis zur vollständigen Trennung vom physischen Körper zu verstärken. Dazu bestärkt man mental die leichten Schwingungen darin, sich aufzubauen, auszuweiten und im ganzen Körper auszubreiten. Manche von uns wachen recht häufig während verschiedener Schlafphasen auf und verspüren im Nacken oder in Beinen oder Armen ein schwaches Vibrieren und/oder eine leichte Taubheit. Oft passiert uns das in der REM-Phase, in luziden Träumen oder während »leichter« Alpha-Zustände, wie dem hypnagogischen Zustand. Natürlich liegt der Schlüssel zu dieser Technik darin, die Schwingungen und die Taubheit zu erkennen, sobald sie auftreten. Am besten achtet man dazu auf die feinen energetischen Schwankungen, zu denen es im Anfangsstadium von Schlaf, Traum und Entspannung kommt. Das Bewusstsein für unsere inneren Sinneseindrücke, Gefühle und Vorstellungen ist ein erster wichtiger Schritt bei der Wahrnehmung unserer inneren Schwingungen.

Bleiben Sie von nun an, wenn Sie einschlafen oder wach werden, körperlich ruhig und vollkommen entspannt. Achten Sie auf alle inneren energetischen Veränderungen, auf Schwingungen, jedes Anzeichen von Taubheit oder Kribbeln und jede andere ungewöhnliche Empfindung. Wenn diese Empfindungen auftreten, bestärken Sie die Schwingungen und begleitenden Gefühle mental darin, sich in Ihrem ganzen Körper auszubreiten. Fließen Sie mit den Empfindungen und wehren Sie sich nicht dagegen, dass sie sich durch Körper und Geist bewegen. Nachdem die Schwingungsempfindungen und die Taubheit Ihren ganzen Körper erfüllen, wenden Sie sich von Ihrem Körper ab. Sorgen Sie dafür, dass Ihre ganze Aufmerksamkeit und Ihr Denken von Ihrem physischen Körper abgewandt bleiben und lenken Sie sich in einen anderen Bereich Ihrer Wohnung.

So ungewöhnlich es klingen mag, aber das Ganze ist eine sehr natürliche Angelegenheit: Nehmen Sie die feinen nichtphysischen Veränderungen, die sich in Ihrem Innern zutragen, wahr und unterstützen Sie diese.

Das Erinnerungsvermögen verbessern

Ersuchen Sie jedes Mal, wenn Sie eine außerkörperliche Erfahrung oder ein außerkörperliches Experiment beenden, energisch um einen vollständigen Erinnerungstransfer auf Ihr physisches Bewusstsein. Ihr physisches Gedächtnis funktionieren wie ein Computer: Die erhaltenen nichtphysischen Informationen müssen genau auf Ihr physisches Bewusstsein übertragen und dort gespeichert werden. Am leichtesten gelingt das, indem man darum bittet.

Vielen außerkörperlich Forschungsreisenden ist dieses Prinzip unbekannt. Die Folge kann eine verschwommene, zusammenhanglose Erinnerung an die unkörperlichen Erfahrungen sein. Wie bei der Klarheits-Technik bestimmt der Nachdruck, den man auf die Bitte um Erinnerung legt, die Qualität der Ergebnisse. Am besten funktioniert eine mit Nachdruck vorgebrachte, gezielte Forderung: »Ich erinnere mich an alles!«

Bringen Sie die Bitte um besseres Erinnerungsvermögen vor, wenn Sie bereit sind, in Ihre physische Form zurückzukehren. Häufig wird sie Sie auf der Stelle in Ihren physischen Körper zurückbefördern.

Entdeckungsreisen mit Partnern oder in Gruppen

Eine außerkörperliche Erkundung in der Gruppe oder mit jemandem gemeinsam kann allen Beteiligten beträchtliche Vorteile bringen. Da in unserer Gesellschaft außerkörperliche Erfahrungen eine neue Form der Entdeckungsreise sind, kann eine Gruppe von Forschenden wertvolle, aus authentischen Erfahrungen gewonnene Einblicke bieten und außerdem als offenes Forum für neue Perspektiven und Methoden fungieren.

Eine Gruppe ermöglicht uns, Aufzeichnungen zu vergleichen und gegenseitig aus den Erfahrungen des/der anderen zu lernen. Da wir eine Feinabstimmung unserer natürlichen Fähigkeiten vornehmen, können die wichtigen Bereiche »Angstabbau«, »Neubewertung von Anschauungen«, »Traum-Technik«, »innere Signale« und »Ablösungs-Techniken« aufgrund von Ergebnissen aus erster Hand erforscht und erschlossen werden. Die Gruppe kann zudem alle auftretenden psychischen Beschränkungen oder Blockaden aufzeigen und erörtern.

Ein weiterer Vorteil ist, dass wirksame Experimente zur Überprüfung durchgeführt werden können. Eine Gruppe kann sich beispielsweise ein Ziel überlegen, das sie anstreben möchte: eine physische Zeit und einen physischen Ort, an dem die Gruppenmitglieder sich treffen wollen, während sie außerhalb ihrer physischen Körper unterwegs sind.

Zusätzlich zur Erkundung in der Gruppe empfehle ich für außerkörperliche Abenteuer dringend ein Verfahren mit einer Freundin/einem Freund oder einer Partnerin/einem Partner. Es ist wichtig, jemanden auszuwählen, die/der es mit der inneren Entdeckung ernst meint. Im Zustand der Außerkörperlichkeit bewusst eine Freundin/einen Freund oder eine Geliebte/einen Geliebten zu treffen, ist eine wundervolle Erfahrung.

Die Partner-Technik

Die Partner-Technik ist eine Variation der von dem australischen Journalisten G. M. Glaskin entwickelten Christos-Technik. Die Christos-Technik war ursprünglich als eine Methode der Reinkarnationstherapie gedacht, man stellte jedoch bald fest, dass sie bei einer beträchtlichen Anzahl von Menschen außerkörperliche Erfahrungen einleitete.

Die nachfolgende Technik ist ideal für Paare, Partner und Gruppen. Als Führerin oder Führer werden Sie die Meditation leiten und gelegentlich um Ihre Partnerin/Ihren Partner herumgehen, also ist es wichtig, dass Sie sich so ruhig wie möglich verhalten:

Ihre Partnerin/Ihr Partner liegt auf dem Rücken, die Augen geschlossen, den Kopf in Richtung Norden. Um so bequem und entspannt wie möglich zu liegen, sollte sie/er die Schuhe ausziehen und auf einer weichen Oberfläche wie einem Bett, einer Fußbodenmatte oder auf Kissen liegen.

Beginnen Sie nun, in sanften kreisenden Bewegungen die Sprunggelenke Ihrer Partnerin/Ihres Partners zu massieren. Es geht darum, Ihre Partnerin/Ihren Partner so gut wie möglich zu lockern.

Wenden Sie sich nach etwa zwei Minuten Knöchelmassage in Ruhe dem Kopf Ihrer Partnerin/Ihres Partners zu und legen Sie vier Finger auf ihre/seine Stirn, direkt über die Nasenwurzel. Massieren Sie mit sanften, kreisenden Bewegungen zur Seite hin. Reiben Sie die Stirn Ihrer Partnerin/Ihres Partners zunehmend schneller und kräftiger, bis sie/er ein lautes inneres Brummen oder Summen vermeldet. Sobald das Summen zu vernehmen ist, können Sie aufhören zu reiben. Die meisten Menschen berichten, sie würden innerhalb von fünf Minuten ein Geräusch hören.

Nun beginnen Sie mit einer geführten Meditation. Sprechen Sie während der gesamten Visualisation in ruhigem, entspanntem Ton und helfen Sie Ihrer Partnerin/Ihrem Partner, so locker wie möglich zu werden. Nehmen Sie sich Zeit und konzentrieren

Sie sich auf die Entspannung, während Sie mit der nachfolgenden Visualisation beginnen.

> Hol ein paar Mal tief Luft und entspann dich vollkommen ... entspann dich vollkommen ... beruhige dich und entspann dich vollkommen ... spür allmählich, wie deine innere Energie fließt. ... Spür deine innere Energie langsam vom Kopf zum Nacken hinabsteigen ... spür, wie sie langsam durch deine Schultern hinabsteigt ... Du fühlst dich vollkommen entspannt, während deine Energie durch deine Brust hinabsteigt. ... Es ist ein gutes Gefühl, wie die Energie weiter durch deinen Magen ... deine Hüften ... deine Oberschenkel ... hinabsinkt. ... Spür die Energie jetzt durch deine Waden hinabsinken ... spür die Energie an deinen Knöcheln vorbeiströmen ... du kannst die Energie direkt an deinen Fußsohlen erleben und spüren. ...

Fangen Sie nach dem Entspannungsabschnitt dieser Visualisation an, mit den Fingerspitzen leicht die Fußsohlen Ihrer Partnerin/Ihres Partners auszustreichen, während Sie das Folgende wiederholen.

> Stell dir vor, die Energie an deinen Füßen dehnt sich aus und wächst durch deine Fußsohlen hindurch um zehn Zentimeter. ... Du kannst jetzt sehen und fühlen, wie sich deine Füße um zehn Zentimeter vergrößern. ... Spür, wie die Fläche deiner Fußsohlen sich um zehn Zentimeter über deine Fußsohlen hinaus erstreckt. ... Behalte diese Vergrößerung jetzt ein paar Augenblicke bei. [Ist Ihrer Partnerin/Ihrem Partner das Visualisieren jeder Vergrößerung gelungen, so kann sie/er Ihnen das durch ein Nicken anzeigen.]

Nachdem Ihre Partnerin/Ihr Partner sich die Ausdehnung um zehn Zentimeter vorgestellt hat, lassen Sie sie/ihn sich den Anblick und das Gefühl vorstellen, wie ihre/seine Füße wieder auf ihre normale Größe schrumpfen. Wiederholen Sie diese Ausdehnung jetzt mindestens dreimal, bis Ihre Partnerin/Ihr Partner sich eine Vergrößerung ihrer/seiner Füße um zehn Zentimeter leicht vorstellen kann. Nehmen Sie sich Zeit und seien Sie geduldig. Diese anfängliche Ausdehnung ist entscheidend für den Erfolg der Technik, also wiederholen Sie sie ruhig so oft wie nötig.

Nachdem Ihre Partnerin/Ihr Partner angezeigt hat, dass sie/er in der Lage ist, ihre/seine Füße in der Vorstellung auszudehnen, wenden Sie sich ruhig dem Kopf zu und wiederholen Sie dieselbe Übung mit Oberkörper und Kopf. (Die angeleitete Visualisierung geht kontinuierlich weiter, während Sie leicht die Haarspitzen und Schultern Ihrer Partnerin/Ihres Partners berühren.)

> Fühl deine Energie jetzt zum oberen Teil deines Kopfes fließen. ... Spür, wie der obere Teil deines Kopfes sich auszudehnen und zu wachsen beginnt. ... Stell dir vor und spür, wie der obere Teil deines Kopfes und dein Oberkörper sich um zehn Zentimeter ausdehnen und wachsen. ... Stell dir vor und spür, wie dein Kopf und deine Schultern um volle zehn Zentimeter über ihre normale Größe hinauswachsen. ... Fühl die Fläche deines gesamten Oberkörpers wachsen und sich um volle zehn Zentimeter über ihre physischen Grenzen hinaus nach außen ausdehnen. ...

Wiederholen Sie dies wie zuvor mindestens dreimal, bis Ihre Partnerin/Ihr Partner sich die Ausdehnung ohne Schwierigkeiten vorstellen kann.

Lenken Sie die Aufmerksamkeit Ihrer Partnerin/Ihres Partners wieder auf ihre/seine Füße und leiten Sie sie/ihn mit Worten an, den gesamten unteren Teil des Körpers um volle dreißig Zentimeter auszudehnen. Machen Sie so viele Wiederholungen wie notwendig.

Wenden Sie sich dem Kopf Ihrer Partnerin/Ihres Partners zu und leiten Sie sie/ihn zu einer Ausdehnung seines gesamten Oberkörpers um dreißig Zentimeter und anschließenden Rückkehr zu normaler Größe an.

Kehren Sie jetzt zu den Füßen zurück und leiten Sie Ihre Partnerin/Ihren Partner zu einer Ausdehnung um volle sechzig Zentimeter an. Weisen Sie sie/ihn diesmal jedoch an, dies beizubehalten und nicht auf den normalen Stand zurückzukehren. Bedeuten Sie Ihrer Partnerin/Ihrem Partner nun, gleichzeitig ihren/seinen Oberkörper um volle sechzig Zentimeter auszudehnen. Wiederholen Sie diesen Prozess so lange, bis Ihre Partnerin/Ihr Partner die vollständige Ausdehnung ihres/seines Körpers deutlich sehen und spüren kann.

Während die volle 60-Zentimeter-Ausdehnung beibehalten wird, leiten Sie Ihre Partnerin/Ihren Partner an, den ganzen Körper auszudehnen wie einen Ballon, der mit Luft gefüllt wird. Zum Beispiel so:

> Jetzt dehnt sich dein ganzer Körper aus. ... Du kannst spüren, wie dein inneres Ich sich in alle Richtungen ausweitet ... wie ein Ballon, der sich mit Luft füllt. ... Dein ganzer Körper weitet sich aus ... dein ganzer Körper weitet sich um sechzig Zentimeter aus. ... Während dein Körper sich ausweitet, kannst du spüren, wie du immer leichter wirst. ... Du kannst dich aufsteigen spüren, wie einen Ballon. ...

Nun ist Ihre Partnerin/Ihr Partner in der richtigen Verfassung für eine vollkommen bewusste außerkörperliche Erfahrung. An diesem Punkt können Sie sofort mit der Ihnen liebsten Außerkörperlichkeits-Technik beginnen. Etwa so:

> Beim Schweben kannst du spüren, wie du leichter wirst und immer höher über deinem Körper schwebst. ... Während du das tust, wiederhole zu dir selbst gewandt:

> »Ich schwebe. Ich schwebe. Mir ist bewusst, dass ich schwebe. Ich schwebe frei.«

Korrekt ausgeführt, sorgt diese Technik für eine wirksame Vorbereitung auf jede außerkörperliche Visualisation oder Affirmation.

Nehmen Sie sich Zeit und erlauben Sie Ihrer Partnerin/Ihrem Partner, alle Empfindungen zu genießen, die mit dieser Technik verbunden sind. Verstärken oder verlängern Sie die geführte Meditation ruhig, um die Vorstellungskraft Ihrer Partnerin/Ihres Partners zu erhöhen. Lassen Sie ihr/ihm bei der Durchführung der Visualisation mindestens eine halbe Stunde Zeit. Gewähren Sie Ihrer Partnerin/Ihrem Partner nach dem verbalen, gelenkten Abschnitt dieser Technik mindestens zwanzig Minuten Ruhe zur Ausführung seiner/ihrer persönlichen Affirmationen und Visualisation.

Obwohl ich nur eine einzige, speziell auf Partner zugeschnittene Technik in dieses Buch aufgenommen habe, können alle Visualisations-Techniken problemlos in einer Partner- oder Gruppen-Situation angewandt werden, indem jemand ausgesucht wird, der die Anleitung übernimmt.

Psychische Veränderung und persönliche Entwicklung beschleunigen

An irgendeinem Punkt im Leben streben wir alle nach einer Form von persönlicher Entwicklung oder psychischer Veränderung. In den vergangenen zwei Jahrzehnten entwickelte sich ein schier unendliches Angebot an Techniken zur persönlichen Entwicklung in Form von Büchern, Kassetten und Kursen: positives Denken, neurolinguistisches Programmieren, Arbeit mit dem inneren Kind, Rebirthing, Zwölf Schritte, Bio-Feedback und eine ganze Menge weitere.

Im Großen und Ganzen sind unsere Konzepte zur persönlichen Entwicklung immer noch mit den Schlussfolgerungen verknüpft, zu denen die Gründerväter der modernen Psychologie vor Jahrzehnten kamen: Freud, der Vater der Psychoanalyse, und Jung, der Begründer der analytischen Psychologie, glaubten, psychische Veränderung sei ein langsamer, bewusster Prozess. Diese Überzeugung wird heute von Psychologen und Psychiatern weltweit akzeptiert. Viele halten psychische Fortschritte für den langsamen Prozess, in dem man die äußeren Schichten des Ego abschält, sodass Patienten die ihren gegenwärtigen Problemen oder Blockaden zugrunde liegende Ursache erkennen und begreifen können.

Jahr für Jahr wenden Millionen von Menschen beträchtliche Zeit und erhebliche Summen auf, um irgendeine Form psychischer Veränderung zu erreichen. Vielen wurden eingetrichtert, positive psychische Veränderung sei ein langer, beschwerlicher Weg. Die meisten Psychiater und Psychologen gehen davon aus, dass nachhaltige Fortschritte zwischen sieben Monaten und mehreren Jahren brauchen. In einem Gespräch mit einem Psychologen wurde mir vor einigen Jahren gesagt: »Psychische Veränderung ist eine zermürbende Arbeit, die ein ganzes Leben lang dauert.« Mein erster Gedanke war: »Bin ich froh, dass ich keinen Stundensatz bezahlen muss.« Untersuchungen haben gezeigt, dass die Einstellungen und Erwartungen des behandelnden Therapeuten die Ergebnisse entscheidend beeinflussen; häufig werden die Erwartungen oder auch ihr gänzliches Fehlen auf den Patienten übertragen. Wenn ein Psychologe davon ausgeht, dass psychische Veränderung eine mühselige, lebenslange Aufgabe sei, so wird sie es mit ziemlicher Sicherheit auch sein.

Im Laufe der Jahre habe ich festgestellt, dass viele der grundlegenden Schlussfolgerungen der Milliarden-Dollar-Industrie zur persönlichen Entwicklung äußerst mangelhaft sind. Ich glaube, die Zeit ist gekommen, dass wir ein paar ernsthafte Fragen stellen: Wie können wir uns selbst nachhaltig ändern, wenn wir nicht wissen, was wir sind, warum wir hier sind und wohin wir gehen?

Wie können wir etwas verbessern, das wir nicht begreifen? Erfordern persönliche Entwicklung und psychische Veränderung tatsächlich Jahre beschwerlicher Arbeit an einem selbst? Ich bin fest davon überzeugt, dass wir es in der Hand haben, den grenzenlosen Irrgarten der Selbstanalyse zu umgehen und auf den Kern der persönlichen Entwicklung überzublenden. Eine wachsende Anzahl von Menschen überall auf der Welt teilt diese Wahrnehmung.

Stellen Sie sich für einen Augenblick einfach vor, was erreichbar wäre, gäbe es einen direkteren und effektiveren Weg, zu positiver psychischer Veränderung und persönlicher Entwicklung zu gelangen. Betrachten Sie zum Beispiel das Experiment von Michael Crichton (dem bekannten Autor von *Jurassic Park*), der in seiner Autobiografie *Im Kreis der Welt* eine seiner außerkörperlichen Erfahrungen schildert. Die folgende außerkörperliche Erfahrung leitete er mithilfe eines persönlichen Führers und Freundes, Gary, ein:

> Jedenfalls beunruhigte mich die Vorstellung einer Astralreise nicht sonderlich, also unternahm ich mit Gary den Versuch. Letztlich handelt es sich dabei um nichts als eine andere Art angeleiteter Meditation, die einen veränderten Bewusstseinszustand hervorrufen soll. Ich sah, wie sich meine Chakras in leuchtendem Schimmer wie weiße Spiralen drehten. Dann sah ich, wie ich mich durch mein drittes Chakra verließ und auf die Astralebene hinauf begab. Sie erschien mir als dunstiger, gelber Ort.
>
> So weit, so gut. Ich begann zu verstehen, warum sich Menschen den Himmel häufig als dunstig oder wolkig vorstellen. Auf dieser dunstigen Astralebene war es angenehm. Es war friedvoll, dort zu stehen, in all dem gelben Dunst. Ich fühlte mich blendend.
>
> »Siehst du da jemanden?«, fragte Gary.
>
> Ich blickte mich um. Niemand zu sehen.

»Nein.«
»Bleib noch einen Moment. Vielleicht kommt ja jemand.«
Dann sah ich meine Großmutter, die während meines Medizinstudiums gestorben war. Sie winkte mir zu und ich winkte zurück. Ich war nicht überrascht, sie da oben zu sehen, empfand aber kein besonderes Bedürfnis, mit ihr zu reden.
Ich wartete einfach weiter. Die Astralebene war eine ziemlich öde Gegend. Es gab da keine Palmen, keine Stühle oder sonst etwas, worauf man sich setzen konnte. Es war einfach ein Ort. Ein dunstiger, gelber Ort.
»Siehst du sonst noch jemanden?«, fragte Gary.
Das war nicht der Fall. Dann: »Ja. Meinen Vater.«
Ich war ganz aufgeregt. Wir beide hatten uns nicht besonders gut verstanden. Jetzt, während ich verletzlich war, mich in einem veränderten Bewusstseinszustand befand, zeigte er sich. Ich fragte mich, was er tun, was geschehen würde. Er kam auf mich zu. Er sah genauso aus wie immer, nur durchscheinend und dunstig, wie alles andere dort oben. Ich wollte kein langes Gespräch mit ihm führen. Ich war ziemlich nervös.
Unvermittelt umarmte er mich.
Im Augenblick jener Umarmung sah und spürte ich alles in der Beziehung meines Vaters in mir, alle Gefühle, die er gehabt hatte, und ich merkte, warum er mit mir nicht besonders gut zurechtgekommen war. Ich empfand alles, was ich selbst empfunden hatte, merkte, warum ich ihn falsch verstanden hatte, und spürte die Liebe, die zwischen uns war, wie auch die Verwirrung und die Missverständnisse, die sie überlagert hatten. Ich sah alles, was er für mich getan und auf welche Weise er mir geholfen hatte. Mit einemmal erkannte ich jeden Aspekt unserer Beziehung, so, wie man mit einem Blick einen kleinen Gegenstand erfassen kann, den man in der Hand hält. Es war ein

Augenblick mitfühlenden Annehmens und Liebens.
Ich brach in Tränen aus.
»Was passiert jetzt?«
»Er umarmt mich.«
»Was spürst du?«
»Es ist ... vorbei«, sagte ich.
Damit meinte ich, dass dieses unglaublich machtvolle Erlebnis bereits im Bruchteil einer Sekunde vergangen war, vollständig geschehen und abgelaufen. In dem Augenblick, als mich Gary fragte und ich in Tränen ausbrach, war es vorüber. Mein Vater war fort. Wir hatten kein Wort miteinander gewechselt. Es war nicht nötig, etwas zu sagen. Die Sache war beendet.
»Ich bin fertig«, sagte ich und schlug die Augen auf. Mit einem Schlag war ich aus dem Zustand der Trance herausgesprungen.
Ich konnte es Gary nicht recht erklären – eigentlich niemandem –, doch zum Teil hing mein Staunen über dies Erlebnis damit zusammen, wie rasch es geschehen war. Wie die meisten Menschen, die therapiert worden sind, hatte ich gewisse Erwartungen, was die Geschwindigkeit betraf, mit der psychologische Einsichten erfolgen. Man kämpft. Alles geschieht nach und nach. Jahre können vergehen, ohne dass sich viel ändert. Man fragt sich, ob dabei überhaupt etwas bewirkt wird, fragt sich, ob man aufhören, es sein lassen soll. Man bemüht sich, man kämpft und man erkennt mit großer Mühe dies und jenes.
Doch wie stand es mit dieser Erfahrung? Rascher, als ich den Mund öffnen konnte, war mir etwas Ungewöhnliches und Tiefgreifendes widerfahren, und ich wusste, dass es Bestand haben würde. Die Schwierigkeiten der Beziehung zu meinem Vater waren mit einem Schlag aus der Welt geschafft. Ich hatte nicht einmal genug Zeit gehabt zu weinen. Jetzt, da alles vorüber war, wären es nachträgliche

Tränen gewesen. Ich hatte nicht das Bedürfnis zu weinen. Das Erlebnis war vorbei.

Das brachte mich zu der Frage, ob meine Vorstellungen über die Geschwindigkeit, mit der psychologische Veränderungen normalerweise ablaufen, möglicherweise falsch waren. Vielleicht wären wir imstande, binnen Sekunden bedeutende Veränderungen zu bewirken, wenn wir nur wüssten, auf welchem Wege. Vielleicht brauchen die Veränderungen nur deshalb so viel Zeit, weil wir die Sache verkehrt angehen. Oder vielleicht, weil wir von vornherein damit rechnen, dass sie so lange dauern.*

Beim Folgenden handelt es sich um eine persönliche Konfrontation mit meinen eigenen Ängsten.

Tagebucheintrag vom 14. September 1992

Während mein Körper einschläft, wiederhole ich mündlich dreißig bis vierzig Mal eine Affirmation: »Jetzt bin ich außerkörperlich.«

Ich erwache direkt über meinem Körper schwebend. Ich bemerke eine Verbindung unten an meinem Rückgrat und sehe, dass das, was da an mir hängt, wie ein großes Insekt aussieht, das mich an meinem Körper festhält. Ich falle auf der Stelle wieder in meinen Körper und unterbreche diese ungewöhnliche Verbindung. Sofort schwebe ich erneut aus meinem Körper empor. Ich spüre, wie ich berührt und dabei sanft hin und her geschaukelt werde. Ich höre die Stimme meiner Mutter, wie sie meinen Namen ruft. Ich weiß, dass ich mich außerhalb meines Körpers befinde, aber meine Wahrnehmungen sind halb wie im Traum. Laut sage ich: »Klarheit. Sofort!« Ich verspüre eine Woge

* Michael Crichton: Im Kreis der Welt; Rowohlt Taschenbuch, Reinbek; Seite 262 ff.

von Energie, ein Gefühl intensiver Helligkeit und meine alles schärfer wahrzunehmen.
Plötzlich befinde ich mich in einer neuen Umgebung. Ich stehe inmitten eines Wirrwarrs von Zimmern, die vollkommen anders sind als mein physisches Zuhause. Wieder ersuche ich um Klarheit und mein Sehvermögen bessert sich augenblicklich. Direkt vor mir befinden sich zwei Treppen: eine führt nach oben in ein goldenes Zimmer; die andere führt in einen dunklen Keller.
Als ich in die Dunkelheit hinabstarre, erblicke ich eine große, sich langsam bewegende Gestalt. Sie scheint auf mich zuzusteuern. Als sie näher kommt, erkenne ich die Silhouette einer riesigen haarigen Kreatur, ein gewaltiges Faultier, aufrecht stehend fast drei Meter groß; es hat den Kopf eines Bären und das Gesicht eines Hundes. Mein ganzes Wesen ist wie gelähmt vor Furcht. Verzweifelt versuche ich, zu rennen, aber ich bleibe, wo ich bin. Langsam kommt die Kreatur die Treppe hoch und schlingt mir ihre riesigen, haarigen Arme um Hals und Körper. Alles, was ich denken kann, ist: »Dieses Geschöpf kann mir im Handumdrehen das Genick brechen.«
Da umarmt die Kreatur mich voller Wärme und leckt mir das Gesicht wie ein Hund. Meine ganze Furcht verfliegt, als mir bewusst wird, dass dieses hässliche Wesen nicht die Kraft hat, mich zu verletzen. Plötzlich durchströmt mich ein intensives Gefühl der Stärkung und Freude; ich fühle mich vollkommen frei von meiner Furcht und meinen Beschränkungen. Dieses Wesen schaut mir direkt in die Augen, lächelt und verschwindet. Eine Woge der Kraft durchflutet mich, als ich eine neue Form von Freiheit erkenne – eine absolute Freiheit von Furcht.
Ich kehre mit einer neuen Vorstellung von mir selbst zu meinem physischen Körper zurück. Irgendwie weiß ich, dass ich einem inneren Symbol meiner tiefsten, finstersten

Ängste begegnet bin und sie durch meine Standhaftigkeit besiegt habe. Ich fühle mich gekräftigt, in dem unerschütterlichen Wissen, dass ich alles erreichen kann, was ich mir wünsche. Jetzt erkenne ich, dass ich meinen größten Feind bezwingen kann – meine eigenen Ängste.

Kontrollierte außerkörperliche Erfahrungen bieten uns die einmalige Gelegenheit, der allen psychischen Problemen, die wir vielleicht haben, zugrunde liegenden Ursache auf energetischer Ebene gegenüberzutreten und sie aufzulösen. Das in Kapitel 5 erzählte Erlebnis mit dem Spiegel ist ein anderes Beispiel für die Wirkungsweise dieses Prozesses. Dabei muss man betonen, dass es sich um eine fortgeschrittene Methode der persönlichen und spirituellen Entwicklung handelt, die ein starkes Konfrontationserlebnis hervorrufen kann. Psychisch labilen Menschen ist diese Methode deshalb nicht zu empfehlen.

Fortgeschrittenes Heilen

Es ist wissenschaftlich erwiesen, dass viele der in unserer Gesellschaft so weit verbreiteten medizinischen Probleme die direkte Folge unserer Emotionen und Gedanken sind. Durch die Art und Weise, wie wir in unserem Inneren Energie nutzen, verschieben und speichern, beeinflussen wir unseren physischen Körper. So werden zum Beispiel Magengeschwüre, Hautkrankheiten, körperliche Abhängigkeiten und Depression häufig durch unsere Denk- und emotionalen Muster verursacht.

Kontrolliertes außerkörperliches Reisen verschafft uns die Gelegenheit, bewusst die unsichtbaren Energiefrequenzen und -muster zu erleben, die sich auf unseren physischen Körper auswirken. Im Zustand der Außerkörperlichkeit stoßen wir unmittelbar auf unser persönliches Energiefundament, unser feines, nichtphysisches Energiesystem. Dadurch erhalten wir eine riesengroße

Chance, energetische Anpassungen im unmittelbaren Kern unseres Seins vorzunehmen. Eine im Inneren des nichtphysischen Energiekörpers gelungene Neustrukturierung von Energie muss sich letztendlich in Veränderungen im äußeren physischen Körper manifestieren.

Beim Folgenden handelt es sich um eine äußerst fortgeschrittene Technik, welche direkt zu der körperlicher Krankheit zugrunde liegenden energetischen Ursache führt. Unter Anwendung dieser Heilmethode ist es möglich, die unsichtbaren Energieströme in uns selbst oder einer anderen Person zu beeinflussen und auszugleichen.

> Beginnen Sie, indem Sie die Außerkörperlichkeits-Technik anwenden, die Ihnen am angenehmsten ist. Ersuchen Sie unmittelbar nach dem Ablösen von Ihrem physischen Körper um völlige Klarheit des Bewusstseins: »Klarheit. Sofort!« Wiederholen Sie die Bitte um Klarheit so lange, bis Ihr Bewusstsein glasklar ist.
>
> Wenn Ihr Bewusstsein sich restlos in Ihrem nichtphysischen Körper gesammelt hat, bitten Sie mental und verbal darum, das heilende Licht und die heilende Kraft Gottes (des Universums) möge in Sie fahren. Bitten Sie darum, dass die positiven Heilkräfte des Universums in Ihrem Inneren fließen mögen, und fühlen Sie es ganz deutlich. Ersuchen Sie aufrichtig darum, das heilende Licht des Universums möge jede Ebene Ihres Energiekörpers durchdringen. Wehren Sie sich nicht dagegen, wenn Sie vollständig in dieses starke, heilende Licht eintauchen.
>
> Wenn Sie es wünschen, bitten Sie laut darum, die heilende Kraft möge zu einer bestimmten Person oder in einen bestimmten Teil Ihres eigenen physischen Körpers gelenkt werden. »Ich bitte die reine Energie des Universums, ... [Name der Person] zu helfen und sie/ihn zu heilen« oder »Die heilende Kraft des Universums durchströmt meinen

Körper und meinen Geist«. Wenn Sie Ihre Gedanken auf Ihren physischen Körper richten, werden Sie wahrscheinlich in ihn zurückkehren.

Bleiben Sie nach der Rückkehr zum Physischen ruhig und spüren Sie die Energie und das Licht durch jede Zelle Ihres Körpers fließen. Nehmen Sie sich Zeit und begrüßen Sie den durch Ihren Körper fließenden Energiestrom. Spüren Sie den Schwingungsausgleich, der erforderlich ist, damit Sie so gesund wie möglich werden.

Seien Sie offen, etwas zu empfangen. Seien Sie einem völligen Ausgleich der Schwingungsfrequenz Ihres Körpers gegenüber aufgeschlossen. Wichtig ist, dass Sie sich dem Erhalt des von Ihnen Erbetenen nicht verweigern – Menschen bitten so häufig um Dinge, ohne sie mit Freuden zu empfangen. »Ich bin offen für die heilende Kraft in mir.« Das ist auf jeder Ebene des Universums eine wirksame Bitte.

Seien Sie dankbar für Ihre Erfahrung. Sie haben ein besonderes Geschenk in Form von energetischem Bewusstsein, einem Ausgleich und einer Heilung erhalten. Nutzen Sie Ihr Geschenk, um anderen dabei zu helfen, die innere heilende Kraft zu erkennen und zu wecken, die uns alle durchströmt.

Bleiben Sie in den Anfangsphasen dieser Technik Ihrem physischen Körper gegenüber so distanziert wie möglich. Jeder Gedanke, der sich auf Ihre physische Gestalt richtet, wird Sie auf der Stelle in Ihren Körper zurückbefördern.

Unterschätzen Sie die Wirkung dieser Technik nicht. Diese Form nichtphysischer Energieanpassung ist die wahre Ursache aller physischen Wunder die gesamte überlieferte Geschichte hindurch. Wer sich dieser Technik bedient, wird zu einem offenen Kanal für die Macht Gottes; in diesem Bewusstseinszustand ist alles möglich.

Die spirituelle Entwicklung beschleunigen

Für hunderte Millionen Menschen überall auf der Welt sind Selbsterkenntnis und Gotteserkenntnis die höchsten Ziele spiritueller Entwicklung. Diese spirituellen Ziele sind in unterschiedlichen Kulturen unter verschiedenen Namen bekannt: Christus-Bewusstsein, Aufklärung, spirituelle Vereinigung Einklang mit Gott und Erleuchtung. Seit Anbeginn der Zeit haben spirituelle Suchende, Mönche, Propheten und Heilige ihr Leben damit zugebracht, dass sie versuchten, diese Ziele zu erreichen. Leider sind unsere modernen Religionen von ihrem reichen Erbe spiritueller Erfahrung abgekommen. Tragischerweise sind viele moderne Religionen und Kirchen zu einem armseligen Abklatsch der ursprünglichen spirituellen Erfahrungen und Lehren verkommen, auf denen sie einst errichtet wurden. Die persönliche spirituelle Erfahrung wurde zu einem unerforschten und geheimnisvollen Phänomen, das vielen religiösen Führern und ihren Kirchen unbekannt ist. Die Folge ist, dass Millionen von Menschen sich mit künstlichen Anschauungen und Deutungen ihrer heiligen Schriften zufrieden geben.

Heute müssen wir uns nicht mehr auf die Deutungen und Anschauungen anderer verlassen. Mithilfe außerkörperlicher Erlebnisse können wir die spirituellen Antworten, die wir suchen, selbst erhalten und überprüfen. Wie Sie bald feststellen werden, besteht einer der schnellsten und direktesten Wege, Ihr spirituelles Wesen zu entdecken und Kenntnisse über den Himmel aus erster Hand zu erlangen, darin, die außerkörperliche Erfahrung zu erlernen. Kontrollierte außerkörperliche Reisen verleihen uns die einmalige Fähigkeit, spirituelle Ziele zu erreichen, auf die wir uns ausrichten. Die spirituelle Kraft der Erfahrungen ist nachweisbar, und es ist an Ihnen, etwas zu unternehmen; es ist an Ihnen, aktiv zu werden und über die Grenzen Ihres physischen Körpers hinauszuwachsen.

In der physischen Welt ist es leicht, sich in den beschränkten Illusionen und der Unwissenheit, die uns umgeben, zu verlieren.

Es ist leicht, in dem Ozean künstlicher Anschauungen, Lehren und Traditionen zu versinken; es ist leicht, im physischen Labyrinth eingeschlossen zu werden. Diejenigen, die wirklich spirituelle Entwicklung und Einsicht suchen, entdecken rasch, dass beides in der äußeren Welt nicht zu finden ist. Spirituelle Entwicklung ist eine innere Reise des Bewusstseins, eine Reise tief in unser Inneres, zum Kern unseres Seins. Spirituelle Entwicklung ist die persönliche Erfahrung und die persönliche Kenntnis unseres wahren Ich, unserer reinen Seele.

Die folgende Technik ist für all jene äußerst empfehlenswert, die auf der Suche nach spiritueller Entfaltung, nach spirituellem Wissen und spirituellen Antworten sind.

Fortgeschrittene spirituelle Technik

Beginnen Sie, indem Sie die Ihnen angenehmste Außerkörperlichkeits-Technik anwenden. Ersuchen Sie unmittelbar nach der Trennung von Ihrem physischen Körper um Klarheit: »Klarheit. Sofort!« Sobald Sie innerhalb Ihres nichtphysischen Körpers vollkommen aufmerksam und konzentriert sind, bitten Sie darum, auf Ihre Seele (Ihr höheres Ich) zu stoßen. Bringen Sie diese Bitte als verbale Forderung nach umgehender Erfüllung vor. »Ich stoße sofort auf meine Seele [mein höheres Ich]!«

Augenblicklich werden Sie in Ihrem Innern mit unglaublicher Geschwindigkeit angetrieben. Es ist ein Gefühl von unglaublicher innerer Bewegung, als würden Sie in ein mächtiges Vakuum in Ihrem Innern gesogen. Unzählige Schichten aus Licht und Farbe sausen an Ihrem Bewusstsein vorbei, während Sie tiefer und tiefer hineingezogen werden. (Manche Menschen berichten, sie hätten das Gefühl gehabt, hinauf in den Weltraum geschossen zu werden.) Nach mehreren Sekunden kommt diese Bewegung abrupt zum Stillstand.

Seien Sie vorbereitet. Beim ersten Mal kann diese schnelle innere Bewegung unseres Bewusstseins aufregend sein; halten Sie durch, haben Sie Vertrauen und bleiben Sie so ruhig wie möglich. Ich glaube, dass es sich bei dem Erlebnis der inneren Bewegung oder Aufwärtsbewegung um den Übergang unseres Bewusstseins von unserem relativ dichten nichtphysischen Körper in das reine Bewusstsein (Seele) handelt, dessen Existenz eine höhere Frequenz hat.

Das Ergebnis dieser Technik übersteigt alle Erwartungen. Sie werden Ihr wahres Ich, unabhängig von jeder Form und Substanz, erleben und erkennen. Grenzen verschwinden, während sich in Ihrem Inneren eine ungeheure spirituelle Dimension reinen Lichts und Wissens auftut.

Die Erfahrung Ihres höheren Ich (Seele) ist der unmittelbare Kern spiritueller Entwicklung; jetzt haben Sie Gelegenheit, die Antworten auf die ältesten Rätsel Ihres Seins zu entschlüsseln. Auf jede physische Anforderung oder Beschränkung, die Sie momentan vielleicht erleben, gibt es eine Antwort; stets ist eine Lösung zu finden. In diesem Bewusstseinszustand sind Wunder möglich. Ihre Fähigkeit, die dichteren Ebenen des Universums zu verstehen und zu beeinflussen, nimmt in erheblichem Maße zu.

Unterschätzen Sie die Wirkung dieser Methode nicht; sich bewusst als Ihr wahres Ich zu erfahren ist ein Erwachen, das Ihr Leben verändern wird. In diesem Bewusstseinszustand ist Ihre Fähigkeit, Antworten zu erhalten, grenzenlos; Sie stoßen auf Ihr spirituelles Wesen jenseits aller physikalischen Vorstellungen von Zeit, Raum und Form. Am Ende kennen Sie das größte Geheimnis Ihres Seins: *was Sie wirklich sind.*

Außerkörperliche Experimente und Erkundungen

- Beobachten, untersuchen und erforschen Sie die unsichtbare energetische Grundlage des Universums.
- Untersuchen Sie Ihre neue Umgebung: ihre Gestalt, Substanz, Festigkeit und Beständigkeit.

- Führen Sie Versuche durch, in denen Sie Ihre Denkenergie nutzen; achten Sie genau auf die Veränderungen in Ihrer Umwelt.
- Reisen Sie zur Wohnung oder zum Haus einer Freundin/eines Freundes oder einer/s Verwandten und achten Sie auf Umgebung und Aktivitäten. Dokumentieren Sie zwecks Überprüfung Zeit und Ort.
- Führen Sie Versuche mit Ihrer nichtmolekularen Dichte durch. Versuchen Sie, die Dichte Ihres Körpers zu erhöhen oder zu senken. Üben Sie Druck auf Ihren Arm aus. Können Sie es spüren?
- Berühren Sie einen Gegenstand in Ihrer neuen Umgebung. Können Sie ihn spüren? Besitzt er eine hohe Dichte oder können Sie ihn mit der Hand einfach durchdringen?
- Bitten Sie darum, einen »entschlafenen« geliebten Menschen zu besuchen und mit ihm zu kommunizieren.
- Achten Sie genau auf die energetische Struktur Ihres »neuen Körpers«.
- Führen Sie Versuche mit nichtmolekularer Energie durch. Achten Sie auf Ursache und Wirkung, Trägheit, Schwerkraft und die einmaligen energetischen Kräfte, die in der neuen Umgebung existieren.
- Achten Sie im Zustand der Außerkörperlichkeit genau auf die Gedanken, die Sie beherrschen. Betreffen diese in irgendeiner Weise das Sie umgebende Umfeld? Konzentrieren Sie sich jetzt auf einen einzelnen Gedanken. Wie wirkt sich Ihre Konzentration auf die Umgebung aus?
- Bitten Sie um eine bestimmte Eigenschaft, wie schärferes Vorstellungs- oder Sehvermögen oder gewachsenes Verständnis. Achten Sie auf jede Veränderung in Ihrer Wahrnehmungsfähigkeit.
- Suchen Sie den Horizont ab. Wie weit können Sie sehen? Gibt es Veränderungen in der Umgebung, während Sie sich umschauen?

- Ersuchen Sie eine bestimmte Form, wie einen Stuhl, vor Ihnen zu erscheinen. Tut sie es? Wenn ja, besitzt dieser Gegenstand eine dreidimensionale Dichte? Fordern Sie diesen Gegenstand jetzt auf, zu verschwinden. Tut er es?
- Untersuchen Sie die Möglichkeiten der Erforschung des Weltraums ohne die Beschränkungen eines herkömmlichen Raumfahrzeugs.
- Reisen Sie an einen physischen Ort, an dem Sie sich wohl fühlen, und beobachten Sie Umgebung und Ereignisse und dokumentieren Sie alles.
- Erkunden Sie, ob Sie möglicherweise frühere Leben hatten.
- Treffen Sie sich mit einem nichtphysischen Führer oder Bewohner und nehmen Sie Verbindung mit ihm auf.
- Erkunden Sie, ob es in einem anderen Schwingungszustand Sexualität gibt.
- Bitten Sie darum, auf Ihr höheres Ich, Ihre Seele zu stoßen (äußerst empfehlenswert).
- Beobachten Sie Ihr Leben – Vergangenheit, Gegenwart und wahrscheinliche Zukunft – von einem »höheren« Standpunkt aus.
- Bitten Sie darum, ein physisches Problem, das Ihnen Kopfzerbrechen bereitet, zu verstehen und zu lösen.
- Beobachten und erforschen Sie den Ursprung von Materie, wie wir sie kennen.
- Bitten Sie um Einblick in einen komplizierten Sachverhalt oder um dessen Klärung.
- Bitten Sie darum, den Ursprung und Zweck Ihrer augenblicklichen Realität festzustellen.
- Bitten Sie darum, einen biblischen Engel zu sehen und mit ihm zu kommunizieren.
- Erkunden und erleben Sie »Himmel« – die nichtphysischen Schwingungsebenen des Universums.
- Experimentieren Sie mit der Übertragung heilender Kraft auf eine körperlich kranke Freundin oder Kollegin/einen körper-

lich kranken Freund oder Kollegen. Achten Sie auf die Ergebnisse und dokumentieren Sie diese.

- Achten Sie genau auf die Verbindung zwischen Ihrem Energiekörper und Ihrem physischen Körper. Gibt es irgendeine sichtbare Verbindung?
- Bitten Sie energisch darum, das wahre Wesen der Sie umgebenden Energieformen zu erkennen. Achten Sie auf jede Veränderung in Ihrer Umgebung.
- Bitten Sie darum, einen Gedanken zu beobachten – seine Gestalt, Funktion und Charakteristika.
- Stellen Sie eine Frage und seien Sie darauf gefasst, die Antwort zu »erfahren«.
- Beobachten Sie Ihren physischen Körper von einem »höheren« Standpunkt aus.
- Erleben und erforschen Sie das mehrdimensionale Universum und erfassen Sie es kartografisch.
- Manipulieren Sie Energie (Form), indem Sie Ihr Denken bewusst darauf richten.
- Stellen Sie Erkundungen mit einer Partnerin/einem Partner oder Ehegattin/Ehegatten an (eine höchst empfehlenswerte Art zur Überprüfung von Erfahrungen).
- Bitten Sie darum, die Geburt eines Kindes aus nichtphysischer Perspektive wahrzunehmen.
- Erkunden Sie die Möglichkeiten der Zeitreise und die Möglichkeiten aufeinander folgender Zeiten und aufeinander folgender Existenzen.

Fragen, die unsere Existenz betreffen

In der gesamten überlieferten Geschichte begann jede bedeutende Erforschung und Entdeckung mit einer einfachen Frage: Was befindet sich auf der anderes Seite des Ozeans? Was befindet sich auf der anderen Seite unseres Sonnensystems? (Heute stellen wir mit zunehmender Intensität tiefer gehende Fragen.) Was befindet sich auf der anderen Seite der Materie? Welche Art von Energie und Leben existiert unmittelbar jenseits unseres gegenwärtigen technologischen Sehvermögens?

Außerkörperliche Entdeckungsreisen werfen viele Fragen auf – so viele, dass die Liste ein ganzes Buch füllen könnte. Im folgenden biete ich eine kleine Auswahl von Fragen, die ernsthafte außerkörperlich Forschungsreisende meiner Ansicht nach beantworten können, wenn sie willens sind, die erforderliche Zeit und Energie aufzuwenden. Diese Fragen geben ausgezeichnete Forschungs- und Untersuchungsfelder für außerkörperliche Forschungsgruppen ab. Der Fragen wären unendlich viele, aber das sind unsere potenziellen Fähigkeiten zur Entdeckung von Antworten auch, wenn wir über unser augenblickliches physisches Vehikel hinausgehen:

- Wie sieht die nichtphysische Umwelt aus?
- Welche Struktur hat sie?
- Warum sprechen einige dieser Umwelten auf das Denken an?

- Existiert eine allgemeine Form nichtphysischer Regierung?
- Gibt es Gesetze oder Regeln?
- Gibt es Strafen für Gesetzesbrecher?
- Existiert eine allgemeine nichtphysische Polizei?
- Was sind Engel?
- Gibt es eine nichtphysische oder spirituelle Hierarchie?
- Interagiert oder kommuniziert Gott direkt mit nichtphysischen Bewohnern?
- Wie »leben« nichtphysische Bewohner?
- Wie sieht ihr normaler Tag aus?
- Hat er irgendeine Ähnlichkeit mit dem Tag auf physischer Ebene?
- Existieren Großstädte, Städte, Gemeinden oder Nationen?
- Existieren Kulturen, ethnische Gruppen oder Rassen?

- In welcher Weise betreffen oder beeinflussen die Energiezentren (Chakras) unseres Körpers unser tägliches Leben?
- Wie funktionieren unsere Energiezentren und nichtphysischen Körper als vollständiges Energiesystem?
- Welche Verbindung besteht zwischen den Energiezentren und unserer Fähigkeit zu äußerkörperlichen Erfahrungen?
- Kann unser Energiekörper jede beliebige Gestalt oder Form annehmen?
- Sind körperliche Leiden und Krankheit das molekulare Ergebnis unsichtbarer nichtphysischer energetischer Störungen?

- An welchem Punkt in der Schwangerschaft wird der Fötus zu einem Wesen mit Bewusstsein (einer Seele)?
- Ist das von Mensch zu Mensch verschieden oder ist es allgemeingültig?

- Können körperliche Leiden und Krankheiten geheilt oder gelindert werden, indem man Feineinstellungen an das nichtkörperliche Fundament eines Menschen vornimmt?
- Kann ein künftiges Ereignis oder eine kommende Katastrophe abgewendet oder abgewandelt werden, indem man das unsichtbare energetische Fundament des Universums beeinflusst und anpasst?
- Können künftige physische Ereignisse durch Beobachtung der energetischen Interaktionen, die im Innern des Universums ablaufen, exakt analysiert, gedeutet und vorausgesagt werden?
- Können wir im Zustand der Außerkörperlichkeit Zeitreisen unternehmen?
- Ist es möglich, dass Ereignisse in der Zeit simultan sind?
- Gibt es Wiedergeburt?
- Ist sie ein evolutionäres System?
- Wie funktioniert sie?
- Gibt es tatsächlich Engel?

- Wenn ja, wie sehen sie aus?
- Welche Funktion haben sie?
- Sind sie eine nichtmenschliche Spezies?
- Existieren die biblischen Himmel?
- Wie sieht der Himmel wirklich aus?
- Wie viele Himmel gibt es?
- Wie unterscheiden sie sich voneinander?
- Ist der Himmel der Bibel die innere Energiedimension des Universums?
- Hat Gott mit der menschlichen Evolution zu tun oder ist diese ein automatisches, selbstständiges Entwicklungssystem?

- Wenn es sie gibt, wie ist unsere wahre Gestalt oder unser wahres Wesen?
- Warum bedienen wir uns dieser vorübergehenden biologischen Körper?
- Was hoffen wir zu erfahren oder zu erlangen?
- Wie sieht das Innere des Universums aus?
- Woraus ist es gemacht?
- Ist es eine Aufeinanderfolge von Energiedimensionen?
- Gibt es eine erkennbare Grenze zwischen den verschiedenen Dimensionen?
- Wenn ja, was ist diese Grenze?
- Wie funktioniert sie?
- Welchen Zweck hat sie?
- Was sind Wunder?
- Sind sie die Änderung und Umstrukturierung des nichtphysischen energetischen Fundaments des Universums?
- Wie sehen Menschen aus, wenn sie schlafen oder träumen?
- Schweben sie leicht über ihrem Körper?
- Sind Träume innere Schöpfungen oder unsere unbewussten Interpretationen nichtphysischer Ereignisse?
- Trennen sich Träumende normalerweise von ihrem physischen Körper?

- In welcher Beziehung steht die Evolution unserer Spezies zu außerkörperlichen Erfahrungen?
- Stellen außerköperliche Erfahrungen eine Fortentwicklung in der Entwicklung unserer Spezies dar?
- Ist Entwicklung tatsächlich die Bewegung des Bewusstseins von bloß physischen Organismen zu immer komplexeren nichtphysischen Seinsweisen?
- Was geschieht, wenn wir körperlich sterben?
- Wohin gehen wir?
- Ist der Tod ein natürlicher Teil unserer Entwicklung?

- Warum sind wir hier?
- Haben wir ein bestimmtes (unbewusstes) Ziel oder einen Plan, an dem wir arbeiten?
- Haben wir uns unsere Eltern ausgesucht?
- Wenn ja, warum und wie?
- Gibt es nichtphysische Nahrung und ist diese fürs Überleben notwendig?
- Bestehen nach dem Tod Familien und Beziehungen ähnlich den körperlichen weiter?
- Gibt es eine der körperlichen ähnliche Sexualität?
- Werden unkörperliche Kinder empfangen?

Fragen gibt es unendlich viele ... die Antworten warten einfach darauf, dass wir unseren Blick über die dichte molekulare Kruste des Universums hinaus richten. Das ist keine Theorie, sondern eine Tatsache unserer Existenz. Für viele von uns ist die Zeit gekommen, einen Schritt über die physischen Grenzen hinaus zu tun, die wir rings um uns sehen. Dieser Schritt ist der logische Übergang und die logische Entwicklung, auf die wir alle in naher Zukunft stoßen werden.

Fragen und Antworten

Können außerkörperliche Erfahrungen bewiesen werden?
Außerkörperliche Erfahrungen können nur durch den, der sie macht, bewiesen werden. Die von vielen Forschern vertretenen »Elfenbeinturm-Anschauungen« sind im Lichte einer einzelnen persönlichen Erfahrung vollkommen veraltet und bedeutungslos. Viele Menschen versuchen verzweifelt, diesen einmaligen Bewusstseinszustand in das von ihnen akzeptierte Modell der Wirklichkeit einzufügen. So sind beispielsweise einige Wissenschaftler zu dem Schluss gekommen, dass außerkörperliche Erfahrungen eigentlich luzide Träume seien; ihre Anschauungen fügen sich gut in ihre traditionellen Vorstellungen vom Geist.

Was ist das für ein Gefühl, sich von seinem physischen Körper zu trennen?
Viele Menschen berichten von einem starken vibrierenden Gefühl und von vorübergehender körperlicher Taubheit während der Trennung; beides wird oft begleitet von einem starken Summen, Brummen oder Tosen. Diese Geräusche und Empfindungen verfliegen in der Regel, sobald die Ablösung vollzogen ist.

Wie sieht die außerkörperliche Umwelt aus?
Die wahrgenommene Umwelt hängt von der Schwingungsfrequenz (Dichte) des außerkörperlich Reisenden ab. Viele Menschen berichten von einer Umwelt ähnlich der physischen. Diese Umwelt entspricht nicht notwendigerweise ihrem unmittelbaren physischen Umfeld.

Wie lange dauert es, bis man eine außerkörperliche Erfahrung hat?
Jeder Mensch ist anders; doch ein großer Teil der Menschen, die täglich Techniken praktizieren, berichtet von einer Erfahrung in weniger als dreißig Tagen.

Warum soll ich meine Zeit in außerkörperliche Erkundungen investieren und mich abmühen?
Die einzige Möglichkeit, wenn Sie sich einer Sache hundertprozentig sicher sein wollen, ist, sie selbst zu erfahren; alles andere ist Theorie, Spekulation und Glaube. Außerkörperliche Erfahrung bietet uns die einmalige Gelegenheit, Erfahrungen jenseits der Grenzen unserer körperlichen Sinne zu machen und dort Erkundungen anzustellen. Sie verleiht uns die Fähigkeit, Wissen über unsere Existenz aus erster Hand zu erlangen.

Wie wird mein »neuer« Körper aussehen?
Die meisten Menschen berichten von einem energiereicheren Abbild ihres physischen Körpers. Die Gestalt, die wir erleben, ist ein unmittelbares Ergebnis unserer Erwartungen und Anschauungen. Im Allgemeinen sehen die Reisenden sich so, wie sie in der physischen Welt aussehen.

Werde ich genau so sehen, hören und fühlen können wie jetzt?
Zu Anfang werden Sie Ihr Umfeld höchstwahrscheinlich mit einem körperähnlichen Wahrnehmungsvermögen erleben. Unsere Wahrnehmungsfähigkeiten sind an unsere Erwartungen gebunden; je aufgeschlossener wir (über unsere körperlichen Sinne hinaus) erweiterten Wahrnehmungen gegenüber stehen, desto wahrscheinlicher werden diese verbesserten Fähigkeiten. Beispielsweise berichten manche Menschen von einem 360-Grad-Blick, einem besseren Gehör und der Fähigkeit, Gedanken zu lesen.

Während meiner außerkörperlichen Erfahrungen habe ich manchmal das Gefühl, nicht synchron zu sein, und ich habe Schwierigkeiten, zu sehen oder mich zu bewegen. Wie kann ich diese Einschränkung überwinden?
Darüber wird häufig berichtet. Ersuchen Sie, damit Ihre Klarheit und Beweglichkeit zunehmen, einfach (verbal oder mental) um

ihr volles Bewusstsein: »Volles Bewusstsein. Sofort!« oder »Klarheit. Sofort!« Welche persönliche Fähigkeit oder Wahrnehmung Sie auch immer brauchen, um Ihre außerkörperliche Erfahrung zu intensivieren, eine entschlossen geäußerte Bitte kann sie Ihnen beschaffen. Wiederholen Sie Ihre Bitte so oft wie nötig und vergessen Sie nicht, jede Bitte als Forderung nach unmittelbaren Ergebnissen vorzutragen.

Wird eine außerkörperliche Erfahrung meine religiösen Überzeugungen verändern?
Nach einer im Jahr 1992 von Dr. Melvin Morse veröffentlichten eingehenden Untersuchung, an der 350 Personen teilnahmen, »scheinen außerkörperliche Erfahrungen die erklärten Werte eines Menschen nicht zu verändern«. Viele Menschen berichten sogar, dass ihre religiösen Überzeugungen durch ihre außerkörperlichen Erfahrungen bestätigt und gestärkt worden seien.

Was ist das strahlende Licht, von dem bei außerkörperlichen Erfahrungen so oft berichtet wird?
Es ist das Licht der inneren Dimensionen, das eine höhere Frequenz hat und von jemandem gesehen wird, der seinen Glanz nicht gewohnt ist. Gewöhnlich wird es gesehen, wie es vom Eingang zu einem Tunnel ausgeht.

Was ist die menschliche Aura?
Die Aura ist das Kraftfeld, das von allen Lebensformen ausgeht.

Worum handelt es sich bei dem Tunneleffekt, von dem häufig bei Nahtodes-Erfahrungen berichtet wird?
Er ist die Öffnung der ersten inneren Energiemembran. Der Tunneleffekt tritt automatisch auf, wenn ein Mensch stirbt und sich ins Innere des mehrdimensionalen Universums begibt. Der Tunnel schließt sich sofort, nachdem der Betreffende ihn auf dem Weg in die nächste Dimension passiert hat.

Gibt es die silberne Schnur aus der Bibel?
Die biblische Vorstellung der silbernen Schnur (Prediger 12,6) ist zutreffend. Nach meinen Beobachtungen handelt es sich nicht eigentlich um eine Schnur, sondern eher um eine dünne, faserige Substanz, die vom Aussehen her an ein Spinnennetz erinnert. Die silberne Schnur scheint bei allen Lebensformen als Verbindung zwischen dem physischen Körper und dem ersten inneren Energiekörper zu fungieren. Obwohl man seine vollständige Funktion nicht kennt, scheint klar, dass er vielleicht als innere Energieleitung dient. Eines ist sicher: Wenn die Schnur durchtrennt wird, endet das biologische Leben.

Besitzen Tiere eine Seele?
Auf jeden Fall. Kein Lebewesen kann ohne Seele (bewusste Energie) existieren. Um genauer zu sein: Die Seele besitzt und benutzt ein biologisches Vehikel, nicht umgekehrt.

Welchen Zweck hat die körperliche Existenz?
Die körperliche Existenz gestattet uns, aus Erfahrung zu lernen. In gewissem Sinne ist die physische Dimension eine verlangsamte molekulare Umwelt, die ideal dazu geeignet ist, die Entwicklung von Bewusstsein zu trainieren. Die persönlichen Anforderungen, denen wir in unserem biologischen Leben begegnen, sind die Lektionen, die wir für unsere persönliche Entwicklung brauchen. Wir lernen durch Sein, durch Tun – durch Erfahrung aus erster Hand.

Wie kann ich die Dimension oder energetische Ebene bestimmen, die ich gerade erkunde?
Im Allgemeinen sind Sie der physischen Dimension näher, je ähnlicher die unmittelbare Umgebung Ihrem physischen Umfeld ist. Mit der Erhöhung Ihrer Schwingungsfrequenz bewegen Sie sich innerhalb der nichtphysischen Dimensionen automatisch nach innen. Die wahrgenommenen Umwelten werden zuneh-

mend durchlässiger und empfänglicher für Gedanken, während Sie sich von der Materie weg nach innen bewegen.

Können außerkörperliche Erfahrungen Schaden zufügen?
Nein. Es sind natürliche Erfahrungen, über die in jeder Kultur und Gesellschaft der Welt berichtet wird. Bei meiner mehr als zwanzigjährigen persönlichen Forschungsarbeit habe ich nie von jemandem gehört, dem in irgendeiner Weise Schaden zugefügt oder der verletzt worden wäre.

Kann man Drogen nehmen, um eine außerkörperliche Erfahrung herbeizuführen?
Der Schlüssel zu einer richtigen außerkörperlichen Erfahrung ist absolute geistige Konzentration und Kontrolle. Ohne vollständige Kontrolle können die bei außerkörperlichen Reisen erlebten interdimensionalen Realitäten nicht genau von selbst geschaffenen inneren Halluzinationen oder geistigen Bildern unterschieden werden. Kontrolle ist der Schlüssel zu einer produktiven, sinnvollen Erfahrung, und Kontrolle ist das erste, was beim Gebrauch jedweder Art willensverändernder Substanzen verloren geht. Ich bin fest davon überzeugt, dass unkörperlich Forschungsreisende keine Drogen nehmen sollten. Warum seinen biologischen Träger vergiften, wenn wunderbare Ergebnisse auf natürliche Art erzielt werden können?

Ist es möglich, dass ich nicht mehr imstande sein werde, den Weg zurück in meinen physischen Körper zu finden?
Nein. Bei tausenden von berichteten Erfahrungen findet sich keinerlei dokumentierter Hinweis darauf, dass so etwas passiert wäre.

Kann mein Körper oder mein Geist in Besitz genommen werden, wenn ich ihn verlasse?
Nein. Es gibt immer eine interaktive energetische Verbindung zwischen Ihrem physischen Körper und Ihren inneren Energiekörpern.

Welchen Standpunkt vertritt die Kirche hinsichtlich außerkörperlicher Erfahrungen?
Was außerkörperliche Reisen angeht, so hat die christliche Kirche keinen offiziellen oder einheitlichen Standpunkt. Ich bin zu diesem Thema einer großen Vielfalt von Meinungen begegnet. Viele Theologen halten außerkörperliche Erfahrungen für einen einmaligen spirituellen Segen – eine persönliche Bestätigung ihres Glaubens und ihrer religiösen Anschauungen. Andere sind verblüfft und unsicher, inwieweit solche Erfahrungen sich in ihr Glaubenssystem einfügen können. Ein paar neigen dazu, jedes Phänomen zu fürchten, das sie nicht verstehen, und klassifizieren außerkörperliche Erfahrungen automatisch als etwas, was es zu vermeiden gelte. Heute halten immer mehr Theologen außerkörperliche Erkundungen für eine tief greifende spirituelle Erfahrung und eine stichhaltige persönliche Bestätigung der Unsterblichkeit.

Jedes Mal, wenn ich das Gefühl habe, dass ich mich gleich von meinem Körper trenne, überkommt mich Furcht. Wie kann ich sie bezwingen?
Dies ist eine weit verbreitete, instinktive Reaktion auf eine neue Erfahrung. Eine der besten Möglichkeiten, sie zu überwinden, besteht darin, sofort mit einer sich wiederholenden Sicherheits-Affirmation aufzuwarten, beispielsweise: »Ich bin sicher und geborgen«; »Ich bin geschützt« oder »Ich bin sicher und ruhig«. Jede kurze, positive Aussage, die Ihnen hilft, sich zu entspannen und sicher zu fühlen, wird ihre Wirkung tun. Beginnen Sie, während Sie Ihre Affirmation wiederholen, Ihre Aufmerksamkeit von Ihrem Körper abzulenken, denken Sie einfach an einen anderen Bereich Ihrer Wohnung oder sagen Sie zu sich selbst: »Ich schwebe fort von meinem Körper.« Nach ein paar erfolgreichen Erfahrungen wird Ihre Furcht abnehmen und schließlich ganz verschwinden.

Ist außerkörperliche Erfahrung für jedermann sicher?
Ja, mit einer Ausnahme. Jeder, der akute psychische Probleme hat, sollte diese Form von Erkundung meiden. Im Allgemeinen können Menschen, die Schwierigkeiten haben, mit ihrer physischen Realität fertig zu werden, die Situation durch das Erleben anderer Realitäten ihres Lebens nur noch komplizierter machen.

Welches ist der wichtigste Schritt zur Erlangung uneingeschränkter, bewusster Kontrolle über die außerkörperliche Erfahrung?
Der Schlüssel besteht darin, die Klarheits-Technik zu wiederholen, wann immer Ihr Bewusstsein verschwommen oder nicht synchron ist: »Klarheit. Sofort!« oder »Bewusstsein. Sofort!«

Worin besteht der Unterschied zwischen Träumen und außerkörperlichen Erfahrungen?
Für den Beteiligten ist der Unterschied enorm. Bei einer außerkörperlichen Erfahrung ist der Betreffende oft genauso aufmerksam und bewusst, wie Sie es jetzt sind. Träume andererseits werden als schnell wechselnder Film erlebt, der in Ihrem Bewusstsein abläuft. Bei einer außerkörperlichen Erfahrung sind normalerweise drei Faktoren gegeben, die im Traum nicht zu finden sind: das Selbstbewusstsein Ihres Ego ist gegenwärtig; Sie kontrollieren bewusst Ihre Bewegung und Sie können Ihre Erfahrung bewusst überprüfen.

Nachwort

Es kann ohne weiteres sein, dass das gewaltige Potenzial kontrollierter außerkörperlicher Erkundung die wichtigste Entdeckung des 20. Jahrhunderts ist. Nur durch Erkundungen jenseits unserer physischen Grenzen können wir jemals hoffen, unser eigenes und das Wesen unseres Universums zu begreifen. Am Ende wird unsere Spezies sich über die Abhängigkeit von physischen Vehikeln (Körpern) und physischer Technologie hinaus weiterentwickeln. Bis dahin werden die fortschrittlichen Forschenden jene mutigen Individuen sein, die über die Grenzen von Naturwissenschaften, Religion und ihrer eigenen physischen Wahrnehmungen hinausgehen.

Ein unstillbares Verlangen nach Wissen treibt eine kleine Zahl von Forschenden aus der Sicherheit ihrer physischen Heimatländer hinaus. Diese einfallsreichen Abenteurer erkunden und kartografieren das Universum jenseits der äußeren Kruste der Materie, die eine hohe Dichte aufweist. Diese Erforschung und kartografische Erfassung unseres unsichtbaren Energie-Universums ist von weltumspannender Bedeutung. Nur unkörperliche Erkundung kann die dichte äußere Materieschicht durchbohren und die darunter liegende, unsichtbare Struktur des Universums enthüllen. Es ist Zeit für uns, zu erkennen, dass die verfallenden molekularen Formen, die wir rings um uns sehen, nicht die einzige Realität im Universum sind. Es ist Zeit, dass wir die hinter der molekularen Fassade des Lebens liegende Wahrheit erkennen.

Unmittelbar jenseits unseres Blickfelds existieren weite Sphären der Energie und des Lebens, die der Entdeckung harren. Mit dem Anbruch des 21. Jahrhunderts ist die Zeit nun gekommen, dass wir die Wahrheit unserer Existenz erforschen und entdecken – dass wir uns von den Überzeugungen und Annahmen anderer befreien, dass wir selbst hinschauen und erkennen.

Jeder von uns steht vor einer wichtigen Wahl. Wir können selbstzufrieden bleiben und dabei hoffen und beten, dass unsere Anschauungen zutreffend sein mögen, oder wir können eine Entscheidung treffen, uns selbst auf Forschungs- und Entdeckungsreisen zu begeben. Fragen Sie sich selbst, was Sie möglicherweise verlieren können, wenn Sie Ihren Blick und Ihr Vorstellungsvermögen über die Grenzen der Materie hinaus erweitern.

Ihre Entscheidung für die Erkundung wird Ihre Zukunft, Ihre Entwicklung und Ihr Leben über alle Erwartungen hinaus prägen. Wir alle besitzen die gottgegebene Fähigkeit, selbst nachforschen und die Antworten finden zu können. Die Antworten sind niemals verborgen, sondern warten geduldig darauf, dass wir sie erkennen und entdecken. Die innere Suche nach den Antworten auf unser Dasein ist das wahre Wesen menschlicher Entwicklung. Niemand kann es Ihnen geben oder es aus einem Buch zitieren.

Vor Ihnen liegt aufregendes Neuland – unzählige Ebenen, die nur darauf warten, entdeckt zu werden. Heute haben Sie die seltene Gelegenheit, einer der Pioniere zu sein, Erkundungen jenseits der dichten äußeren Kruste des Universum anzustellen und die Wahrheit selbst zu finden. Auf Sie wartet *das* Abenteuer, und Sie haben nichts zu verlieren als Ihre Grenzen!

Glossar

Affirmationen: Wiederholte, in der Gegenwartsform gesprochene, gedachte oder geschriebene positive Aussagen. Beispielsweise: »Jetzt bin ich außerkörperlich!«

Aura: Das von allen Lebensformen ausstrahlende Energiefeld.

außerkörperliche Erfahrung (AKE): Das Ablösen des Bewusstseins von seinem vorübergehenden biologischen Vehikel bzw. Träger, dem Körper. Häufig auch »astrale, ätherische oder mentale Projektion« genannt.

Bewusstseins-Kontinuität: Bewusstsein, das seine Kenntnis vom nichtphysischen Ursprung weg durch zahlreiche Energiefrequenzen erweitert, bis es sich schließlich in der äußeren, physischen Dimension ausdrückt.

Cluster-Erfahrung: Mehrere, in Folge auftretende außerkörperliche Erfahrungen. Es handelt sich um eine normale Erfahrung, die dem Hineingleiten in und dem Herausgleiten aus dem Körper ähnelt. Cluster-Erfahrungen sind weithin aus Phasen körperlicher Krankheit und wenn der körperliche Tod unmittelbar bevorsteht überliefert.

Energiedimensionen: Klar erkennbare und stabile Energiesysteme oder -frequenzen des Universums; getrennte Energie-Universen, die mit festgelegten Frequenzen existieren. Energiedimensionen sind durch ihre individuellen und eindeutigen Schwingungsfrequenzen voneinander getrennt. Das physische Universum beispielsweise ist eine solche Dimension.

Energiekörper: Allgemeiner Ausdruck, der sich auf die nichtphysische oder spirituelle Gestalt bezieht, die wir erfahren, wenn wir uns im Zustand der Außerkörperlichkeit befinden. Energiekörper sind notwendig, damit das Bewusstsein (Seele) innerhalb der verschiedenen Frequenzen des Universums funktionieren kann.

Energiemembran: Der Schnittpunkt zweier unterschiedlicher Energiesysteme (Energiefrequenzen); die energetische Grenze oder Barriere, die zwei Energiedimensionen oder -systeme voneinander trennt.

Energieumwelt: Ein allgemeiner Ausdruck zur Beschreibung eines bestimmten nichtphysischen Bereichs innerhalb einer Dimension. In einer einzigen Energiedimension können unzählige Energieumwelten existieren.

Erscheinungen: Nichtphysische Bewohner, welche die persönliche Frequenz ihres Energiekörpers gesenkt haben und vorübergehend innerhalb der physischen Welt sichtbar sind.

erster Energiekörper: Die im Zustand der Außerkörperlichkeit häufig erfahrene nichtphysische Gestalt. Diese, obschon zur Zeit technisch nicht erkennbare Form von Energie existiert, was Dichte und Frequenz anbelangt, in nächster Nähe zum physischen Körper. Die traditionelle metaphysische Literatur spricht häufig vom »Astral-« oder »ätherischen Körper«.

Gedankenformen: Durch das Denken geformte nichtphysische Energie. Diese Formen, deren Erscheinungsweise nur durch unsere Vorstellungskraft Grenzen gesetzt sind, sprechen oft auf konzentrierte Denkenergie an. Dichte und Langlebigkeit von Gedankenformen variieren erheblich; ohne kontinuierliche Stärkung des Denkens verfallen sie und werden wieder zu natürlichen Schwärmen nichtphysischer Energie.

Gedankenübertragung: Die innerhalb der nichtphysischen Dimensionen verwendete Methode der Kommunikation. Gewöhnlich wird diese Kommunikation als innere Erkenntnis in Form einer Folge lebendiger Bilder erfahren, die einem in den Sinn kommen. Diese Bilder können gleichzeitig Emotionen und Gedanken übermitteln.

hypnagogischer Zustand: Der zwischen wachem Bewusstsein und Schlaf erlebte subtile Bewusstseinszustand. Wir durchlaufen dieses kreative Stadium, in welchem die geistige Vorstellungskraft besonders lebhaft ist, jedes Mal vor dem Einschlafen.

kataleptisch: Die Erfahrung der Unfähigkeit, den physischen Körper zu bewegen. Dazu kommt es manchmal während der Trennung vom und der Rückkehr zum physischen Körper. Es handelt sich um einen vorübergehenden Zustand, der seine Ursache im fehlenden Gleichklang zwischen unserem Energiekörper und unserem physischen Körper hat. Die körperlichen Empfindungen kehren im Allgemeinen innerhalb einer Minute oder noch kürzerer Zeit zurück.

luzider Traum: Ein in gewissem Ausmaß bewusst erlebter Traum.

mehrdimensionales Universum: Das gesamte Universum, das sichtbare wie das unsichtbare; ein Energiekontinuum, bestehend aus einer unbekannten Anzahl von Energiefrequenzen oder -ebenen. Je weiter wir uns bei unseren inneren Erkundungen von der Materie entfernen, desto durchlässiger werden die inneren, nichtphysischen Energiedimensionen und sprechen umso stärker auf das Denken an. Das sichtbare physische Universum ist die dichte, äußere molekulare Kruste des gesamten Universums.

menschliche Strahlung: Die deutlich zu spürende, von einem nichtphysischen Menschen im Zustand der Außerkörperlichkeit ausstrahlende Energie.

Nahtodes-Erfahrung: Erfahrung, über die Millionen von Menschen berichten, die für klinisch tot erklärt wurden und dann das Bewusstsein wiedererlangten. Sie erlebten häufig eine Trennung von ihrem physischen Körper sowie die Bewegung durch einen Tunnel, der zu einem strahlenden Licht und einer neuen Umgebung führt.

natürliche Energieumwelten: Ungeformte, momentan vom Denken unbeeinflusste Energiefelder. Sie werden leicht durch bewusste und unterbewusste Denkenergie manipuliert.

nichtmenschliche Strahlung: Einzigartige und unverwechselbare Energieausstrahlung, ausgehend von nichtphysischen Wesen, die niemals eine physische menschliche Erfahrung gemacht haben.

nichtphysische Bewohner: Alle innerhalb der nichtphysischen Dimensionen existierenden Lebewesen ohne momentanen physischen Körper.

nicht übereinstimmende Umwelten: Nichtphysische Bereiche des Universums, die wirken, als seien sie von bewusster Energie gestaltet und entwickelt worden, ohne jedoch momentan von ihr aufrechterhalten und unterstützt zu werden. Sie sprechen bereitwillig auf individuelles, konzentriertes Denken an.

physische Lebensformen: Vorübergehende, zellförmige Vehikel bzw. Träger (biologisches Leben), derer sich das Bewusstsein (die Seele) bedient, um sich innerhalb der dichten, äußeren Dimension des Universums auszudrücken. Physische Träger sind für Erfahrungen, Erkundungen und Interaktionen innerhalb der physischen Dimension erforderlich, so wie nichtphysische Vehikel für Erfahrungen und Erforschungen innerhalb der nichtphysischen Dimensionen benötigt werden.

physisches Universum (physische Dimension): Das sichtbare Universum; die dichte äußere Kruste des ganzen mehrdimensionalen Universums. Die physische Dimension macht nur einen Bruchteil des gesamten Universums aus (weniger als ein Prozent).

Schwarze Löcher: Interaktive Energie-Leitungen zwischen der physischen und der nichtphysischen Dimension.

Schwingungszustand: Innere Schwingungen und Geräusche, über die häufig während der anfänglichen Stadien einer außerkörperlichen Erfahrung berichtet wird. Oft wird von einem Summen und Brummen, begleitet von einer Art elektrischer Schwingungen, Taubheit und Katalepsie, berichtet.

Seele: Reines, unabhängig von allen Energiekörpern oder -formen existierendes Bewusstsein; die reine Substanz aller Lebensformen. Die Seele existiert jenseits jeder Form und Substanz, wie wir sie kennen, aber sie benutzt Formen von Energie, um sich in den Regionen (Dimensionen) höherer Dichte im Universums auszudrücken. Unser augenblicklicher physischer Körper ist einer dieser vorübergehenden Energiekörper, derer die Seele sich innerhalb der äußeren Dimension des Universums, die eine hohe Dichte aufweist, zum Zwecke der Erfahrung, Erkundung und Wahrnehmung bedient.

silberne Schnur: Der überlieferte biblische Ausdruck (Prediger 12,6) für die nichtphysische Verbindung zwischen dem ersten inneren Energiekörper und dem biologischen Körper. Die silberne Schnur ähnelt in vielerlei Hinsicht einer energetischen Nabelschnur, die sich über ungeheure Distanzen ausdehnen kann. Doch sie sieht ganz und gar nicht wie eine Schnur aus, sondern wird als dünne, faserige Fäden wahrgenommen, die den biologischen Körper mit seinem dichtesten nichtphysischen Gegenstück verbinden.

Tunnelerfahrung: Die vorübergehende Öffnung einer Energiemembran. Menschen, die eine Nahtodes-Erfahrung hatten, berichten häufig von einer solchen energetischen Öffnung.

übereinstimmende Umwelten: Bereiche des Universums, die vom Gruppenbewusstsein einer großen Anzahl nichtphysischer Bewohner geschaffen und unterhalten werden. Diese Umwelten sind immun gegen individuelle Denkenergie.

Visualisation: Der Prozess der Erzeugung geistiger Bilder zu einem bestimmten Zweck.

zweiter Energiekörper: Eine zweite Energieform, weniger dicht als der erste Energiekörper, die auf einer höheren (feineren) Frequenz existiert als der erste nichtphysische Körper. Ihre innere Frequenz entspricht der zweiten inneren Energiedimension.

Wichtige Adressen

William Buhlman, P.O. Box 471
Novi MI 48376-0471 USA
www.out-of-body.com

Robert A. Monroe
The Monroe Institute
62 Roberts Montain Road
Faber VA 22938-2317 USA
Tel.: 001-804-3 61 12 52
Fax: 001-804-3 61 12 37
www.monroeinstitute.com

Quellennachweis

Abbildung Seite 8: Gustave Doré: The Empyrean (© 1976) Dover Publications, Inc.

Abbildung Seite 115: William Blake: Jacob's Ladder; © British Museum

Abbildungen Seite 110, 111 und Zitat Seite 145 f. wurde mit freundlicher Genehmigung des Verlages entnommen aus: Fred Alan Wolf: Parallele Universen; Insel Verlag Frankfurt am Main (Zitat von Seite 279 f. dort)

Abbildungen Seite 112, 132 und 137: Jean-Pierre Luminet; Editions Belfond

Das Zitat von Seite 295 ff. wurde mit freundlicher Genehmigung des Verlages entnommen aus: Michael Crichton: Im Kreis der Welt; deutsch von Alfred Hans; © 1991, 2001 by Rowohlt Taschenbuch Verlag GmbH, Reinbek (Seite 262 ff.)

Literaturverzeichnis

Ägyptisches Totenbuch. Sonderausgabe. Scherz, München 1998.

Capra, Fritjof: *Das Tao der Physik. Die Konvergenz von westlicher Wissenschaft und östlicher Philosophie.* Barth, Berlin/München/Wien 2000.

Chopra, Deepak: *Die unendliche Kraft in uns. Heilung und Energie von jenseits der Grenzen unseres Verstandes.* Heyne, München.

Crichton, Michael: *Im Kreis der Welt.* Rowohlt, Reinbek 2001.

Crichton, Michael: *Jurassic Park.* Droemer Knaur, München 1998.

Eadie, Betty J., und Taylor, Curtis: *Licht am Ende des Lebens. Bericht einer außergewöhnlichen Nah-Todes-Erfahrung.* Droemer Knaur, München o. J.

Gawani, Shakti: *Stell dir vor. Kreativ visualisieren.* Rowohlt, Reinbek 1986

Goldsmith, Donald: *Astronomers.* St. Martin Press.

Monroe, Robert A.: *Der Mann mit den zwei Leben. Reisen außerhalb des Körpers.* Droemer Knaur, München o.J.

Monroe, Robert A.: *Der zweite Körper. Expeditionen jenseits der Schwelle.* Ansata, Interlaken 1996.

Moody, Dr. Raymond A.: *Leben nach dem Tod. Die Erforschung einer unerklärten Erfahrung.* Rowohlt, Reinbek 1999.

Morse, Melvin: *Where God Lives. The Science of the Paranormal and How Brains Are full Led to the Universe.* HarperCollins, 2000.

Muldoon, Sylvan J., und Carrington, Hareward: *Die Aussendung des Astralkörpers.* Hermann Bauer, Freiburg 2000.

Neumann, John von: *Mathematische Grundlagen der Quantenmechanik.* Springer, Heidelberg 1996.

Ring, Kenneth, und Elsaesser-Valarino, Evelyn: *Im Angesicht des Lichts. Was wir aus Nah-Tod-Erfahrungen für das Leben gewinnen.* Ariston, München 1999.

Rinpoche, Sogyal: *Das tibetische Buch vom Leben und vom Sterben. Ein Schlüssel zum tieferen Verständnis von Leben und Tod.* Barth, München 1993.

Siegel, Bernie S.: *Mit der Seele heilen. Gesundheit durch inneren Dialog.* Econ Taschenbuch, München, 4. Aufl. 2000.

Sidgell, Jan Erik: *Rückführungen in frühere Leben.* Scherz, Bern/München/Wien.

Talbot, Michael: *Holographic Universe.* HarperCollins, 1992.

Talbot, Michael: *Mysticism and the New Physics,* Penguin, 1993.

Twitchell, Paul: *Eckankar. Compiled Writings. Vol. 1.* Illuminated Way Press, San Diego 1970.

Twitchell, Paul: *Eckankar. Der Schlüssel zu geheimen Welten.* Illuminated Way Press, San Diego 1976.

Twitchell, Paul: *The Tiger's Fang.* Illuminated Way Press, San Diego 1975.

Weiss, Brian: *Many Lives, Many Masters. The true story of a prominent psychiatrist, his young patient and the pastlife therapy that changed both their lives.* Fireside 1998.

Wolf Fred Alan: *Parallele Universen. Die Suche nach anderen Welten.* Insel, Frankfurt/M. und Leipzig 1998.

Zukav, Gary: *Die tanzenden Wu Li Meister. Der östliche Pfad zum Verständnis der modernen Physik – vom Quantensprung zum Schwarzen Loch.* Rowohlt, Reinbek.

Register

C

F

I

J

K

L

M

N

T

U

V

W